Usborne
세계사 사전

제인 치즘 글

키스 뉴얼, 마이크 올리, 멜리사 앨러버디

로빈 패로, 줄리아 림 디자인

스티븐 라이트 책임 디자인 · 앤 밀러드 박사 감수 · 고정아 옮김

수재너 애더리오, 필립 아전트, 개리 바인스, 시몬 보니, 스티븐 콘린,
데이비드 큐직, 피터 데니스, 루이지 갤런테, 제레미 가워, 니컬러스 휴잇선,
이언 잭슨, 콜린 킹, 존 로런스, 조지프 매큐언, 저스틴 토로드,
이비 사파레비츠, 클로디아 새러세니, 로스 워튼, 제럴드 우드, 데이비드 라이트 그림
제레미 가워 지도 그림

목차

3	일러두기	52	**17세기**	88	**20세기**
		54	1600년	90	1900년
4	**고대 세계**	56	1620년	92	1915년
6	기원전 1만 년	58	1640년	94	1930년
8	기원전 2000년	60	1660년	96	1940년
10	기원전 1000년	62	1680년	98	1950년
12	기원전 500년			100	1960년
14	기원전 250년	64	**18세기**	102	1970년
16	기원후 1년	66	1700년	104	1980년
		68	1720년	106	1990년
18	**중세 시대**	70	1740년	108	1996년
20	500년	72	1760년		
22	700년	74	1780년	110	낱말 풀이
24	900년			112	세계 주요 국가의 대통령
26	1000년	76	**19세기**		또는 총리
28	1100년	78	1800년	114	유럽 국가의 황제 또는 왕
30	1200년	80	1820년	117	한반도 통일 국가의 왕,
32	1250년	82	1840년		대한민국의 대통령
34	1300년	84	1860년	118	찾아보기
36	1350년	86	1880년		
38	1400년				
40	1450년				
42	**16세기**				
44	1500년				
46	1525년				
48	1550년				
50	1575년				

기원전 2500년 무렵에 지어진
이집트 기자의 피라미드들

일러두기

이 책은 세계 역사를 시대 순으로 일곱 단원에 걸쳐 소개해 줘요. 유럽, 중동, 아프리카, 아시아, 아메리카 등 지역별로 구분된 칸에 각 지역의 사건이 일어난 연도와 내용을 정리했어요. 그래서 같은 시기에 세계의 각 지역에서 무슨 일이 있었는지 찾아보기가 쉽지요.

또한 각 시대의 특징을 대표하는 르네상스나 산업 혁명 등 중요한 주제어는 작은 칸에 따로 자세히 설명이 되어 있답니다.

사람 이름 다음의 괄호 속 연도-예를 들면 아이작 뉴턴(1642~1727년)-는 그 인물이 태어난 해와 죽은 해를 각각 뜻해요. 단, 왕이나 황제의 경우-예를 들면 마리아 테레지아(1740~1780년)-에는 통치를 시작한 해와 끝낸 해를 뜻하지요.

아주 오래 전 사건의 연도는 전문가들 사이에 견해가 엇갈리는 경우가 많아요. 따라서 이 책에 표기된 연도는 다른 책에 나온 연도와 다를 수도 있다는 사실을 알아 두세요.

연도를 표기하는 방법은 여러 가지가 있지만, 현재 세계적으로 가장 널리 쓰는 표기법은 '기원후(AD)'와 '기원전(BC)'이에요. 모두 서양에서 기원한 연대로, 기원후는 예수 그리스도가 태어난 해를 1년으로 삼아 그 이후를 이르지요. 기원전은 예수 그리스도가 태어난 해로부터 거꾸로 거슬러 올라가요. 하지만 오늘날 많은 역사가들은 예수 그리스도가 실제로 태어난 해는 기원전 5년일 것이라고 추측한답니다.

고대 세계

기원전 10000년~기원후 499년

| 유럽 | 중동 |

유럽

최초의 그림

인류 최초의 그림은 구석기 시대 유럽인들이 그린 것이다. 프랑스의 도르도뉴 지방과 스페인의 피레네 지방 동굴의 벽에서 연대가 기원전 35000~18000년 무렵으로 추정되는 동물 그림들이 발견되었다. 이 그림에는 들소, 순록, 말 등과 사냥 장면들이 담겨 있다.

프랑스 도르도뉴 지방 라스코 동굴에서 발견된 들소 그림

기원전 6000년 무렵 한 농민 집단이 크레타섬, 그리스 본토, 에게해의 섬들로 이주했다. 이들은 터키에서 왔을 가능성이 있다.

6000~5000년 무렵 유럽 중부 다뉴브강 유역의 레펜스키 비르에 마을이 건설되었다.

6000~4000년 무렵 북유럽과 서유럽 곳곳으로 농업이 퍼져나갔다.

4500~1500년 무렵 몰타, 브르타뉴, 이베리아 반도(스페인과 포르투갈), 영국 제도에 거대한 돌(거석)로 만든 사원, 무덤, 헨지(돌 따위로 만든 원형 공간)가 세워졌다.

4000년 무렵 발칸 반도에서 구리가 사용되었다.

3800년 무렵 영국 최초의 통행길 중 하나인 '스윗 트랙'이 건설되었다. 이 길의 길이는 1.8킬로미터에 이른다.

3500년 무렵 몰타의 타르시엔에 최초의 사원이 세워졌다.

3200년 무렵 북서 유럽 곳곳에 '환상열석'이 세워졌다.

3100년 무렵 영국 오크니 제도에서 주민들이 돌을 쌓아 '스카라 브레이'라는 마을을 만들었다.

3000~1500년 무렵 영국의 스톤헨지에 환상열석이 세워졌다.

스톤헨지는 영국의 많은 거석 유적 가운데 가장 웅장한 모습을 자랑한다.

3000년 무렵 에게해의 섬들에서 올리브, 포도, 곡물이 재배되었다.

2500년 무렵 청동, 흑요석(화산 유리), 부싯돌이 거래되었다.

2500~2000년 무렵 북유럽에 새김무늬 토기 문화가 퍼져나갔다.

중동

농경의 시작

최초의 인류는 유랑민이었다. 사람들은 이곳저곳을 옮겨다니며 동물을 사냥하고 식물을 채집해 먹었다. 농경은 기원전 10000년 무렵에 비옥한 중동의 한 지역인 초승달 지대(지도 참고)에서 처음 시작되었을 것으로 추정된다. 농경이 시작되면서 사람들은 오래도록 살 집을 지었고, 그에 따라 '예리코'나 '차탈 후유크' 같은 최초의 마을들이 생겨났다. (아래 참고)

기원전 8000년 무렵 요르단의 예리코에 2,000명 가량의 주민이 살았다.

7000년 무렵 도기를 만들고, 실을 잣고, 베를 짜고, 금속을 가공하는 일들이 이루어졌다.

6250~5650년 무렵 터키의 차탈 후유크에 5,000명 이상의 주민이 살았다.

4000년 무렵 중동에서 구리와 금을 채취하는 방법을 익혔다.

메소포타미아

인류 최초의 문명 중 하나는 메소포타미아에서 시작되었다. 메소포타미아란 현재 이라크 지방에 있는 티그리스강과 유프라테스강 부근의 비옥한 지대를 가리킨다. 기원전 4000년 무렵부터 여러 도시가 생겨나서 웅장한 공공 건물들을 짓고 체계적인 정치적, 법적 제도를 갖추었다. 남부 메소포타미아의 수메르에서는 수레바퀴가 발명되고 쐐기 문자(상형 문자)가 사용되었다. 기원전 3100년~2800년 사이에 우르, 에리두, 우르크 도시 주변에 여러 나라가 생겨났다.

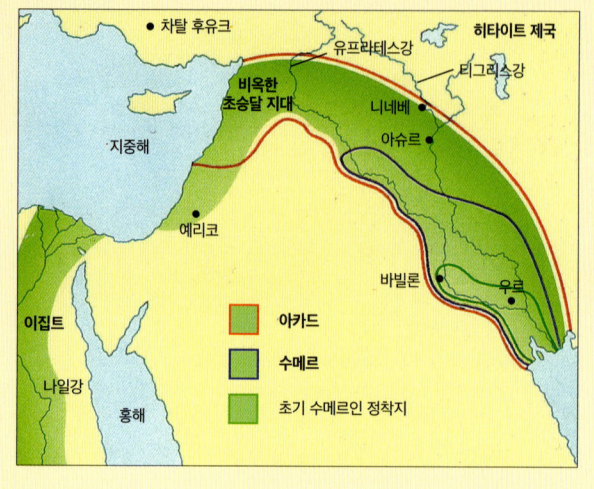

금과 귀금속으로 만든 목걸이

황금 단검과 칼집

우르에서 발견된 기원전 2500년 무렵의 수메르 왕가 무덤 유물

3500년 무렵 수메르에서 수레바퀴가 발명되었다.

3300년 무렵 수메르에서 최초의 문자 체계가 발명되었다.

2350~2150년 무렵 메소포타미아에 아카드 제국이 세워졌다.

2100년 무렵 우르가 수메르와 아카드를 통치했다. 우르에 지구라트(꼭대기에 사원이 있는 대형 계단식 탑)가 건설되었다.

고대 세계 기원전 10000년~2001년

아프리카

기원전 6000년 무렵 사하라 사막에서 사람들이 소를 길들였다.

5000년 무렵 과거 사하라 사막에는 아직 푸른 초원이 있었고, 사람들이 소를 목축한 증거가 있다. 사하라 사막이 점점 건조해지자, 많은 사람이 나일강 계곡으로 이주했다.

5000년 무렵 이집트에서 농경이 시작되었다. 도기와 아마포 제작, 나중에는 금속 가공도 발달했다.

4000년 무렵 사하라 초원이 완전히 사막이 되었다.

고대 이집트

고대 이집트의 화려한 문명은 나일강 유역에서 발전했다. 이집트는 기원전 3300년 무렵까지 '상이집트'와 '하이집트'라는 두 나라를 이루었고, 그림으로 된 독특한 상형문자를 발전시켰다. 기원전 3100년 무렵에 메네스 왕이 상이집트와 하이집트를 통일했다. 고대 이집트인은 정교한 미술 작품과 건축물을 만들었다. 또한 그들은 공학 기술도 뛰어나서 왕들의 무덤으로 웅장한 피라미드를 건설했다. (아래 참고)

이집트의 상형 문자

2686~2181년 무렵 이집트 고왕국(3왕조~6왕조 시대). 피라미드가 건설되었다.

2180~2040년 무렵 제1 중간기(7왕조~10왕조 시대).

2040~1720년 무렵 이집트 중왕국(11왕조~13왕조 시대).

이집트 기자의 스핑크스와 피라미드

아시아

기원전 9000~5000년 무렵 일본의 조몬 시대. 사람들은 동물과 물고기를 사냥해 살았다.

5000년 무렵 중국이 차츰 농경을 받아들였다. 황허강 유역에서 앙소 문화가 발전했다. 농민들은 기장, 각종 나무 열매, 채소를 재배하고, 돼지와 개를 키웠다.

4000년 무렵 양쯔강 유역에 농경이 발전했다. 쌀 재배가 이루어지기 시작했다.

4000년 무렵 인도의 인더스 계곡에 농경 공동체들이 생겨났다.

3000년 무렵 일본에 수렵 채집인들이 살았다. 그들은 도기를 사용했다.

2700년 무렵 중국에서 양잠이 시작되었다.

2500년 무렵 중국의 용산 시대. 농민들은 좀 더 체계적인 제도를 갖추고 닭, 소, 양, 염소, 물소 등 가축을 길렀다.

인더스 계곡에서 나온 도기 인형

인더스 문명

기원전 2500~1800년 무렵 인도에서 인더스 문명이 발달했고, 서쪽 멀리 메소포타미아 문명과 접촉을 이루었다. 인더스 계곡에는 공공 건물을 갖춘 큰 도시들이 생겨났다. 이 도시들은 깨끗하게 정비되었으며 문자가 사용되었다. 가장 유명한 유적지는 모헨조다로와 하라파다.

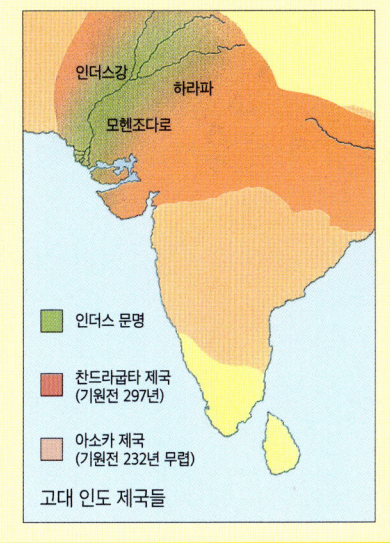

고대 인도 제국들

2500~1500년 무렵 중앙아시아의 박트리아가 청동기 시대에 들어섰다.

2205년 무렵 중국 최초의 왕조인 하나라가 세워졌다.

아메리카

기원전 15000년 무렵 아시아에서 출발한 인류가 '육교'를 건너서 처음으로 북아메리카에 이주했다.

'육교'를 통해서 이루어졌을 것으로 추정되는 횡단 모습. 육교는 바다가 얼고 해수면이 내려가면서 나타나는 땅을 일컫는다.

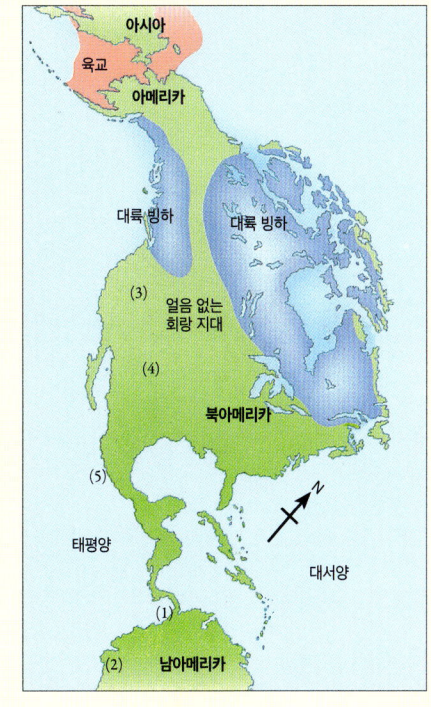

기원전 10000~8000년 무렵 초기 북아메리카 사람들은 대형 동물을 사냥했다.

8000~1000년 무렵 북아메리카 사람들은 평원, 숲, 사막, 한대 지역으로 널리 퍼져 나갔고, 이동하며 사냥하는 생활 대신 정착 생활을 하기 시작했다.

5000년 무렵 중앙 아메리카에서 옥수수 재배가 시작되었다. (1)

라마

3500년 무렵 페루에서 짐을 나르는 동물로 라마가 처음 사용되었다.

3200년 무렵 도기가 에콰도르에서 사용되었다. (2)

3000년 무렵 북아메리카 남서부에 코치스인이라는 수렵 채집인이 살았다. (3)

2300년 무렵 멕시코에 농경이 들어오면서 사람들이 마을에 정착하기 시작했다. (4)

2300년 무렵 멕시코와 과테말라 곳곳으로 도기가 퍼져나갔다. (5)

유럽

기원전 2000년

기원전 2000년 무렵 동유럽에서 말과 수레를 사용했다.

미노스 문명

최초의 유럽 문명으로 알려진 미노스 문명은 기원전 3000~2000년 무렵 크레타 섬에서 발전했다. 미노스 문명의 이름은 전설적인 왕 미노스의 이름에서 유래했다. 미노스인은 계획 도시를 세우고, 숙련된 기술자를 두었으며, 지중해 무역을 활발하게 펼쳤다. 미노스 문명의 황금 시대는 제1궁전 시대(기원전 2000~1700년 무렵)와 제2궁전 시대(기원전 1700~1450년 무렵)였다. 이때 크노소스, 말리아, 파이스토스 같은 크고 화려한 궁전이 건설되었다. 기원전 1650년 무렵부터는 이 지역에서 '선형문자 A'라는 문자가 사용되었다.

왼쪽 황소의 머리는 실제로는 '각배'라는 술잔이다. 각배는 신들에게 제물을 바칠 때 술과 음료를 담는 데 사용되었다.

2000~1500년 무렵 브리튼 남부에서 웨섹스 문화가 일어났다.

미케네 문명

기원전 1600~1200년 무렵 그리스는 미케네인이 지배했다. 미케네라는 이름은 이 지역에서 최초로 발견된 유적지인 미케네에서 따왔다. 미케네인은 도시를 중심으로 작은 왕국들을 이루고, 번창하던 미노스 문명의 무역로를 이어받았으며, 기원전 1400년 무렵에 초기 그리스 문자 형태인 '선형문자 B'를 발전시켰다.

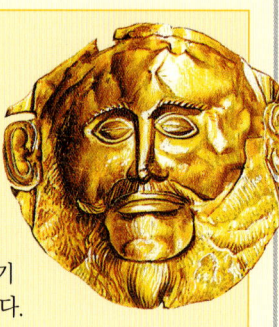

1450년 무렵 크레타섬 근처 타라섬에서 화산이 폭발했다.

1450년 무렵 미케네인이 크레타섬을 침략해 크노소스 궁전이 함락되었다.

1300년 무렵 유럽 중부에서 '언필드 문화'라는 청동기 문화가 시작되었다.

1250년 무렵 미케네와 트로이(터키의 도시) 사이에 트로이 전쟁이 벌어져서 트로이가 함락되었다.

미케네 군대는 목마를 남겨두고 고국으로 돌아간 척한 뒤, 목마 안에 숨은 군인들이 트로이를 급습하도록 속임수를 썼다.

1200년 무렵 미케네의 도시들이 차츰 쇠퇴했다.

1100~800년 무렵 그리스의 암흑기. 미케네 문명이 몰락하고, 옛 도시들이 파괴되었다. 사람들은 흩어지고 문자도 버려졌다.

기원전 1001년

중동

기원전 2000년 무렵 히타이트인이 아나톨리아(터키)로 왔다.

바빌론과 아시리아

기원전 2000년 무렵 아모르인이라는 사막 부족이 메소포타미아의 옛 도시국가들 주변에 여러 왕국을 세웠다. 그 중 바빌론과 아시리아가 큰 제국으로 발전했다. 함무라비 왕(기원전 1792~1750년 무렵) 시대에 바빌론은 아카드와 수메르를 비롯한 많은 땅을 정복했다. 함무라비 왕은 백성들을 위한 복지 체계를 만들며 나라를 잘 다스렸다.

아시리아의 황금

아시리아 왕국은 두 도시 아슈르와 니네베가 중심이었다. 아시리아인은 강인한 전투 민족이었다. 샴시 아다드 왕과 그의 아들 이시메 다간의 시대에 아시리아는 첫 번째 제국(기원전 1814~1754년 무렵)을 건설했다.

아시리아인의 그림

1650~1450년 무렵 히타이트 고왕국 시대. 히타이트인이 터키에 작은 나라들을 세웠고, 기원전 1595년 무렵에는 바빌론을 약탈했다.

1550~1200년 무렵 이집트가 가나안 땅 대부분을 다스렸다.

1500년 무렵 오늘날의 이란 지역에 아리아인이 정착했다.

1450년 무렵 아시리아 제국이 미탄니인에게 함락되었다.

1450~1200년 무렵 히타이트 신왕국 시대. 영토가 지중해에서 페르시아만까지 뻗어 있었다.

1400년 무렵 이집트 문서에 지중해에 침입한 '해양 민족'이 처음으로 기록되었다.

이집트와 해양 민족의 해전 모습을 담은 그림. 이집트 도시 룩소르에 있는 조소를 바탕으로 재구성되었다.

1375~1047년 무렵 중기 아시리아 제국 시대.

1300년 무렵 이란에 메디아인과 페르시아인이 정착했다.

1250년 무렵 가나안에 히브리인이 옮겨 왔다.

1200년 무렵 기원전 1195년 무렵까지 해양 민족이 키프로스와 지중해 도시들을 정복하고, 히타이트 제국 대부분을 함락시켰다.

1200~1000년 무렵 레바논에서 페니키아인이 비블로스, 시돈, 베이루트, 티레에 도시를 세웠다. 이들이 사용한 알파벳이 그리스와 라틴 문자 및 현대 로마자의 시초가 되었다.

1150년 무렵 가나안에 해양 민족인 필리스티아인(블레셋인)이 정착했다. 가나안은 나중에 이들의 이름을 따서 '팔레스타인'이라고 불리게 되었다.

1020년 무렵 이스라엘에서 사울이 왕이 되었다.

1010~926년 무렵 이스라엘 왕국이 통일되었다.

고대 세계   기원전 2000년~1001년

아프리카

기원전 1720년 무렵 이집트가 힉소스인의 침략을 받았다.

1674~1567년 무렵 이집트의 제2 중간기(제14~17왕조).

1600~1000년 무렵 이집트가 쿠시(수단)를 통치했다.

무덤에서 발견된 이집트의 고기잡이 배 모형

이집트의 신왕국

이집트의 신왕국(제18~20왕조)은 기원전 1567~1085년 무렵까지 이어졌다. 이집트는 이 시대에 가장 강력한 힘을 누렸다. '파라오'로 불리던 이집트의 왕들은 광대한 영토를 정복해서 제국을 이루었고, 죽은 뒤 테베 근처 '왕들의 계곡' 절벽 깊은 곳에 묻혔다. 그들의 무덤은 화려하게 지어졌다.

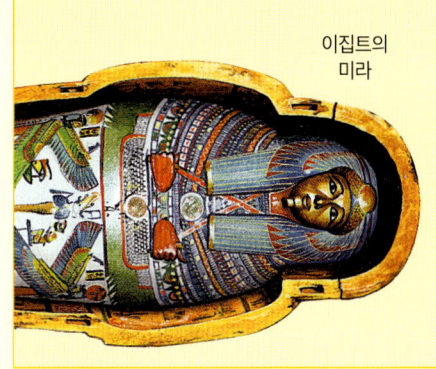

이집트의 미라

1500년 무렵 서아프리카에서 소와 염소를 가축으로 길렀다.

1490~1468년 여성 파라오인 하트셉수트가 이집트를 통치했다.

하트셉수트의 머리 조각상

1450년 무렵 이집트 제국이 최대의 영토를 이루었다.

1364~1347년 아크나톤이 이집트를 통치했다. 그는 유일신 신앙을 확립하려고 시도했지만 실패했다.

1285년 무렵 이집트와 히타이트 제국이 카데시에서 싸웠지만 결판이 나지 않았다.

1280년 이집트의 람세스 2세가 히타이트 제국과 평화 조약을 맺었다.

1190년 이집트의 람세스 3세가 해양 민족을 물리쳤다.

1085년 무렵 누비아와 쿠시가 다시 이집트로부터 독립했다.

1085~656년 이집트의 제3 중간기(제21~25왕조). 이집트가 쇠퇴하기 시작했다.

아시아

기원전 1800년 무렵 인더스 문명이 쇠퇴하기 시작했다. 기원전 1500년 무렵 인도·유럽인에 속하는 아리아인이 북서쪽부터 세력을 확장해 왔고, 인더스강이 범람해서 이미 쇠퇴해 가던 도시들이 파괴되었기 때문이다. 아리아인은 동쪽의 갠지스강까지 넓은 영토를 장악했다.

인더스 계곡의 통치자 또는 사제로 추정되는 조각상

1766~1027년 무렵 역사에 기록된 최초의 중국 왕조인 상나라가 중국을 다스렸다. 상나라는 성벽 도시와 사원을 갖춘 봉건 국가로, 왕이 사제를 겸해 통치했다.

중국의 청동기는 상나라 때 시작되었다. 이 정교한 병은 종교 의식에 사용되었다.

1500~600년 무렵 인도의 베다 시대. 구전되던 종교 지식을 묶은 『베다』 경전이 편찬되었다. 베다는 힌두교의 기초 사상이 되었다. 아리아인은 '라자'가 통치하는 몇 개의 왕국을 각각 세우고, 사람들을 사제, 군인, 농민, 상인, 드라비다인(아리아인이 아닌 사람)의 사회 계급으로 나누었다. 이는 힌두 계급 문화인 카스트 제도의 시초다.

1400년 무렵 최초의 중국 문자가 기록으로 남았다.

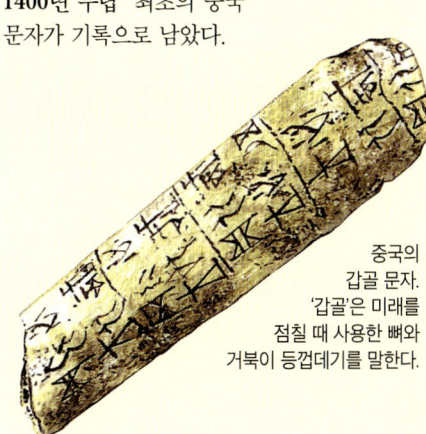

중국의 갑골 문자. '갑골'은 미래를 점칠 때 사용한 뼈와 거북이 등껍데기를 말한다.

1027~221년 무렵 중국에서 주나라가 상나라를 멸망시켰다. 이 시대에는 무역이 활발하고 경제가 성장했지만, 사회가 혼란스럽고 전쟁이 계속되었다.

전차의 장신구. 주나라의 수도인 뤄양(낙양) 근처의 무덤에서 발견되었다.

아메리카

기원전 2000년 무렵 북극 지방에 사람들이 정착했다.

2000년 무렵 이 시기에 페루에서 옥수수를 재배하고 금속을 가공했다는 최초의 자료가 있다.

2000~1500년 무렵 페루 농민들이 차츰 도기를 사용했다.

2000~1000년 무렵 메소아메리카(중앙아메리카 일대)에서 마야 문명이 생겨났다. 이 시기의 마야 문명을 '고전기 마야'라고 한다. 농민들이 마을에 정착하기 시작했다.

1800~900년 무렵 페루의 태동기. 사람들이 마을에 정착했고, 사회적, 종교적 조직을 꾸렸다. 도기가 더욱 널리 사용되었다.

1500년 무렵 북아메리카 남동부까지 농경이 퍼졌고, 이후 중서부로도 퍼졌다.

기원전 1500년~기원후 200년 무렵 멕시코 만 해안에 올메크 문화가 일어났다. 올메크인은 상형문자와 달력을 사용했고, 라벤타에 종교적 건축물을 지었다. 현무암으로 거대한 머리 조각상을, 비취석으로 작은 조각상을 만들었다.

1200년 무렵 올메크인들이 멕시코의 산 로렌소에 신전을 여럿 지었다.

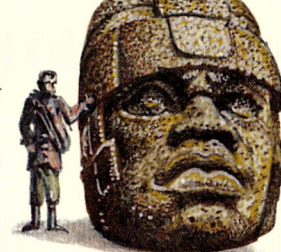

이 거대한 올메크 두상은 바위 덩어리를 깎아 사람 머리 모양으로 조각한 것이다.

1200~300년 무렵 남아메리카에 차빈인이 최초의 문명을 탄생시켰다. 이들은 석공 기술이 뛰어나서 석상이 가득한 거대한 신전을 지었고, 남아메리카에서 최초로 금을 가공했다.

이 금 장신구는 차빈의 사제를 위해 만든 것으로 추정된다.

기원전 2000년 ~ 기원전 1001년

9

유럽

기원전 1000년

기원전 900년 무렵 이탈리아 북부에 에트루리아인이 정착했다. 그들은 금속 가공에 능숙했다.

800년 무렵 그리스의 시인 호메로스가 트로이 전쟁을 다룬 서사시 『일리아스』와 『오디세이아』를 지었다.

800년 무렵 오늘날의 오스트리아에서 할슈타트 문화가 있었다.

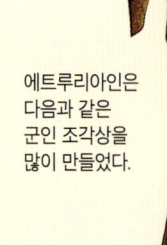

에트루리아인은 다음과 같은 군인 조각상을 많이 만들었다.

로마의 건국

기원전 1000년 무렵부터, 지금의 이탈리아에 철기 제작에 능숙한 여러 인도·유럽인 집단이 정착했다. 그 중 라틴인은 테베레 강변에 여러 마을을 세웠고, 그것이 발전해서 로마 시가 되었다. 전설에 따르면 로마는 기원전 753년에 세워졌으며, 그 후 위대한 문명의 중심지가 되어 1,000년 가까이 유지되었다. 로마는 초기에는 왕이 다스렸지만, 기원전 510~509년에 국민이 대표를 선출하는 공화국으로 정치 체제가 바뀌었다.

776년 그리스에서 최초의 올림픽 대회가 열린 것으로 전해진다.

750년 무렵 그리스의 도시 국가들이 터키에 식민지를 세우기 시작했다.

700~500년 무렵 오스트리아 지역에 청동기 문화인 할슈타트 문화가 일어났다. 암염을 채굴하고 철기를 제작한 흔적이 있다.

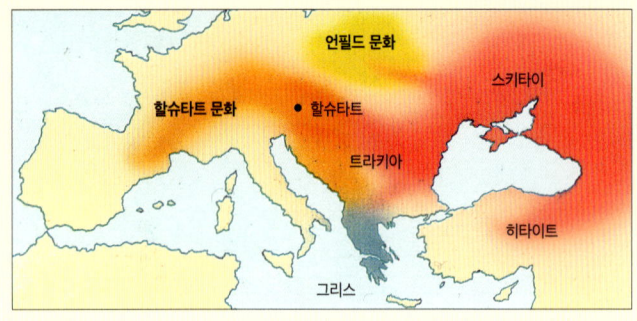

700년 무렵 인도·유럽인에 속하는 중앙아시아 출신 스키타이인이 유럽 동부로 건너왔다. 이들은 기원전 700~600년 무렵부터 일대의 많은 땅을 공격했다.

683년 그리스의 도시 국가 아테네에서 왕정 세습을 폐지하고, 귀족이 뽑은 집정관 9명이 통치하는 제도를 만들었다.

600~500년 무렵 그리스 문화의 상고 시대.

594년 아테네의 단독 집정관이 된 솔론이 정부 제도를 개혁했다.

514년 스키타이인이 페르시아의 공격을 막아냈다.

510년 로마가 정치 체제를 공화정으로 바꾸면서 원로원이 로마를 다스렸다. 원로원은 귀족 가문의 남자 중 100명으로 구성되었다.

508년 무렵 아테네의 정치인 클레이스테네스가 정치 개혁을 제안하여 아테네에서 민주 정치가 시작되었다.

기원전 501년

스키타이인 기병

중동

기원전 1000년 무렵 아랍에서 낙타를 가축으로 만들었다.

965~928년 무렵 솔로몬이 이스라엘을 다스리며 예루살렘에 사원을 지었다.

926년 무렵 이스라엘이 이스라엘과 유다로 갈라졌다.

신아시리아 제국

신아시리아 제국은 기원전 911~609년까지 이어졌다. 전성기에는 메소포타미아 지역과 동쪽 산악 지대, 시리아, 레바논, 팔레스타인, 이집트까지 세력을 뻗었다. 아시리아는 궁전과 사원이 있는 큰 도시들을 건설했다.

아슈르나시르팔 2세 (기원전 883~859년)

874년 아랍에 나바테아인이 살았던 최초의 자료가 있다.

835~825년 오늘날 터키의 반 호숫가에 우라르투(또는 아라라트) 왕국이 철과 구리 무역의 중심지가 되었다. 그러나 아시리아(기원전 721~715년), 스키타이, 메디아(기원전 610년) 사람들에게 차례로 정복되었다.

800년 무렵 오늘날의 터키에 프리기아 왕국이 세워졌다.

730년 무렵 바빌론이 아시리아 제국에 합병되었다.

722~705년 사르곤 2세가 아시리아를 통치한 시기로, 아시리아의 군사력이 전성기를 누렸다. 그는 이스라엘을 정복하고 바빌론을 약탈했다.

704~681년 센나케리브 왕이 아시리아를 통치했다. 그는 기원전 701년에 페니키아를 정복하고 니네베에 새로운 수도를 건설했다.

700~546년 무렵 리디아 왕국이 세워졌다. 최초의 동전이 사용되었다.

700~600년 무렵 메디아 왕국과 아케메네스 왕조가 세워졌다.

689년 아시리아가 바빌론을 멸망시켰다.

668~627년 아슈르바니팔이 아시리아를 통치했다.

625~605년 바빌론의 왕 나보폴라사르가 신바빌로니아 제국을 세웠다.

612~609년 아시리아 제국이 무너졌다.

605~561년 네부카드네자르 2세가 바빌론을 통치했다. 그는 바빌론을 재건해서 대도시로 만들었고, 기원전 587년에 예루살렘을 함락시켰다.

560~546년 리디아의 크로이소스가 소아시아(터키)의 그리스 식민지를 대부분 장악했다.

559~530년 키루스 2세가 페르시아를 다스렸다. 그는 기원전 550년에 아시리아를, 546년에는 리디아와 터키의 도시들을, 539년에는 바빌론을 정복했다.

바빌론에 있는 이슈타르 문

고대 세계 기원전 1000년~501년

아프리카

기원전 814년 페니키아의 도시 국가인 티레의 공주 엘리사(그리스 신화의 디도)가 북아프리카에 카르타고를 세웠다.

750~664년 쿠시인이 이집트를 다스렸다(제25왕조). 그러나 이후 그들은 남쪽으로 밀려나 그곳에 메로에 왕국을 세웠다.

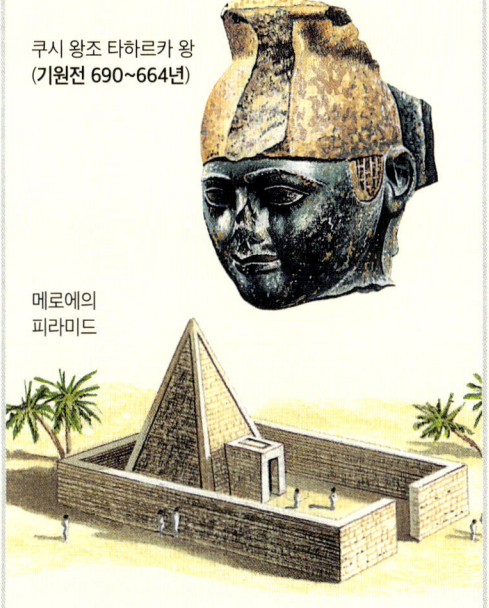

쿠시 왕조 타하르카 왕 (기원전 690~664년)

메로에의 피라미드

700년 무렵 서아프리카에서 소와 양을 가축으로 길렀다.

671년 아시리아가 이집트를 정복했다.

664~332년 이집트의 말기 왕조 시대(제26~30왕조). 사이스를 수도로 삼은 왕들이 이집트를 다시 통일했다.

663년 북아프리카 곳곳에서 철기와 무기가 사용되었다.

650년 무렵 카르타고가 선단을 만들어서 지중해의 식민지를 보호했다.

590년 무렵 메로에가 쿠시의 수도가 되었다.

소치기를 그린 사하라의 암벽 그림

525~404년 페르시아 제국이 이집트 대부분을 정복하고 다스렸다.

510년 카르타고가 로마와 최초의 조약을 맺고, 서부 지중해 무역의 독점권을 얻었다.

아시아

기원전 800년 무렵 힌두교가 인도 남부로 퍼졌다.

힌두교의 상징인 '인생의 수레 바퀴'. 삶, 죽음, 재탄생의 주기를 표현한다.

660년 신무천황이 일본을 세웠다는 전설이 전해지는 시기다. 하지만 실제로 일본은 기원전 120년 무렵까지 통일 왕국을 이루지 못했다고 보는 견해가 지배적이다.

650년 무렵 중국에서 철기 제작이 시작되었다.

600년 무렵 중국 철학자 노자가 종교 겸 철학인 도교를 창립했을 것으로 추정되는 시기다.

도교의 상징으로, 우주의 반대되는 두 가지 힘인 음(여성)과 양(남성)의 조화를 나타낸다.

560~480년 무렵 부처로 불린 고타마 싯다르타의 생애. 그는 인도에서 불교를 창설했다.

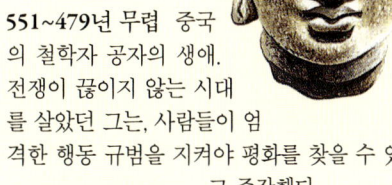

인도 간다라에서 나온 부처의 두상

551~479년 무렵 중국의 철학자 공자의 생애. 전쟁이 끊이지 않는 시대를 살았던 그는, 사람들이 엄격한 행동 규범을 지켜야 평화를 찾을 수 있다고 주장했다.

공자

512년 인도의 신드 지역과 간다라 지역이 페르시아 제국에 합병되었다.

아메리카

기원전 1000~300년 무렵 북아메리카 오하이오강 계곡에 아데나인이 자리 잡았다. 그들은 소집단을 이루어 옥수수와 콩을 재배했다. 또한 흙무덤을 만들고, 종교 건축물로 흙둑을 짓기도 했다.

뱀 모양의 아데나 무덤

900년 무렵 멕시코의 산 로렌소가 멸망했다. 올메크인이 라벤타 최초의 구기 경기장을 지었는데, 운동용이 아닌 종교 행사용이었다.

900~200년 무렵 페루에서 차빈 문화가 꽃피어서, 정교한 금은 가공물이 만들어졌다.

차빈의 황금 가면

올메크의 비취석 조각상

700년 무렵 멕시코 오악사카에 올메크의 신성한 도시 몬테 알반이 세워졌다.

600년 무렵 오악사카가 올메크 문화의 중심지가 되었다.

초기 중앙아메리카의 여러 문화를 보여주는 지도

유럽

그리스 고전 시대

기원전 500~338년 무렵의 그리스 역사를 '고전 시대'라고 부른다. 이 시기는 고대 그리스의 전성기였다. 이 시대에 그리스에서 꽃핀 미술, 건축, 문학, 연극, 정치, 철학, 과학, 역사 연구는 유럽 문명의 토대가 되었다. 이 시대의 중심지였던 아테네는 문화와 상업이 모두 번창했다. 하지만 아테네와 스타르타를 비롯한 도시들이 서로 지나치게 경쟁하다 펠로폰네소스 전쟁을 벌인 결과 그리스 세계가 분열되었고, 그리스 고전 시대도 막을 내렸다.

기원전 447~438년에 지은 아테네 파르테논 신전의 복원도

기원전 500~494년 터키의 그리스 식민지들이 페르시아에 반란을 일으켰다.

490년, 480~479년 페르시아와 그리스가 여러 차례 전쟁을 벌였다.

490년 그리스가 마라톤 전투에서 페르시아를 물리쳤다.

479년 그리스가 플라타이아에서 페르시아를 물리쳤다.

461~429년 그리스에서 페리클레스가 아테네를 다스렸다.

450년 무렵 프랑스 라텐에서 라텐이라는 켈트 문화가 일어났다.

431~404년 그리스에서 펠로폰네소스 전쟁이 일어났다.

390년 무렵 로마가 켈트인의 일족인 골인에게 약탈 당했다.

359~336년 필리포스 2세가 그리스 북부의 마케도니아를 통치했다.

338년 필리포스 2세가 카이로네아에서 그리스 도시들을 격파했다.

알렉산더 대왕

마케도니아의 왕 알렉산더(기원전 336~323년)는 아버지 필리포스 2세가 암살된 뒤에 권력을 잡았다. 뛰어난 군사 지도자였던 그는 제국의 영토를 인도까지 넓혀서 대왕의 칭호를 얻었다. 그가 기원전 323년에 33세의 나이로 죽자 '디아도코이'라는 그의 부하 장군들이 권력을 두고 다투었다. 제국은 기원전 281년에 결국 세 개로 분열되어 세 디아도코이인 프톨레마이오스, 안티고노스, 셀레우코스의 후손이 다스리게 되었다. 알렉산더의 제국은 오래가지 못했지만, 그리스어와 문화를 넓은 지역에 퍼뜨렸다. 오늘날 기원전 323~30년을 '헬레니즘 시대'라고 부른다. 헬레니즘은 그리스인을 뜻하는 '헬레네'에서 유래했다.

알렉산더 대왕이 이소스 전투 (기원전 333년)에서 페르시아를 물리치는 모습을 담은 모자이크

280~168년 안티고노스 왕조가 마케도니아를 다스렸다.

279년 켈트인이 그리스의 델포이 신전을 공격하고 약탈했다.

264~241년 카르타고와 로마가 1차 포에니 전쟁을 했다.

중동

페르시아 제국

페르시아인은 기원전 700년 무렵 오늘날의 이란 지역에 처음 나타났다. 기원전 550년에 키루스 1세 왕(기원전 559~530년)은 경쟁국 메디아를 페르시아 제국에 합병하고, 리디아, 바빌론, 그리고 소아시아의 그리스 도시들을 통합해서 영토를 확장했다. 페르시아 제국은 다리우스 1세(기원전 522~486년)의 통치 시기에 전성기를 누렸다. 다리우스 1세는 페르시아를 그당시까지 가장 큰 제국으로 만들었다. 또한 공정하고 효율적인 행정 및 법률 체계를 확립하고, 멀리 떨어진 지방과 페르시아를 연결하는 도로를 건설하기도 했다.

페르시아의 순금 팔찌

페르시아 수사 궁전에 그려진 페르시아 정예 군인의 그림. 그들은 '불사신'이라고 불렸다.

기원전 500년~기원후 100년 무렵 아라비아 남부 해안의 사바이아 왕국이 전성기를 누렸다.

486~465년 페르시아 제국에서 크세르크세스 1세가 나라를 다스렸다.

기원전 4세기 요르단의 페트라에 나바테아인이 바위 도시를 건설하고 멀리 인도까지 활발한 무역을 펼쳤다.

332년 알렉산더 대왕이 페니키아를 정복했다.

331~330년 알렉산더 대왕이 페르시아를 정복했다. 페르세폴리스가 불탔다.

304~64년 셀레우코스 제국이 소아시아, 메소포타미아, 페르시아, 인도를 지배했지만, 영토가 점점 줄어들었다.

280~47년 무렵 터키에서 미트리다테스 1세가 폰토스 왕국을 세웠다.

279년 터키에서 켈트인이 갈라티아 왕국을 세웠다.

나바타이아 왕국 페트라의 유적

279~74년 터키 북부에 비티니아 왕국이 들어섰다.

263~133년 터키에서 에우메네스 1세가 페르가몬 왕국을 세웠다.

기원전 247~기원후 277년 이란에 파르티아 왕국이 들어섰다.

고대 세계 기원전 500년~251년

아프리카

기원전 500년~기원후 400년 무렵 누비아의 왕들이 수도를 남부의 메로에로 옮겼다. 새로운 문화가 발달했고, 이집트의 영향을 받은 도시, 사원, 궁전, 피라미드가 건설되었다.

기원전 500년~기원후 200년 무렵 나이지리아에 노크 문명이 일어났다.

노크에서는 도기로 실물 크기 머리 조각상을 만들었다.

기원전 500년~기원후 500년 무렵 반투인이 아프리카 곳곳으로 이동했다.

343~332년 이집트가 페르시아에 정복되고 합병되었다.

332년 이집트가 마케도니아의 알렉산더 대왕에게 정복되었다.

323~30년 알렉산더 대왕의 부하 장군인 프톨레마이오스의 후손들이 이집트에 프톨레마이오스 왕조를 세워 알렉산드리아를 수도로 삼고 다스렸다. 알렉산드리아는 학문과 발명의 중심지이자, 헬레니즘 문화가 발달한 도시가 되었다.

알렉산드리아의 등대는 고대의 불가사의 중 하나다.

아시아

기원전 500~기원후 300년 중국과 한반도에서 청동기 기술을 가지고 온 사람들에게 영향을 받아 일본에서 야요이 문화가 일어났다. 쌀농사와 금속 가공이 시작되었다.

481~221년 중국의 전국 시대. 중국의 일곱 왕국이 서로 전쟁을 벌였다.

327~325년 인도가 알렉산드로스 대왕에 침략 받았다.

321~185년 찬드라굽타 마우리아가 인도 북부에 최초의 인도 제국을 세우고, 마우리아 왕조를 열었다. 그는 마가다 왕국을 합병했고, 파키스탄과 아프가니스탄의 대부분 지역을 점령했다.

인도의 전투 코끼리

272~231년 마우리아 왕조의 아소카 왕이 인도를 통치했다. 그는 인도 북부와 중부를 통일하고 도로망을 건설했다. 초기에는 용맹한 장수로 이름을 떨쳤지만, 나중에는 불교 신도가 되어 군사 정복을 그만두었다.

인도의 아소카 왕이 세운 기둥의 머리 장식

아메리카

기원전 500년~기원후 200년 무렵 페루 남부에 파라카스 문화가 일어났다. 파라카스인은 직조와 자수가 뛰어났다.

파라카스 자수

기원전 400년 무렵 멕시코 올메크인의 도시 라벤타가 버려졌다.

300년 무렵 멕시코에서 올메크 문화가 점점 쇠퇴했다. 멕시코 남부 오악사카에 사포텍 문화가 발생했다.

기원전 300년~기원후 250년 무렵 중앙아메리카에 마야 문명이 발생했다. 이 시기를 '후기 전고전기'라고 한다. 몬테 알반, 테오티우아칸, 엘 타힌 등 여러 석조 도시가 정치와 종교의 중심지가 되었다.

기원전 300년~기원후 550년 무렵 북아메리카 아데나인이 살던 곳에 호프웰인이 들어왔다. 그들은 흙무덤을 건설하고, 다른 지역과 무역을 했다.

마야 가면

마야 달력의 일부. 점, 짧은 선, 곡선이 날짜를 가리킨다.

유럽

기원전 250년

기원전 218~201년 로마가 북아프리카의 카르타고와 2차 포에니 전쟁을 벌였다. 카르타고의 한니발이 군대와 전투 코끼리 40마리를 이끌고 알프스 산맥을 넘어 이탈리아로 갔다.

한니발의 군대가 전투 코끼리를 이끌고 알프스 산맥을 넘는 그림

215~205, 200~197, 171~163년 로마와 마케도니아가 여러 차례 전쟁을 벌인 끝에 마케도니아가 분할되었다.

149~146년 로마가 카르타고와의 3차 포에니 전쟁에서 승리했고, 카르타고는 멸망했다.

146년 그리스가 로마 제국에 합병되었다.

110~106년 흑해 연안 폰토스의 미트리다테스 왕이 스키타이인의 땅을 정복했다.

102~101년 마리우스 장군이 로마 제국을 침략한 게르만인을 물리쳤다.

82~79년 로마에서 술라가 폼페이우스(기원전 52~46년)의 뒤를 이어 독재관이 되었다.

58~51년 로마의 장군 율리우스 카이사르가 갈리아(오늘날의 프랑스)를 정복했다.

45~44년 로마의 독재관이 되었던 카이사르가 암살되면서 내전이 벌어졌다.

31년 카이사르의 후계자인 옥타비아누스가 악티움 해전에서 로마의 정치가 마르쿠스 안토니우스와 이집트의 여왕 클레오파트라를 물리치고 로마의 통치자가 되었다.

로마 군단(보병)

중동

기원전 247년~기원후 277년 중앙아시아에 파르티아 왕국이 들어섰다. 미트리다테스 1세(기원전 171~138년)가 페르시아와 메소포타미아 지역에서 세력을 넓혔다.

168년 유다스 마카베우스가 유대인 반란을 일으켜 셀레우코스 왕조에 대항했다.

133년 페르가몬 왕국의 마지막 왕이 나라를 로마에게 할양했다.

기원전 100~기원후 150년 무렵 나바테아(요르단)가 부강을 누렸다.

88~64년 폰토스 왕국이 로마와 전쟁을 치르며 영토가 점점 줄어들었다.

74년 비티니아 왕국이 로마의 통치를 받았다.

기원전 200년 무렵 헬레니즘 문화권 지도

64년 팔레스타인이 로마의 속주가 되었다. 예루살렘은 '유대아'로 알려졌다.

47년 카이사르가 젤라 전투를 통해 폰토스 왕국을 정복했다.

37~4년 헤로데 대왕이 유대아를 통치했다.

5년 무렵 유대아의 베들레헴에서 예수 그리스도가 태어났다.

예수의 어머니 마리아가 베들레헴으로 가는 그림

로마 제국

기원전 27년에 로마 제국의 초대 황제가 된 옥타비아누스는 '아우구스투스'라는 칭호를 받고 기원후 14년까지 로마를 다스렸다. 로마 제국은 500년 가량 지속되면서 지중해 전체로 영토를 넓혔다. 로마 제국의 영토가 가장 넓었을 때는 트라야누스(기원후 98~117년)와 하드리아누스(기원후 117~138년) 황제 시대였다. 하지만 기원후 200년 무렵부터 로마 국경 지대가 야만 부족에게 자주 침략을 받았고, 무능하고 부도덕한 황제가 연임하면서 내부적으로 경제 및 내전 문제가 생겨났다. 결국 기원후 476년에 로마 제국은 멸망했다.

아우구스투스 황제

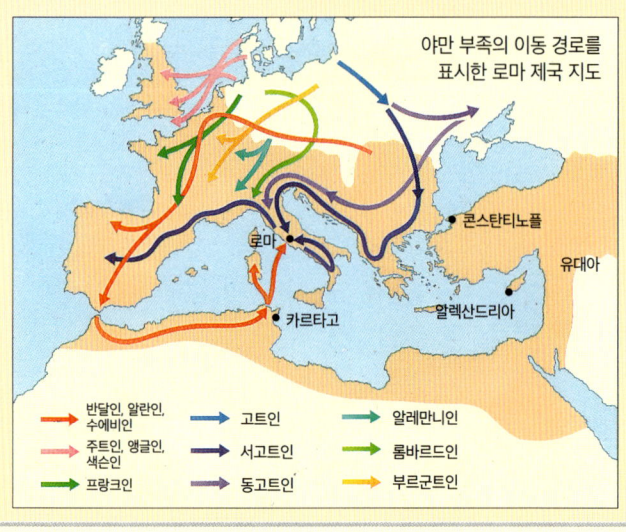

야만 부족의 이동 경로를 표시한 로마 제국 지도

기원전 1년

고대 세계   기원전 250년~1년

아프리카

기원전 203년 로마가 북아프리카 튀니스에서 카르타고를 물리쳤다.

202년 로마가 튀니지의 자마에서 카르타고를 물리쳤다.

146년 카르타고가 멸망해서 로마의 속주가 되었다.

로마 군단의 고도로 훈련된 군인들은 많은 영토를 정복해서 거대한 제국을 만들었다.

111~105년 누미디아의 유구르타가 로마 장군 마리우스에게 패배했고, 그의 왕국은 로마에 흡수되었다.

30년 이집트 클레오파트라 7세가 로마의 지도자 옥타비아누스에게 패배한 뒤 이집트는 로마의 속주가 되었다.

클레오파트라 7세의 이집트 초상화. 클레오파트라 7세는 이집트를 다스린 그리스 프톨레마이오스 왕조의 마지막 파라오였다.

아시아

진나라

기원전 221년에 진나라가 중국의 다른 여섯 나라를 정복했고, 진나라 왕은 스스로를 '시황제(최초의 황제)'라고 불렀다. 시황제는 기원전 214년에 만리장성을 지었다. 길이가 3,460킬로미터에 이르는 만리장성은 흉노족(훈족)의 침입을 막기 위한 것이었다. 시황제는 기원전 210년에 죽은 뒤 거대한 무덤에 묻혔는데, 그 무덤에는 흙으로 빚어 구운 수많은 병사 조각상(병마용)도 함께 묻었다.

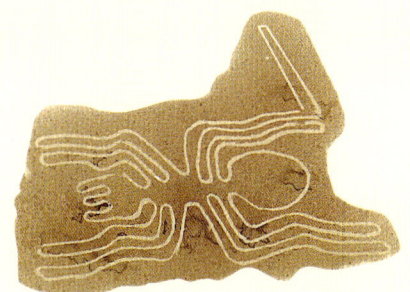

만리장성

기원전 200년 무렵 인도 남부에 삼왕국이 있었다.

200년 무렵 인도가 박트리아와 파르티아로 갈라졌다. 기원전 170년 무렵부터 그리스가 펀자브 지방에 작은 나라들을 세웠다.

한나라

중국은 진나라의 시황제가 죽은 뒤 혼란기에 들었다. 그러던 중 기원전 202년에 유방이라는 장수가 중국을 통일하고 한나라를 세웠다. 한나라는 기원후 220년까지 지속되었고, 영토를 넓혀 번영을 누렸다.

중국 귀족

185년 무렵 인도에서 마우리아 제국이 멸망했다.

기원전 150년~기원후 50년 무렵 베트남 북부에 청동기 문화인 동썬 문화가 일어났다. 동썬은 유적지의 이름에서 유래했다.

기원전 140~87년 중국이 한나라 무제의 통치 아래 한반도와 북베트남까지 영토를 넓혔다. 무제는 효율적인 공직 제도를 만들고, 귀족의 권력을 줄였으며, 도로와 운하망을 건설했다.

100년대 무렵 인도 북부에 그리스인과 유목 부족들이 침략했다.

아메리카

기원전 200~기원후 200년 무렵 페루에서 파라카스 네크로폴리스 문화가 꽃피었다. 이 시기의 무덤에서는 화려한 자수 장식 천들이 발견되었다.

기원전 200~기원후 600년 무렵 페루 북부 해안의 모체와 남부 해안의 나스카에서 지역 개발과 기술 실험이 이루어졌다.

나스카 인근 사막의 초대형 거미 그림. 길이가 45미터에 이른다.

기원전 200~기원후 700년 무렵 멕시코에 테오티우아칸 문화가 일어났다.

기원전 100년 무렵 북아메리카 남동부의 호호캄인이 도랑과 둑을 지어서 농경지에 물을 댔다. 그들은 꼭대기가 평평한 무덤과 구기 경기장도 만들었다.

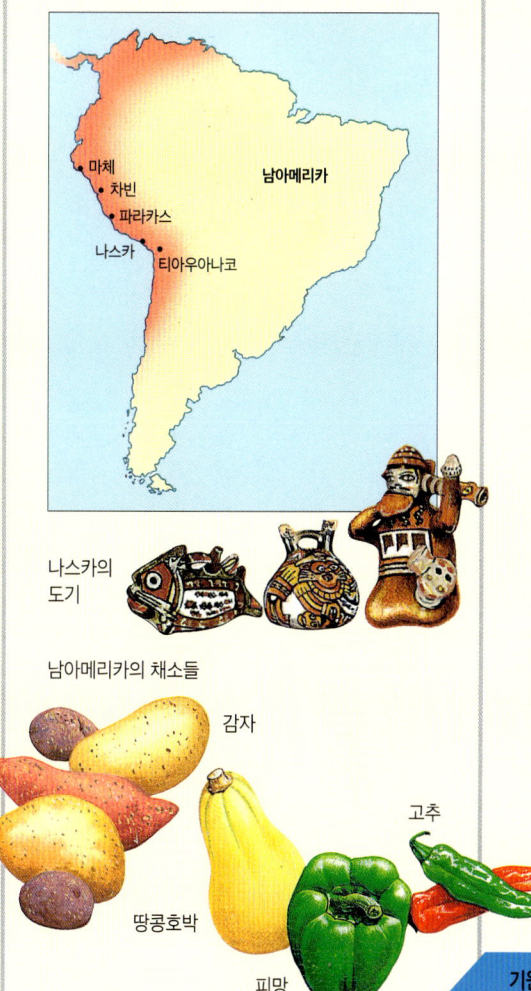

나스카의 도기

남아메리카의 채소들

감자

고추

땅콩호박

피망

기원전 250년

기원전 1년

15

유럽

기원후 43년 로마가 브리튼을 정복했다.

61년 브리튼의 한 부족인 이세니의 왕비 부디카가 이스트 앵글리아에서 로마에 맞서 반란을 이끌었다.

티투스 개선문. 로마가 기원후 70년에 예루살렘을 함락한 것을 기념해서 지었다.

72~80년 로마에 콜로세움이 건설되었다.

79년 이탈리아에서 베수비오 화산이 폭발했다.

98~117년 트라야누스 황제가 로마를 통치하던 시기. 이때 로마 제국은 최대의 영토를 누렸다.

122~127년 브리튼에 로마의 북쪽 경계를 표시하는 하드리아누스 성벽이 세워졌다.

200년 무렵 게르만 부족들이 로마 제국의 변경 지방을 침입했다.

286년 디오클레티아누스 황제가 로마 제국을 동로마와 서로마로 나누었다.

로마 시대 기독교인 가족의 모습

312년 서로마 제국의 황제에 콘스탄티누스가 올랐다.

313년 로마 제국에서 밀라노 칙령으로 기독교가 허용되었다.

324~337년 콘스탄티누스가 로마 제국을 통일했다.

370년 무렵 중앙아시아의 훈족이 유럽을 침략했다.

378년 아드리아노플 전투에서 로마 황제 발렌스가 야만 부족인 고트인에 의해 사망했다.

391년 테오도시우스 황제가 기독교를 로마의 국교로 선포했다.

395년 로마 제국이 동로마와 서로마로 영영 갈라졌다.

401~413년 서고트인이 로마 제국을 침략했다. 로마 제국은 수도를 라벤나로 옮겼다.

410~520년 무렵 앵글인, 색슨인, 주트인이 잉글랜드에 정착했다.

415년 서고트인이 서고트 왕국을 세웠다.

443~534년 부르군트인이 프랑스의 론·손 강 유역에 왕국을 세웠다.

451년 로마인과 프랑크인이 카탈라우눔 전투에서 훈족의 유럽 침략을 막았다.

455년 야만 부족인 반달인이 로마를 약탈했다.

456~711년 서고트인이 스페인에 왕국을 세웠다.

457년 앵글로·색슨인이 브리튼섬에 7왕국을 세웠다.

476년 로마가 약탈되고, 서로마 제국이 멸망했다.

481~511년 프랑크인 클로비스가 메로빙거 왕조를 세우고 집권했다. 클로비스 왕은 496년에 기독교인이 되었다.

493년 이탈리아에서 동고트인 테오도리크가 왕국을 세웠다.

중동

기원후 26~36년 폰티우스 필라투스가 로마에 속한 고대 유대의 총독을 지냈다.

29년 무렵 예수 그리스도가 십자가에서 처형되었다.

45~48, 49~52, 54~58년 타르수스의 바울이 지중해 동부 지역을 다니며 기독교를 전파했다. 그는 58~60년에 로마로 선교를 떠났다.

66~73년 유대에서 유대인이 로마에 맞서 반란을 일으켰다. 로마는 70년에 예루살렘을 약탈하고, 73년에는 유대인의 최후 항전지였던 마사다를 함락했다.

106년 나바테아 왕국이 로마의 속주가 되었다.

타르수스의 바울

115~117년 이집트, 키레나이카, 키프로스에서 유대인이 반란을 일으켰다.

131~135년 유대인의 지도자 바르 코크바가 로마에 대항해 유대인 반란을 이끌었지만 실패했다. 예루살렘이 파괴되었다.

227년 아르다시르 1세가 페르시아에 사산 왕조를 세웠다.

260년 페르시아의 샤푸르 1세가 로마를 물리치고 발레리아누스 황제를 포로로 잡았다.

268~272년 팔미라의 제노비아 왕비가 시리아, 메소포타미아, 그리고 이집트의 일부를 정복했다.

310~379년 샤푸르 2세가 페르시아를 통치했다.

324년 콘스탄티누스가 비잔티움을 다시 건설하고, 이름을 콘스탄티노플로 바꾼 뒤 로마의 수도로 삼았다.

시리아의 팔미라에 있는 로마 유적

325년 아나톨리아(터키)의 니케아에서 제1차 니케아 기독교 공의회가 열렸다.

484년 훈족이 페르시아 제국을 침략해서 황제를 죽였다.

중앙아시아의 호전적 부족인 훈족은 말을 잘 탔다. 그들은 말을 탈 때 두 발을 디디는 '등자'를 사용했는데, 유럽에는 아직 없던 기구였다.

고대 세계 기원후 1년~499년

아프리카

기원후 44년 마우레타니아(모로코)가 로마에 정복당했다.

70년 기독교가 알렉산드리아에 전파되었고, 180년 무렵부터는 남쪽으로도 전파되었다.

100~700년 에티오피아에 악숨 문명이 발생했다. 악숨 왕국은 해양 무역과 상아 수출로 부를 쌓았다.

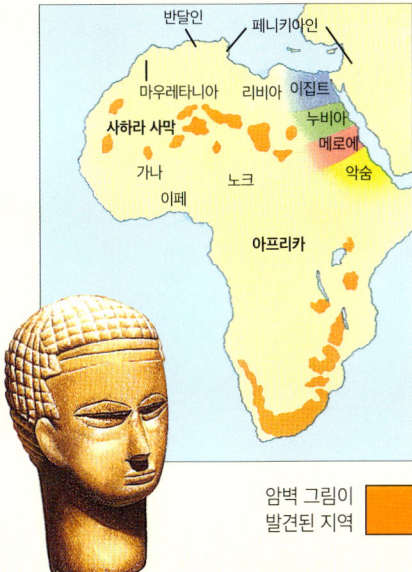

암벽 그림이 발견된 지역

메로에에서 나온 사암 조각상

193~211년 리비아인 셉티무스 세베루스가 로마의 황제가 되었다.

238년 북아프리카에서 로마 지배에 맞서는 반란이 시작되었다.

285년 무렵 이집트에서 수도사 문화가 시작되었다.

300~1200년 무렵 가나 왕국이 들어섰다.

330~350년 무렵 에자나 왕이 악숨 왕국을 다스렸다.

333년 무렵 악숨 왕국이 기독교를 국교로 삼았다.

악숨 왕국의 오벨리스크 (태양신을 상징하는 기념비)

350년 무렵 악숨 왕국이 메로에를 정복하고 홍해 지역의 최대 강국이 되었다.

350~600년 무렵 누비아에서 발라나 문화가 꽃피었다.

400년 무렵 사하라 사막 남쪽에 최초의 도시들이 생겨났다.

400년 무렵 동아프리카에서 철기 사용이 퍼졌다.

429~533년 북아프리카에서 반달인이 왕국을 세웠다.

아시아

기원후 1~100년 불교가 인도에서 아시아 전역으로 퍼졌다.

8~25년 중국에 신나라가 들어섰다.

25~222년 중국에 한나라가 다시 돌아오면서 중국 문화가 새로운 시대를 맞았다.

50년 무렵 중앙아시아 박트리아의 유목 부족들이 인도 북부에 쿠샨 제국을 세웠다.

91년 중국이 몽골에서 흉노족을 물리쳤다.

100년 무렵 중국에서 종이가 발명되었다.

중국 간쑤 지방에서 나온 하늘을 나는 말의 청동 조각상

100년 무렵 중국에 불교가 전파되었다.

100~1600년 무렵 동남아시아에 참파 왕국이 들어섰다.

180년 무렵 일본의 부족들이 통일되기 시작했다.

195~405년 무렵 파르티아가 인도 북부를 장악했다.

222~265년 중국에서 한나라가 무너지고 세 개의 나라가 들어섰다.

265~316년 중국이 여러 나라로 갈라졌다.

285년 무렵 일본에 문자가 처음 전해진 것으로 알려진 시기.

300~500년 무렵 일본에 야마토 정권이 들어섰다. 여러 가문이 지방을 나누어 맡았고, 각 가문은 토착 종교(신토)를 두었다.

304년 흉노족이 중국 북부의 만리장성을 넘어 침입했다.

316~589년 중국의 북부와 남부에 여러 왕조가 세워졌다.

320~535년 찬드라굽타 2세가 인도에 굽타 제국을 세웠다. 인도의 고전시대라고 한다.

굽타 시대 비슈누 신의 조각상

400년 무렵 동남아시아 사람들이 이스터섬으로 건너갔다.

430~470년 흉노족이 침입하면서 굽타 제국이 분열되었다.

450년 무렵 중국에서 일본으로 문자가 전해졌다.

아메리카

기원후 1~500년 무렵 북아메리카 남서부에서 바스켓 메이커 문화가 일어났다.

50년 무렵 중앙아메리카에 테오티우아칸 도시가 세워지고 태양의 피라미드가 지어졌다.

테오티우아칸에 있는 태양의 피라미드

200~600년 무렵 볼리비아의 티티카카 호수 근처 티아우아나코 도시 일대에서 문명이 발달했다.

250~750년 무렵 멕시코 사포텍 문명의 고전 시대.

500년 무렵 중앙아메리카의 테오티우아칸이 부강해졌다.

남아메리카의 강력한 토착 동물인 재규어

마야 문명

마야 문명은 아메리카 초기 문명 가운데 특히 크게 번성했던 문명으로, 기원전 2000년~기원후 1460년 무렵까지 이어졌다. 마야인들은 중앙아메리카 정글 깊은 곳에 여러 도시를 세우고 많은 신을 숭배했으며 하늘의 별을 연구했다. 마야 문명은 고전 시대(기원후 250~900년)에 전성기를 누렸다. 이때 달력, 상형 문자, 숫자 체계가 발명되었으며, 천문학의 영향으로 수학과 기술이 발전되었다.

마야인은 종교 의식으로 공놀이를 했다.

중세 시대

500년~1499년

남유럽과 서유럽

500년

500~843년 무렵 프랑스와 독일에 프랑크 왕국이 세워졌다.

507~711년 스페인에 서고트 왕국이 세워졌다.

529년 성 베네딕투스가 이탈리아의 몬테카시노에 서유럽 최초의 수도회를 만들었다.

537년 무렵 고대 브리튼의 아서 왕이 캄란 전투에서 전사했다.

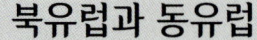

서고트 왕국을 다스린 레세스빈트 왕의 왕관

원탁의 기사로 유명한 아서 왕을 나타낸 그림. 켈트인 왕이었던 아서 왕은 색슨인의 침략에 맞서 싸웠다고 전해진다.

553년 이탈리아 북부에서 유스티니아누스 황제가 동고트인을 정벌했다.

554년 유스티니아누스 황제가 스페인의 서고트 왕국 일부를 정복했다.

563년 아일랜드의 수도사 성 콜롬바가 스코틀랜드의 이오나 섬에 수도원을 세우고, 잉글랜드와 스코틀랜드에 선교사를 보냈다.

568~774년 이탈리아 북부에 롬바르드 왕국이 들어섰다.

596년 그레고리우스 교황이 성 아우구스티누스를 브리튼으로 보내서 앵글로·색슨인에게 기독교를 전파하게 했다.

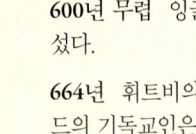

설교하는 아우구스티누스

600년 무렵 잉글랜드에 칠왕국이 들어섰다.

664년 휘트비의 종교 회의에서 잉글랜드의 기독교인은 기독교 분파 가운데 아일랜드 기독교 대신 로마 기독교를 선택했다.

695년 무렵 린디스판 복음서가 만들어졌다. 이것은 앵글로·색슨어로 된 최초의 복음서이다.

이스트 앵글리아의 '배 무덤'에서 발견된 앵글로·색슨인의 투구

북유럽과 동유럽

500~700년 무렵 드네프르강 서쪽의 프리퍄티 지역에 살던 슬라브인이 러시아와 동유럽의 삼림 지대로 이주하기 시작했다.

비잔틴 제국과 유스티니아누스 1세

비잔틴 제국으로 불리기도 하는 동로마 제국은 로마 제국이 멸망한 뒤 천년도 더 이어졌다. 동로마 제국은 비잔티움(지금의 이스탄불)을 수도로 삼고 수도의 이름을 콘스탄티노플로 바꾸었다. 그후 동로마 제국은 막강한 정치적 영향력을 떨쳤으며, 동방 정교회를 통해 고전 학문과 기독교의 맥을 이었다. 동로마 제국의 위대한 황제 가운데 한 명인 유스티니아누스 1세는 수도 곳곳을 재건하고, 법률을 정비해 유스티니아누스 법전(528~534년)을 완성했다. 이 법전은 현대 유럽 법의 기초가 되었다. 그는 옛 로마 제국의 영토를 회복하려는 노력도 기울여서, 535년에는 북아프리카의 반달 왕국을, 553년에는 이탈리아의 동고트 왕국을, 554년에는 스페인의 서고트 왕국 일부를 정벌했다. 하지만 이 정복지들은 그가 죽은 뒤 다시 잃게 되었다.

유스티니아누스의 황후 테오도라를 새긴 모자이크로, 라벤나에 있다.

540~561년 페르시아와 비잔틴 제국이 전쟁을 벌였다.

568년 롬바르드인이 비잔틴 제국으로부터 이탈리아 북부를 빼앗았다.

600년 무렵 중앙아시아 스텝 지역의 유목 민족 아바르인이 발칸 반도에 왕국을 세웠다.

603~629년 페르시아와 비잔틴 제국이 여러 차례 전쟁을 벌였다.

610~641년 헤라클리우스 황제가 비잔틴 제국을 통치했다. 국가 공식 언어가 라틴어에서 그리스어로 바뀌었다.

611~616년 비잔틴 제국이 서아시아, 북아프리카, 스페인, 시칠리아의 영토를 페르시아에게 빼앗겼다.

629년 헤라클리우스 황제가 페르시아에게 빼앗긴 영토를 되찾았다.

632~750년 아랍인이 비잔틴 제국을 침략했다.

674~678년 아랍인이 콘스탄티노플을 포위 공격했지만 실패했다.

680년 무렵 중앙아시아의 유목 민족 불가르인이 발칸 반도를 침략해서 나라를 세웠다.

콘스탄티노플의 성 소피아 성당은 유스티니아누스 황제 시절에 세워졌다.

699년

중세 시대 500년~699년

아프리카와 중동

531년 유스티니아누스 1세가 율리아누스가 이끄는 수도사들을 에티오피아 악숨의 기독교 왕국으로 보냈다.

531~579년 페르시아의 사산 제국을 코스로에스 1세가 다스렸다. 사산 제국의 영토는 이때 가장 넓게 팽창했다.

533~697년 비잔틴 제국이 북아프리카를 다스렸다.

543년 율리아누스가 기독교를 전파해 준 누비아에서 기독교 왕국(노바티아, 마쿠리아, 알로디아)이 세 개로 갈라졌다. 아랍이 이집트를 정복하자(아래 참고) 이 나라들은 다른 기독교 세계와 분리되었다.

무함마드와 이슬람교 창시

이슬람교를 창시한 예언자 무함마드(570~632년 무렵)는 아라비아의 메카에서 태어났다. 그는 610년부터 알라를 유일신이라고 설교해서 많은 추종자를 얻었다. 그러나 메카 사람들의 적개심 때문에 메디나로 달아나(622년) 그곳에서 세력을 넓혔다. 무함마드가 죽을 당시, 이슬람교는 정복과 선교를 통해 아라비아 대부분의 지역에 퍼져 있었다. 그의 뒤를 이어 칼리프들이 선출되었고, 그들은 632~850년 사이에 광대한 이슬람 제국을 만들었다.

이슬람교의 사원인 모스크

611~619년 페르시아가 서아시아와 북아프리카의 비잔틴 영토인 안티오크, 다마스쿠스, 예루살렘, 이집트를 정복했다.

632년 무함마드의 뒤를 이어 아부 바크르가 초대 칼리프가 되었다.

637~638년 아랍인이 시리아, 이라크, 예루살렘을 함락시켰다.

639~642년 아랍인이 이집트를 점령했다.

642년 아랍인이 사산 왕조를 무너뜨렸다. 페르시아는 시아파 이슬람교를 받아들였다.

661~750년 옴미아드 왕조가 다마스쿠스를 수도로 제국을 통치했다.

697~700년 아랍인이 카르타고와 튀니스를 정복했다. 북아프리카 해안 지역에 이슬람교가 퍼졌다.

북아프리카 카이로우안의 대 모스크

아시아

500년 무렵 일본에서 야마토 정권의 천황이 대대로 일본의 대부분 지역을 다스렸다.

535년 굽타 제국이 무너졌다. 인도가 여러 왕국으로 갈라져서 전쟁이 벌어졌다.

552년 중국에서 일본으로 불교가 전파되었다.

581년 양견이 수나라를 세웠다. 수나라는 589년에 중국을 통일했다.

594년 일본이 불교를 국교로 삼았다.

605~610년 중국에서 양쯔강과 황허강을 잇는 대운하를 만들었다. 이 공사에 수백만 명이 동원되었다.

606년 중국에서 공직자를 뽑는 필기 시험이 도입되었다.

607년 티베트가 정치적으로 통일을 이루었다.

618~907년 중국에 당나라가 들어섰다. 당나라는 군사적으로도, 문화적으로도 큰 업적을 남겼다.

624년 당나라가 불교를 국교로 삼았다.

627~649년 태종 황제가 당나라를 통치했다.

628~645년 무렵 중국의 승려인 현장이 인도 북부에서 많은 책과 불상을 가지고 돌아왔다.

645년 티베트에 불교가 전파되었다.

657년 중국이 투르크인을 물리치고 중앙아시아까지 세력을 넓혔다.

668년 한반도의 고구려가 신라와 당나라의 연합군에게 멸망했다.

690~713년 측천무후가 중국의 제위를 차지했다.

태종 황제

아메리카

500년 무렵 북아메리카에서 호프웰인의 마운드 빌더(흙무덤 건설) 문화가 차츰 쇠퇴했다. 미시시피강 남쪽 유역에서 마운드 빌더 문화가 나타나기 시작했다.

미시시피강 유역 마운드 빌더 문화의 도기 물병

500~900년 무렵 멕시코 오악사카에서 사포텍 문화가 황금시대를 누렸다.

500~1200년 무렵 멕시코만 해안의 엘타힌을 중심으로 토토낙 문화가 일어났다.

600년 무렵 마야 문명이 전성기를 누렸다.

마야의 왕이 시중을 받는 모습

600년 무렵 테오티우아칸 문화가 전성기에 이르러 주변 고원 지대까지 퍼졌다. 테오티우아칸 도시는 면적이 약 20제곱킬로미터였고 건물들이 바둑판 구조로 늘어섰다. 이곳 사람들은 농업, 공예, 무역으로 부를 쌓았다.

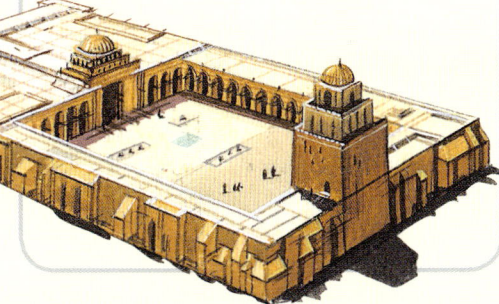
1325년 무렵 멕시코의 도시 테노치티틀란

600~1000년 무렵 남아메리카에서 여러 도시가 건설되었고 도시마다 문화가 발달했다. 각 지역의 문화가 두 개의 대제국에 흡수되었고, 티아우아나코가 종교적 중심지, 우아리가 군사적 중심지가 되었다.

650~850년 무렵 테오티우아칸 문화가 차츰 쇠퇴했다.

650~900년 무렵 멕시코에 와스텍 문화가 생겨났다.

남유럽과 서유럽

700년

700년대 무렵 아일랜드에 예술과 문학이 꽃 피었다.

711년 북아프리카 아랍인인 무어인이 북서부의 아스투리아스 왕국을 제외한 스페인 전역을 정복했다.

732년 아랍인이 프랑스를 침략해 투르 푸아티에 전투가 벌어졌다. 프랑크 왕국의 지도자 카를 마르텔에 의해 아랍인이 격퇴당하고 후퇴했다.

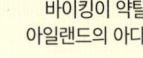

바이킹이 약탈한 아일랜드의 아다 성배

756~1031년 아랍인이 세운 옴미아드 칼리프국이 코르도바를 수도로 삼고 스페인 남부를 통치했다.

751년 페팽 3세가 프랑스 메로빙거 왕조의 마지막 왕을 폐위시키고 스스로 프랑크 왕국의 왕이 되었다. 이로써 카롤링거 왕조가 시작되었다.

샤를마뉴

768년에 페팽 3세가 다스리던 프랑크 왕국을 그의 두 아들 카를로만과 샤를이 물려받았다. **771년**에 카를로만이 죽자 샤를이 단독 통치자(771~814년)가 되었다. 샤를은 전투 능력이 뛰어나서 773~804년 사이에 프랑스 대부분, 독일, 이탈리아 북부까지 영토를 넓혔고, 그 공로로 '샤를마뉴(샤를 대제)'라는 칭호를 얻었다. 그는 독실한 기독교인으로서 기독교를 믿지 않는 왕국들과 싸우면서 제국 전역에 교회와 수도원을 세웠다. 교황은 이러한 샤를마뉴의 공로를 인정해서 **800년**에 그에게 '로마 황제'라는 칭호를 주었다.

황금으로 만들고 보석으로 장식한 샤를마뉴의 흉상

751년 롬바르드인이 이탈리아 북부의 마지막 비잔틴 제국 영토였던 라벤나를 정복했다.

757~796년 오파가 머시아를 통치했다. 그는 웨일스를 방어하기 위해 둑을 쌓았다. 779년에는 잉글랜드 전체의 통치자가 되었다.

790~794년 무렵 바이킹이 유럽을 약탈하기 시작했다. 바이킹은 잉글랜드의 린디스판과 재로를 침략했다.

806년 바이킹이 스코틀랜드의 섬 이오나의 수도원을 침략하자, 수도사들이 아일랜드로 피신했다.

830~900년 무렵 바이킹이 브리튼 제도와 프랑스를 자주 침략했다.

832~847년 바이킹이 아일랜드에 쳐들어와 정착했다.

843년 스코트 부족의 왕 케네스 매캘핀이 스코틀랜드의 왕이 되었다.

843년 샤를마뉴의 프랑크 왕국이 세 개의 왕국으로 나뉘었다.

858년 로드리 마우르가 모든 웨일스의 영주로 인정받았다.

867~874년 데인인이 머시아, 노섬브리아, 이스트 앵글리아를 정복했다.

871~899년 앨프레드 대왕이 웨섹스 왕국을 통치했다. 그는 데인인의 계속된 침략을 물리쳤다. 잉글랜드가 웨섹스와 데인로로 나뉘었다.

앨프레드 대왕이 데인인과 싸우는 모습

899년

북유럽과 동유럽

바이킹

바이킹은 스칸디나비아 반도의 농민, 무역인, 군인이었다. 인구가 늘고 땅이 부족해지자 바이킹 중 일부가 이웃 나라들을 침략하기 시작했다. 그들은 800~1100년 무렵에 유럽 곳곳에서 공포의 대상이 되었다. 조선 기술과 항해 기술이 뛰어났던 바이킹은 새로운 땅을 찾아서 북아메리카까지 항해했다. 많은 바이킹이 프랑스의 노르망디(바이킹의 후손 노르만인의 이름에서 유래했다.) 지역에 평화롭게 정착했고, 러시아에도 정착해서 러시아 최초의 국가를 세웠다. 나라의 이름은 바이킹 부족의 이름을 딴 '루시'였다.

700년 무렵 러시아에 바이킹이 처음 나타났다.

716~1018년 불가르국이 비잔틴 황제로부터 국가로 인정받았다.

716~717년 아랍인이 콘스탄티노플 포위 공격에 실패했다.

717년 비잔틴 제국이 불가르 및 하자르와 동맹을 맺었다.

726~843년 비잔틴 제국의 황제들이 성상(종교적 그림) 사용을 금지해서, 많은 성상이 파괴되었다.

787년 니케아 기독교 공의회에서 교회에 성상을 다시 쓸 것을 명령했다.

812년 불가리아의 크룸 칸이 아드리아노플 전투에서 비잔틴 제국을 물리치고 비잔틴 제국의 황제를 죽였다.

830년 슬라브 왕국 모라비아가 세워졌다. 이들은 906년에 마자르인에게 멸망했다.

860년 무렵 스웨덴계 바이킹이 러시아에 정착했다.

861년 바이킹이 아이슬란드를 발견했고, 874년에 아이슬란드에 정착했다.

862년 비잔틴 제국의 성 키릴로스와 성 메토디오스가 체코 모라비아에서 기독교를 선교했다. 성 키릴로스가 슬라브에서 들여온 그리스 문자를 바탕으로 키릴 문자가 만들어졌다.

콘스탄티노플 성 소피아 성당의 예수 그리스도 모자이크

862년 무렵 바이킹 루시 부족의 류리크가 러시아 노브고로드를 수도로 삼아 나라를 세웠다. 이 나라는 '류리크 왕조'로 불린다.

866년 러시아에 기독교가 전파되기 시작했다.

867~1056년 마케도니아 왕조가 비잔틴 제국을 통치했다.

882년 러시아의 통치자인 올레그 왕이 키예프를 정복했다.

889년 마자르인이 헝가리를 침략해서 나라를 세우고 아르파드 왕조(896~1301년)를 열었다.

890년대~930년대 무렵 노르웨이가 '미발왕(머리카락이 아름다운 왕)'으로 불리는 하랄의 통치 아래 최초의 단일 왕국을 이루었다.

중세 시대 700년~899년

아프리카와 중동

700년대 무렵 아랍의 상인들은 사하라의 부유한 무역 도시들과 활발한 무역을 펼쳤다. 아랍은 말, 구리, 연장, 무기를 수출하고 황금, 상아, 가죽, 노예를 수입했다. 이러한 무역의 결과로 강력한 아프리카 왕국과 무역 제국들이 성장했다.

아프리카의 왕이 팀북투에서 아랍 상인을 맞는 모습

700~1200년 무렵 가나 왕국이 들어섰다. 가나는 서아프리카 최초의 무역 제국으로 금이 풍부했다.

750~1258년 아바스 왕조가 이라크 바그다드를 수도로 삼고 통치했다. 이슬람 문화의 황금시대였다.

아바스 시대의 아랍 천문학자들을 그린 이슬람 그림

786~809년 칼리프 하룬 알 라시드가 아바스를 통치했다. 그는 『천일야화』에 나오는 것으로 유명하다.

788년 모로코에 시아파 왕국이 세워졌다.

800년 무렵 북아프리카에 세 개의 각기 독립적인 작은 왕국이 세워졌다.

800~1000년 무렵 서아프리카에 이그보 우크부 왕국이 들어섰다.

800~1800년 무렵 서아프리카에 카넴보르누 제국이 세워져 활발한 무역이 이루어졌다.

868~905년 툴룬 왕조가 이집트와 시리아를 다스렸다.

아시아

700~900년 무렵 동남아시아에 사일렌드라 왕조가 들어섰다.

700~1300년 무렵 동남아시아에 스리비자야 왕조가 들어섰다.

710~794년 일본이 나라에 최초로 수도를 정했다.

711년 아랍인이 인도 북부를 침략했다.

745~840년 몽골에 위구르 제국이 들어섰다.

750~1000년 무렵 태평양 폴리네시아 제도의 마오리인이 뉴질랜드에 이르렀다.

750년 무렵 인도의 세 제국인 라즈푸타나(북서부), 라슈트라쿠타(남부), 벵골(북동부)이 서로 전쟁을 벌였다. 아랍인이 인더스 지역을 침략하기 시작했다.

751년 아바스 왕조가 탈라스 강변에서 중국 군대를 물리쳤다. 이후 중국은 중앙아시아에서 세력을 잃었다.

794~1185년 일본의 헤이안 시대. 천황이 헤이안(지금의 교토)을 수도로 삼고 통치했다. 귀족들의 권력이 점점 더 커졌다.

헤이안 시대의 현악기. 자개 장식이 되어 있다.

일본 헤이안의 뵤도인 사원

800~1400년 무렵 크메르 왕조가 동남아시아 캄보디아에 왕국을 세우고 앙코르를 수도로 삼았다.

842년 티베트 왕국이 붕괴되었다.

858~1160년 무렵 일본 정부를 후지와라 가문이 장악했다.

868년 중국에서 최초의 인쇄 서적 『금강경』을 발간했다.

886~1267년 인도 남부 대부분 지역을 촐라 왕조가 다스렸다.

아메리카

700년

미시시피 문화

700년 무렵까지 미시시피 계곡의 농부들은 도시를 세우기 시작했다. 마을 중앙에는 윗면이 평평한 구조물인 '마운드'가 지어졌는데, 마운드 위에는 주택과 사원 등이 자리했다. 미시시피 문화의 가장 큰 마을을 이루었던 카호키아에는 100개가 넘는 마운드가 세워졌다.

미시시피 문화의 마운드. 꼭대기가 없는 평평한 사다리꼴을 이룬다.

700~1000년 무렵 북아메리카 남서부(지금의 애리조나)에 호호캄 농경 공동체가 가장 발달했던 시기다. 이곳 사람들은 마운드를 짓고 구기 경기를 했는데, 이는 그들이 멕시코 마야인과 연관성이 있다는 것을 나타낸다.

700~1000년 무렵 북아메리카 남서부에서 아나사지 문화가 발생해 농경이 이루어졌다.

700년 무렵 북부 및 중앙 아메리카 지도

750년 무렵 북아메리카 남서부의 사막 부족이 건물을 층층이 짓고 '푸에블로'라는 마을을 세웠다.

750년 무렵 중앙아메리카의 거대 도시 테오티우아칸이 파괴되었다.

750년 무렵 마야 문명이 쇠퇴하기 시작했다.

850년 무렵 마야 문명이 붕괴되고 도시가 버려졌다.

899년

남유럽과 서유럽

900년

900~911년 무렵 바이킹이 노르망디에 정착했다.

910년 프랑스 부르고뉴 지방의 클뤼니에 베네딕투스 사원이 세워졌다.

911년 바이킹의 수장인 롤로가 노르망디 공작이 되었다. 그는 프랑스의 샤를 3세에게서 프랑스 루앙 일대의 땅을 받고 그 대가로 샤를 3세에게 동맹을 맹세하며 기독교인이 되었다. 그가 받은 땅은 '노르만노룸('북쪽 사람들의 땅'이라는 뜻의 라틴어)'으로 불렸다.

롤로가 루앙의 대주교에게 환영받는 모습

912~961년 스페인 코르도바를 통치하는 칼리프에 압드 알 라흐만 3세가 올랐다. 그간 나라가 번창하고 아랍 문화가 번성했다.

917~921년 웨섹스의 에드워드 왕이 데인로(데인인이 점령한 브리튼 영토) 남부를 정복했다.

924~939년 앵글로·색슨인 애설스탠 왕이 잉글랜드를 통치했다.

926년 애설스탠 왕이 데인로를 점령했다.

937년 애설스탠 왕이 브루넌부르 전투에서 바이킹, 스코트인, 브리튼인의 침략을 막았다.

979~1013년 앵글로·색슨인 에설레드 왕이 잉글랜드를 통치했다.

986~987년 카롤링거 왕조의 마지막 왕 루이 5세가 프랑스를 통치했다.

987~996년 위그 카페가 프랑스 왕이 되면서 카페 왕조를 열었다. 카페 왕조는 1328년까지 프랑스를 통치했다.

991년 데인인이 몰든 전투에서 잉글랜드를 물리쳤다. 잉글랜드는 데인인의 침략을 막기 위해 일종의 세금을 거두어 마련한 데인겔드를 데인인에게 바치게 되었다.

바이킹의 롱보트

999년

북유럽과 동유럽

911년 카롤링거 왕조의 마지막 독일 왕인 루트비히 3세(어린이왕 루도비쿠스)가 죽자, 독일 동부 프랑켄의 공작이었던 콘라트가 독일의 왕이 되었다.

919~936년 독일에서 하인리히 1세(매사냥 왕)가 작센 왕조를 열어 나라를 통치했다.

929~967년 볼레슬라프 1세가 형 바츨라프를 죽이고 보헤미아를 통일했다.

933년 독일의 하인리히 1세가 마자르인을 물리쳤다.

레히펠트 전투

936~973년 오토 1세가 독일을 통치했다. 그는 독일의 여러 공국을 장악하고, 이탈리아를 정복했다.

955년 독일 왕 오토 1세가 중앙아시아의 유목 민족인 마자르인의 침입을 물리쳐 마자르인의 유럽 진출을 막았다.

960년 미에슈코 1세(960~992년)가 폴란드 북부를 통일하고 나라를 세웠다.

961년 비잔틴 제국이 아랍 민족으로부터 크레타섬을 빼앗았다.

962년 오토 1세가 '게르만 민족의 신성 로마 제국 황제' 칭호를 받고 973년까지 독일과 이탈리아를 다스렸다.

하랄 1세가 옐링 마을에 세운 비석인 옐링 스톤. 룬 문자가 새겨졌으며, 예수 그리스도의 모습이 담겨 있다.

965년 덴마크의 왕 하랄 1세가 기독교인이 되었다.

965년 러시아가 하자르 제국을 멸망시켰다.

970~997년 게저 1세가 마자르인을 장악하고 헝가리를 통일했다.

976~1025년 바실리우스 2세 황제가 비잔틴 제국을 통치했다. 그는 아랍, 러시아, 불가리아, 아르메니아, 노르만을 물리치고 비잔틴 제국의 영토를 넓혔다.

980~1015년 키예프 공국의 대공 블라디미르가 키예프 루시의 단독 통치자가 되었다.

990~992년 폴란드가 가톨릭교를 받아들였다.

키예프 공국의 블라디미르

993년 스웨덴 왕 최초로 올라프 스쾨트코눙이 기독교인이 되었다.

995~1000년 올라프 트뤼그바손이 노르웨이를 통치했다. 노르웨이에 기독교가 도입되었다.

997~1038년 헝가리에서 성 이슈트반 1세가 헝가리 최초의 기독교인 왕이 되었다.

성 이슈트반 1세의 왕관

중세 시대 900년~999년

아프리카와 중동

900년 무렵 서아프리카의 나이저강 하류인 하우살란드에서 무역이 번창했다.

902~1004년 사만 왕조가 페르시아를 다스렸다. 이 제국은 사마르칸트(지금의 우즈베키스탄에 있는 지역)의 부하라를 수도로 삼고, 카스피해와 힌두쿠시 산맥 사이의 넓은 지역을 차지했다. 사만 왕조는 중국 및 러시아와 무역 관계를 발달시켰다.

중앙아시아 부하라에 있는 사만 왕조의 무덤

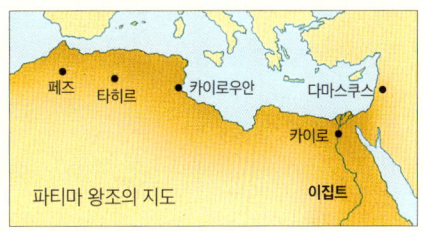

파티마 왕조의 지도

909~972년 파티마 왕조가 북아프리카의 아랍 왕국들을 장악했다.

969~1171년 파티마 왕조가 이집트를 장악했다. 그들은 카이로를 건설해서 이집트의 수도로 만들었다.

970년 무렵 카이로에 알아즈하르 대학이 세워졌다.

997~1030년 가즈니의 술탄 마흐무드가 아프가니스탄 동부와 인도 북부에 제국을 건설하고 통치했다. 가즈니는 이슬람 문화의 중심지가 되었다.

아시아

900년 무렵 인도네시아 자와에 마타람 왕조가 세워졌다.

907~960년 중국에서 당나라가 멸망하면서 5대10국 시대가 되었고, 중국은 내전에 휩싸였다.

916년 몽골에 거란 왕국이 세워졌다.

936년 한반도에서 고려가 후삼국을 통일했다.

947~1125년 거란인이 중국 북부를 함락시키고 요나라를 세웠다.

960~1127년 북송이 중국 중부와 남부를 통일하고 카이펑(변경)을 수도로 삼았다.

985~1014년 라자라 1세가 인도 남부의 촐라 왕국을 통치했다. 그는 인도 남부의 케랄라(985년)와 스리랑카(1001년)를 정복했다.

힌두교 시바 신의 청동 조각상

990년 난징(베이징)이 중국 요나라의 다섯 수도 중 하나가 되었다.

이슬람 도시

아메리카

900년

900년 무렵 마야 문명의 중심지가 유카탄 반도로 옮겨 갔다.

멕시코 유카탄 반도의 치첸 이트사에 있는 케찰코아틀의 피라미드

900년 무렵 북아메리카 남서부의 아나사지인이 푸에블로를 지었다. 푸에블로는 절벽 형태의 집합 건물로 사다리를 통해서만 드나들 수 있었다. 이들은 면직물을 직조했고, 돌림판으로 그릇을 만들었으며, 터키석 등의 보석을 가공했다.

900~1200년 무렵 톨텍인이 멕시코 대부분을 장악했다. 그들은 테오티우아칸 일대의 도시들을 함락시키고 마야인의 영토를 침략했다.

톨텍 전사의 조각상

900~1494년 무렵 멕시코에 믹스텍 문화가 일어났다.

947년 멕시코에서 톨텍인이 신으로 섬긴 케찰코아틀이 탄생했다.

980년 톨텍이 툴라를 수도로 삼았다.

982년 바이킹 '붉은 머리 에이리크'가 그린란드를 식민지로 삼기 시작했다.

바이킹은 그린란드에서 이 남자와 같은 이누이트인을 만났다.

990년대 무렵 케찰코아틀을 따르는 무리와 다른 인간신을 따르는 무리 사이에 싸움이 벌어졌고, 케찰코아틀은 툴라를 떠났다. 그는 마야의 도시 치첸에 정착했고, 치첸은 이름을 치첸 이트사로 바꾸었다. 다시 건설된 치첸 이트사는 마야 문화와 톨텍 문화가 섞여 있었다.

999년

25

남유럽과 서유럽

1000년

1004년 아일랜드의 황제로 브리안 보루가 선포되었다.

1008~1028년 스페인 코르도바의 무어인 왕국이 내전으로 쇠퇴했다. 그러자 스페인의 기독교인들이 1037~1492년 사이에 이슬람 세력을 몰아내고 기독교 왕국을 세웠다. 이러한 움직임을 '레콘키스타'라고 한다.

코르도바의 대 모스크

1014~1042년 덴마크 왕이 잉글랜드를 다스렸다.

1014년 브리안 보루가 클론타르프 전투에서 바이킹을 물리쳤지만 전사했다.

1016년 로베르와 로제 기스카르가 노르만인을 이끌고 이탈리아 남부를 침략했다.

1029년 스페인의 카스티야와 아라곤 지방이 무어인의 지배에서 벗어났다.

1042~1066년 참회왕 성 에드워드가 잉글랜드를 통치했다.

1054년 스코틀랜드의 머리 백작 맥베스가 던시네인에서 맬컴 캔모어에게 패배하고 피살됐다. 맬컴 캔모어는 맥베스가 살해한 덩컨 왕의 아들이다.

1054년 교황이 로베르 기스카르를 풀리아와 칼라브리아의 공작으로 임명하고, 그에게 시칠리아를 아랍으로부터 빼앗아 줄 것을 부탁했다.

1054년 동방 정교회가 서방 가톨릭 교회와 결별했다.

1060~1130년 노르만인이 시칠리아와 이탈리아 남부를 정복했다. 로제 기스카르는 시칠리아 백작(1061~1091년)이 되었다.

1066년 노르망디의 윌리엄이 헤이스팅스 전투에서 잉글랜드를 격파하고 잉글랜드 왕위에 올라 윌리엄 1세(1066~1087년)가 되었다.

노르망디의 윌리엄(왼쪽)과 노르만 기병대가 잉글랜드 보병을 공격하는 장면을 담은 바이외 태피스트리

1071년 노르만인이 이탈리아에 남은 마지막 비잔틴 도시인 바리를 정복했다.

1075~1122년 교황과 신성 로마 제국 황제 가운데 누가 주교와 수도원장을 임명할 권리가 있는지를 두고 서임권 논쟁이 일어났다. 이 논쟁은 보름스 협약으로 일단락되었다(1122년).

1085년 카스티야가 무어인이 다스리던 지방 톨레도를 정복했다. 이 싸움의 영웅이 '엘시드'라고 알려진 로드리고 디아스 데 비바르이다.

1086년 잉글랜드에서 토지 대장인 『둠즈데이 북』을 만들었다. 이 문서에 잉글랜드의 모든 토지를 조사한 결과가 기록되어 있다.

1099년

1094년 포르투갈이 무어인의 스페인으로부터 독립했다.

북유럽과 동유럽

1001년 교황이 헝가리의 기독교 왕국을 인정했다.

1014~1035년 덴마크 왕 크누트가 덴마크, 잉글랜드, 스웨덴 일부까지 뻗은 넓은 제국을 다스렸다.

1015~1028년 올라프 2세(성 올라프왕)가 노르웨이를 통치했다.

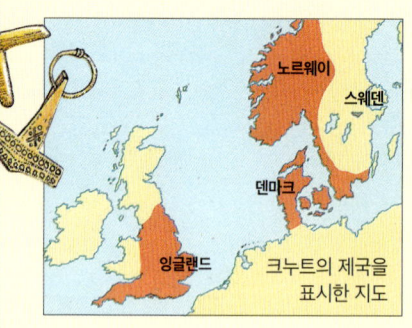

지도 왼쪽 그림은 바이킹의 기독교 상징물이다. 크누트 통치 시기 덴마크에 잉글랜드 선교사들이 기독교를 전파했다.

크누트의 제국을 표시한 지도

1019~1054년 야로슬라프 1세(지혜로운 왕)가 키예프 루시를 다스렸다.

1028년 크누트가 노르웨이를 정복했고, 올라프 2세는 러시아로 망명했다.

1035년 크누트가 죽자 선량왕 마그누스(1035~1047년)가 노르웨이 왕국을 되찾았다.

1035년 폴란드가 신성 로마 제국의 속국이 되었다.

1054년 교회의 대분열 시기. 교황이 기독교 교회 전체에 대한 지배권을 주장하자, 동방 정교회와 서방 가톨릭 교회가 분리되었다.

1059~1078년 두카스 왕조가 비잔틴 제국을 다스렸다.

1071년 비잔틴 제국이 만지케르트 전투에서 셀주크 투르크인에 패배해 소아시아(터키)를 잃었다.

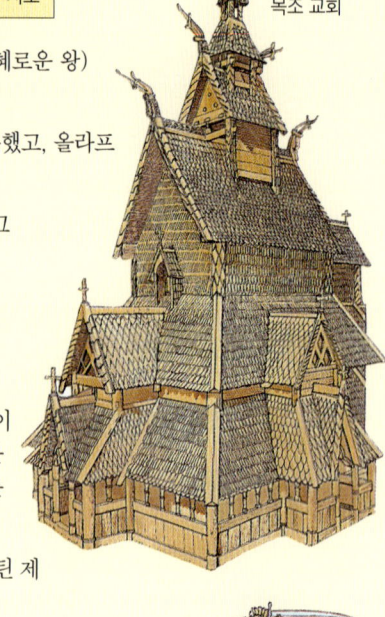

노르웨이 보르군의 목조 교회

1081~1085년 로베르 기스카르가 노르만인을 이끌고 발칸 반도를 침략했다.

1081~1185년 콤네노스 왕조가 비잔틴 제국을 다스렸다.

1086년 신성 로마 제국이 브라티슬라프 왕의 보헤미아 통치를 인정했다.

1093년 '폴로프치'라는 유목 민족이 러시아의 수도 키예프를 약탈했다.

중앙아시아의 유목 민족인 셀주크 투르크인

1095년 비잔틴 제국의 황제 알렉시우스 콤네노스(1081~1118년)가 교황 우르바누스를 찾아가서 투르크인과 싸우는 데 힘을 보태 달라고 부탁했다.

1100년 무렵 바이킹의 유럽 침략이 끝났다.

중세 시대 1000년~1099년

아프리카와 중동

1000~1200년 무렵 아프리카 동부 해안에 무역항들이 발달했다.

1000~1450년 무렵 서아프리카에 이페 왕국이 들어섰다.

1000~1897년 무렵 서아프리카에 베냉 왕국이 들어섰다.

1030년 무렵 중앙아시아의 유목 민족 셀주크 투르크가 소아시아까지 세력을 뻗었다.

1050~1123년 무렵 페르시아의 수학자, 천문학자, 철학자 겸 시인 오마르 카이얌의 생애. 그는 유명한 연작시 『루바이야트』를 지었다.

1052년 이슬람교를 믿는 알모라비드인이 가나를 침략하여 1076년에 멸망시켰다.

1055년 셀주크 투르크 왕조가 아바스 왕조의 수도 바그다드를 정복했다.

1056~1147년 북아프리카와 스페인에 알모라비드 왕국이 들어섰다.

1076년 셀주크 투르크 왕조가 파티마 왕조로부터 예루살렘과 다마스쿠스를 빼앗았다. 이 일로 십자군 전쟁이 일어났다.

십자군 전쟁

십자군 전쟁은 유럽의 기독교인이 성지 예루살렘을 셀주크 투르크로부터 되찾기 위해 벌인 전쟁이다. 셀주크 투르크는 이전까지 그곳을 다스렸던 파티마 왕조보다 너그럽지 않은 호전적 이슬람교 민족이었고, 기독교인 순례자들의 안전을 크게 위협했다. 1차 십자군 전쟁(1096~1099) 이후, 십자군은 예루살렘을 되찾고 아나톨리아와 시리아에 여러 나라를 세웠지만 나중에 모두 쇠퇴했다. 십자군 전쟁은 그 후로 일곱 차례 더 이어졌지만 큰 성공을 거두지는 못했다. 1291년 예루살렘의 통치권을 빼앗긴 뒤에는 기독교인의 마지막 요새가 사라졌다.

1090년 무렵 페르시아에서 시아파 가운데 적을 죽이는 분파인 아사신파가 생겨났다.

아시아

1000년 무렵 중국이 화약을 더욱 완벽하게 발전시켰다.

화약은 전쟁과 불꽃놀이에 쓰였다.

1000년 무렵 마오리인이 오랜 세월에 걸쳐 태평양을 건너서 뉴질랜드에 정착했다.

1000~1300년 무렵 동남아시아 버마(미얀마)에 바간 왕국이 들어섰다.

1001~1026년 가즈니의 마흐무드가 인도 북부를 침략해서 제국을 넓혔다.

1002~1050년 캄보디아의 앙코르 왕국이 수리야바르만 왕의 통치 아래 힘을 키웠다.

1020년 일본에서 무라사키 시키부가 『겐지 이야기』를 썼다. 이는 세계 최초의 소설이다.

1051~1062년 일본에서 전9년 전쟁이 벌어졌다. 이 시기에 사무라이가 생겼다.

사무라이

사무라이는 일본 봉건 영주 밑에서 부하로 일하는 전문적인 전사 집단이었다. 그들은 말을 타고 화살을 쏘며 전투를 시작하다가, 직접 몸으로 맞붙어 싸우는 백병전으로 전투를 마무리했다. 사무라이는 땅을 내려 준 영주에게 절대적 충성을 바치고, 적군에게 이기지 못할 경우 목숨을 버리도록 교육 받았다. 그들은 외적을 물리치는 일에도 참여했다. 그들 사이에서 전투에서 달아나는 행위는 용서받을 수 없는 일로 여겨졌고, '셉푸쿠' 또는 '하라키리'로 불리는 정교한 자살 의식을 치르도록 권유 받곤 했다.

사무라이

1083~1087년 일본에서 후3년 전쟁이 벌어졌다.

아메리카

1000년 무렵 붉은 머리 에이리크의 아들인 레이프 에이릭손이 북아메리카 해안을 탐험하고 그린란드로 돌아왔다.

아메리카의 바이킹

유럽인 가운데 북아메리카에 발을 처음 디딘 사람은 바이킹으로 추정된다. 바이킹은 크리스토퍼 콜럼버스가 카리브해에 도착한 시기보다 거의 500년 앞서 북아메리카에 갔다. 레이프 에이릭손은 동부 해안의 세 장소에 상륙했는데, 배핀섬, 래브라도, 뉴펀들랜드였을 것으로 추정된다. 1968년에 뉴펀들랜드에서는 바이킹 양식의 건물 유적과 다른 유물들이 발견되었다.

(오른쪽) 아이슬란드에 있는 레이프 에이릭손의 동상

(왼쪽) 바이킹은 아메리카 원주민을 '스크렐링'이라고 불렀다.

1000년 무렵 호프웰인이 에칭 기법을 발견해서 문양을 새겼다.

1000년 무렵 오대호 동부와 세인트로렌스강 주변에 북이로쿼이인이 정착했다.

1000년 무렵 북아메리카 북극 지역에 툴리 에스키모인이 퍼져나갔다.

1000~1483년 무렵 남아메리카의 후기 중간기. 우아리・티아우아나코 문화가 쇠퇴하고, 지역의 특징과 문화가 다시 나타났다.

초기 페루의 도기

1000~1600년 무렵 남태평양 이스터섬에서 거대한 머리 모양의 석상들을 세웠다. 이를 '모아이' 석상이라고 한다.

남유럽과 서유럽

1100년

1105년 시칠리아에서 로제 기스카르 2세가 백작이 되었다. 그는 칼라브리아(1122년), 풀리아(1127년)를 정복하고, 시칠리아의 왕(1130~1154년)이 되었다. 노르만인은 1204년까지 시칠리아를 다스렸다.

1128년 잉글랜드 헨리 1세의 후계자인 마틸다가 앙주의 플랜태저넷 가문인 조프루아와 결혼했다.

1135년 헨리 1세가 죽자 그의 조카인 불로뉴의 스티븐이 잉글랜드 왕위를 차지했다.

1137~1144년 쉬제르 수도원장이 파리에 생드니 성당을 지었다. 이것은 최초의 고딕 양식 성당이었다.

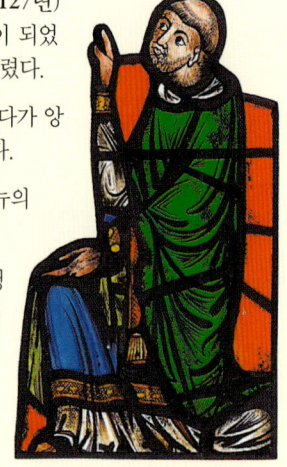

쉬제르 수도원장의 모습을 담은 생드니 성당의 스테인드글라스

1139년 아폰수 1세가 포르투갈의 초대 왕이 되었다.

1139~1148년 잉글랜드 내전이 일어난 시기. 스티븐과 마틸다가 왕위를 놓고 다툰 결과 마틸다가 패배했다.

마틸다는 잉글랜드의 여왕이었지만 대관식(왕위에 올랐음을 정식으로 선포하는 의식)을 치르지 못했다.

1150년 무렵 파리 대학이 세워졌다.

1152년 마틸다의 아들인 앙주의 헨리가 다시 잉글랜드의 왕위를 놓고 다투었다.

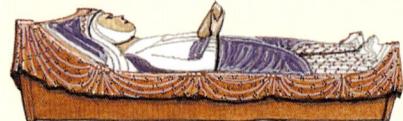

앙주의 헨리의 아내인 아키텐의 엘레오노르(1102~1169년) 무덤

1153년 스티븐이 앙주의 헨리를 자신의 후계자로 인정했다.

1154~1189년 앙주의 헨리가 잉글랜드와 프랑스의 헨리 2세가 되었다.

1157년 스코틀랜드의 맬컴 4세가 노섬브리아, 컴브리아, 웨스트모얼랜드를 헨리 2세에게 넘겨주었다.

1159년 헨리 2세가 병역 면제 세금을 도입해서, 전쟁에 나가지 않는 기사들에게 대신 돈을 내도록 했다.

1170년 아일랜드 더블린이 '스트롱보(강한 화살)'라는 이름의 잉글랜드 귀족에게 점령되었다.

1170년 헨리 2세의 기사들이 캔터베리 대주교인 토머스 베킷을 살해했다. 베킷은 1173년에 성인이 되었다.

베킷의 살해 장면을 담은 15세기의 그림

1171년 헨리 2세가 아일랜드를 침략해서 스스로를 아일랜드의 왕으로 선포했다.

1184년 교회의 공식 가르침에 반대되는 이단을 뿌리 뽑기 위한 종교 재판이 시작되었다.

1186년 시칠리아 로제 2세의 딸인 콩스탕스가 하인리히 6세 황제와 결혼했다.

시칠리아의 로제 2세를 담은 모자이크

1189~1199년 리처드 1세(사자심왕)가 잉글랜드를 통치했다. 리처드 1세는 스코틀랜드의 독립을 인정했다.

1199년

북유럽과 동유럽

1105년 서부 독일이 동부 독일을 점점 식민지로 삼았다.

1122년 비잔틴 제국이 발칸 반도에서 페체네크인을 몰아냈다.

1122년 교황과 신성 로마 제국이 독일 보름스에서 협약을 맺고 권력 투쟁을 끝냈다.

1137~1268년 호헨슈타우펜 왕조가 신성 로마 제국을 다스렸다.

1147년 무렵 키예프 공 유리 돌고루키가 모스크바를 세웠다.

1147~1149년 2차 십자군 원정대가 성지 예루살렘에 진입을 시도했으나 실패로 끝났다.

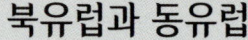

십자군의 방패 속 십자가는 예루살렘에 가겠다는 맹세를 상징한다.

1152~1190년 프리드리히 1세 바르바로사가 신성 로마 제국을 통치했다. 그는 여섯 번의 전쟁에 나가서 이탈리아 남부의 노르만인 반란을 진압했고, 교황을 도와 교황에 반대하는 로마의 반란군과 싸웠다.

1170년대 무렵 세르비아가 비잔틴 제국으로부터 독립했다.

12세기 비잔틴 제국과 셀주크 왕조의 영토를 보여 주는 지도

1171년 비잔틴 제국의 황제 마누엘 콤네누스가 비잔틴 제국 영토의 베네치아인을 모두 체포했다. 뒤이어 벌어진 베네치아와의 전쟁에서 비잔틴 제국이 패했다.

1176년 비잔틴 제국이 셀주크 투르크 왕조와 벌인 미리오케팔론 전투에서 크게 패하고, 소아시아의 영토를 더욱 많이 잃었다.

1185~1205년 앙겔리 왕조가 비잔틴 제국을 다스렸다.

1186년 불가리아가 비잔틴 제국으로부터 독립했다.

1190년 무렵 로마 가톨릭 교회에서 독일 기사단(튜턴 기사단)이 기독교 성지를 보호할 목적으로 결성되었다.

중세 시대 1100년~1199년

아프리카와 중동

1100년 무렵 서아시아에서 이페 왕국이 점점 강성해졌다.

이페 통치자의 청동 머리 조각상

1135~1269년 알모하드 왕국이 북아프리카의 많은 땅을 다스렸다.

1147~1149년 2차 십자군 원정대가 성지에 이르는 데 실패했다.

1171년 이집트에서 살라딘이 파티마 왕조를 무너뜨리고 아이유브 왕조를 세웠다. 그는 시리아(1174년)와 알레포(1183년)도 다스렸다.

살라딘의 모습을 담은 아랍 그림

1187년 이집트 아이유브 왕조의 술탄 살라딘이 하틴 전투에서 기독교인을 물리치고 예루살렘을 장악했다.

1189~1192년 3차 십자군 전쟁 시기. 프랑스의 필리프 2세와 잉글랜드의 리처드 1세가 예루살렘을 되찾는 데 실패했다.

1190년 기독교인 랄리벨라가 에티오피아의 왕이 되었다.

1191년 십자군이 성지에 있는 아크레 왕국을 점령했다.

1192년 살라딘과 십자군이 람라 조약을 체결했다. 살라딘은 예루살렘을 지켰고, 기독교 왕국 아크레의 독립을 인정했다.

시리아에 있는 크라크 데 슈발리에 성. 본래 이슬람 성이 있던 자리에 12세기에 십자군이 다시 지은 성이다.

아시아

1126~1234년 금나라가 중국 북부를 함락했다.

1127~1279년 중국 남부 난징에 남송 왕조가 세워졌다.

1150년 무렵 캄보디아의 수리야바르만 2세(1112~1152년)가 앙코르와트 사원을 완성했다.

앙코르와트의 행렬

1156~1185년 일본에서 다이라, 후지와라, 미나모토 가문이 내전을 일으켰다.

1162년 몽골에서 테무친이 태어났다. 그는 나중에 칭기즈 칸이 되었다.

1170년 무렵 인도의 사일렌드라 왕조가 자와에 세운 스리비자야 왕국이 전성기를 누렸다.

1180년 무렵 캄보디아 앙코르 제국의 영토가 최대로 늘어났다.

1185년 일본에서 미나모토 요시쓰네가 다이라 가문을 물리쳤다. 미나모토 가문 본거지의 지명을 딴 가마쿠라 막부 시대(1185~1333년)가 열렸다.

1192년 미나모토 요리토모가 '쇼군(세습 군사 독재자)'의 칭호와 권력을 물려받았다. 미나모토 가문은 1219년까지 일본을 다스렸다.

1193년 인도 북부가 구르의 무함무드에 정복되었다.

아메리카

1100년 무렵 톨텍인이 마야의 도시 치첸이트사에 왔다.

1100년 무렵 미주리강과 미시시피강이 교차하는 카호키아가 북아메리카 최대 도시가 되었다.

1100년 무렵 치무인이 페루 북부 해안에 수도 찬찬을 짓고, 다른 큰 도시도 여럿 지었다. 잉카의 선조들이 페루 쿠스코 주변에 모이기 시작했다.

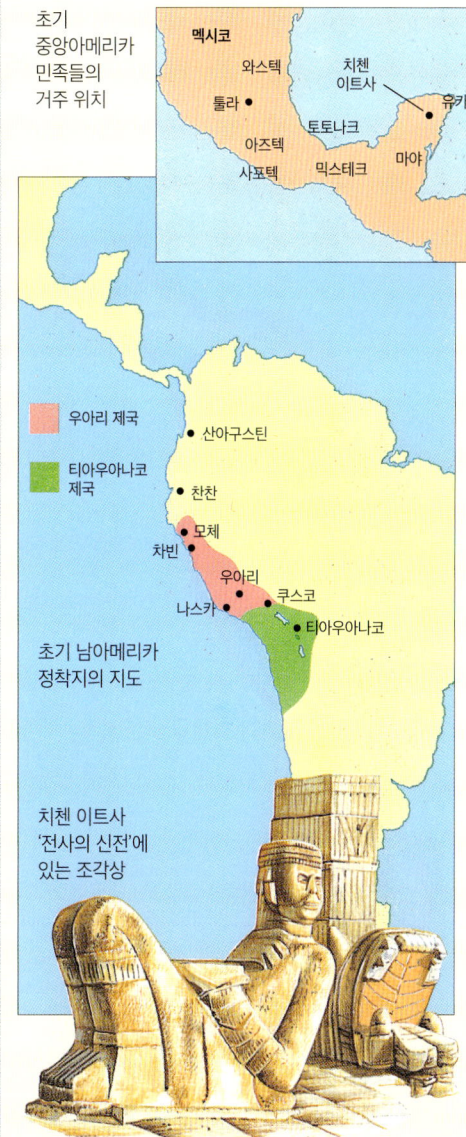

초기 중앙아메리카 민족들의 거주 위치

초기 남아메리카 정착지의 지도

치첸 이트사 '전사의 신전'에 있는 조각상

1160년 무렵 치첸 이트사가 북쪽 부족들에게 침략 당했고, 톨텍인은 흩어졌다.

1170년 무렵 치치멕인이 톨텍의 도시 툴라를 함락시켰고, 톨텍 문명이 파괴되었다.

1179년 치첸 이트사가 불에 타서 무너졌다.

1190년 무렵 마야 문명의 제2 시대가 시작되었다.

남유럽과 서유럽

1200년대 무렵 유럽에서 고딕 양식 건축이 이루어졌다.

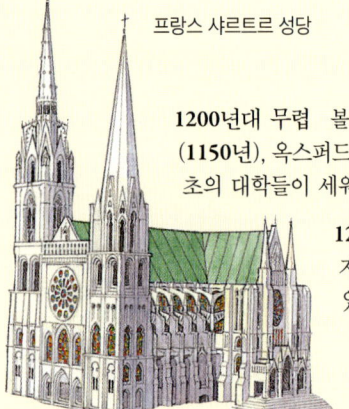

프랑스 샤르트르 성당

고딕 창문

1200년대 무렵 볼로냐(1119년), 파리(1150년), 옥스퍼드(1170년 무렵)에 최초의 대학들이 세워져 크게 발전했다.

1202년 아라비아 숫자가 유럽에 소개되었다.

1204년 프랑스의 필리프 2세가 프랑스 북부의 잉글랜드 영토인 노르망디, 멘, 앙주, 투렌을 정복했다.

1210~1229년 영국의 시몽 드 몽포르(아버지)가 카타리파(알비파)를 이단으로 규정하고 알비 십자군을 파병해 이단에 맞서 싸우도록 했다.

1212년 기독교 왕국인 카스티야, 아라곤, 나바레가 라스나바스 데 톨로사 전투에서 이슬람 왕국들을 물리쳤다. 이때부터 스페인의 이슬람 왕국들이 차츰 쇠퇴했다.

1214년 필리프 2세가 부빈 전투에서 승리해 잉글랜드가 차지했던 프랑스 영토를 기옌과 가스코뉴만 빼고 모두 되찾았다.

1214~1294년 잉글랜드의 수도사, 학자, 과학자였던 로저 베이컨의 생애. 그는 광학을 연구해서 안경 렌즈 이론을 만들었다.

1215년 잉글랜드 존 왕이 귀족들에게 굴복해서 '마그나 카르타(대헌장)'에 서명했다. 이에 따라 귀족은 회의를 열어서 나라의 일을 의논할 수 있게 되었는데, 이것이 오늘날 의회의 뿌리가 되었다.

초기 잉글랜드 궁정의 회의

이단

화형 당하는 이단

중세 교회는 갈수록 힘이 세지고 부패가 심해졌다. 그래서 교회에 대한 비판과 개혁 운동이 일어났다. 어떤 집단은 교회의 권력 남용을 비판하다가 교회의 권위와 공식 가르침까지 공격했다. 교회는 이런 집단을 이단으로 낙인 찍고 이단을 가려 없애기 위한 종교 재판을 시작했다. 이단 판결을 받은 사람들은 고문 받거나 화형 당했다. 이단 종파 중에는 카타리파가 유명했는데, 프랑스 남부의 알비에서 시작되어서 알비파로 불리기도 했다.

1225~1274년 이탈리아의 신학자이자 철학자였던 토마스 아퀴나스의 생애.

1230년 무렵 교황이 이단을 몰아내기 위해 종교 재판을 시작했다.

1244년 알비파가 프랑스 남부 몽세귀르의 영역을 잃고 거의 소탕되었다.

북유럽과 동유럽

1204년 4차 십자군 전쟁(1202~1204년) 때, 십자군은 콘스탄티노플을 약탈하고 비잔틴 황제를 폐위시킨 뒤 서로마 황제가 비잔틴을 다스리게 했다. 이 라틴 제국은 1258년까지 이어졌다.

1218년 스위스 왕가의 후손이 끊겨, 각 주가 작은 독립국으로 쪼개졌다.

프리드리히 2세

1220년에 시칠리아와 독일의 왕인 호헨슈타우펜의 프리드리히 2세(1194~1250년)가 신성 로마 제국 황제가 되었다. 프리드리히는 시칠리아의 활기찬 궁정에서 좋은 교육을 받으며 자랐다. 그는 정부를 개혁해서 시칠리아를 유럽의 선진국 중 하나로 만들었다. 하지만 그의 행동과 태도를 싫어하는 사람도 많았다. 그가 그레고리우스 9세 교황과 갈등을 빚자, 사람들은 기벨린(프리드리히파)과 구엘프(교황파)로 나뉘어서 싸웠고, 이런 상황은 프리드리히가 죽은 뒤에도 이어져서 독일의 정치 상황을 혼란스럽게 만들었다.

1222년 헝가리의 안드레아스 2세가 '금인칙서(금으로 봉인한 국왕의 문서, 황금 문서라고도 한다)'를 내려서 귀족에게 권력을, 국회에 권리를 주었다.

1224~1239년 프리드리히 2세가 프로이센에 기독교를 전파할 목적으로 독일 기사단(튜턴 기사단)을 보냈다.

1227년 독일 제후들이 보른회페트에서 덴마크를 물리쳤다. 이후 독일과 발트해 지역의 무역이 증가했다.

1231년 독일에서 성직자가 아닌 제후도 성직 제후와 똑같은 영지 통치권을 갖게 되었다.

1237~1242년 몽골이 러시아, 헝가리, 폴란드를 침략하고 킵차크 한국을 세웠다.

1240년 러시아가 네바강 전투에서 스웨덴을 물리쳤다. 노브고로드의 알렉산드르는 이 승리로 '네프스키'라고 불리게 되었다.

몽골이 러시아에 침략해서 빼앗은 보물

1242년 알렉산드르 네프스키가 페이프시 호수 전투에서 독일 기사단을 물리쳤다.

1249년 스웨덴의 비르예르 야를이 핀란드를 정복했다. 또한 독일과 스칸디나비아의 여러 도시가 뤼베크를 중심으로 무역 도시를 결성한 한자 동맹에 무역할 권리를 주었다.

네프스키의 '아버지의 투구'

중세 시대 1200년~1249년

아프리카와 중동

1200년대 사하라 횡단 무역이 이어졌다. 가나가 쇠퇴하기 시작했다.

사하라 상인들

1200년대 동아프리카에서 킬와 같은 무역 도시가 계속 번창했다.

1200년 무렵 에티오피아의 랄리벨라 왕이 라스타 산맥의 바위를 파고 성 조지 교회를 비롯한 11개의 교회와 예배당을 지었다.

랄리벨라 왕이 지은 교회 중 한 곳

1200~1300년 무렵 몽골이 셀주크 왕조의 땅을 침략했다.

1202~1204년 4차 십자군 전쟁 시기.

1217~1219년 5차 십자군 전쟁 시기.

1218년 이집트 아이유브 제국이 갈라졌다.

1228년 이집트에서 살라딘의 후계자들이 내전을 일으켰다.

1228~1229년 6차 십자군 전쟁 시기. 십자군이 예루살렘을 점령하고 프리드리히 2세가 예루살렘의 왕이 되었다.

1235년 무렵 순 디아타 케이타가 서아프리카에 말리 왕국을 세웠다. 이 왕국은 1500년 무렵까지 이어졌다.

1240년 가나의 옛 수도 쿰비가 파괴되었다.

1244년 이집트의 이슬람 교인이 예루살렘을 다시 빼앗았다.

1248~1254년 프랑스의 루이 9세 왕이 이집트에 맞서 7차 십자군 전쟁을 일으켰다.

십자군이 탄 갤리온 선의 내부를 보여 주는 단면도.

아시아

1200~1500년 무렵 최초의 타이 왕국인 수코타이가 들어섰다.

1206~1526년 이슬람인이 델리 왕조를 세우고 다스렸다. 노예 왕조로도 불린 델리 왕조는 인도 북부 대부분을 다스렸다.

1211년 몽골이 중국을 침략했다.

1218~1224년 몽골이 화레즘 제국을 침략했다.

1221년 몽골이 델리를 침략했다.

몽골 군인은 말을 타고 싸우는 훈련을 받았다.

몽골 제국

몽골인은 중앙아시아의 평원을 누비고 다닌 호전적 유목민이었다. 1206년에 테무친이라는 한 젊은 장수가 몽골의 많은 부족을 통일하고 '칭기즈 칸(위대한 왕)'이라는 이름을 얻었다. 칭기즈 칸이 이끈 몽골은 아시아 정복에 나서서 광대한 제국을 건설했다.

1227년 칭기즈 칸이 죽은 뒤 아들 오고타이가 후대 칸(1229~1241년)으로 뽑혔다.

1234년 몽골이 중국의 금나라를 무너뜨렸다.

1239년 몽골이 아르메니아의 수도 아니를 약탈했다.

아메리카

1200년 무렵 북아메리카에서 미시시피인이 넓은 영토를 지배했다. 그들은 멕시코에서 영향 받은 독특한 문화를 발달시켜서 꼭대기가 평평한 흙더미들 위에 큰 도시를 건설했다.

푸에블로 문화

1200년 무렵 북아메리카 남서부에서 푸에블로 문화가 전성기에 이르렀다. 푸에블로인은 돌멩이로 장신구를 만들고, 도기 주전자와 항아리도 만들었으며, 화려하게 염색한 면실로 천을 짰다. 푸에블로인이 서로 무역을 하는 곳마다 도시가 생겨났다. 그 중 대표적인 도시는 푸에블로 보니토였다. 계곡 깊은 곳에 자리한 이 도시는 도로망이 잘 갖춰졌고, 1,200명이 사는 800개의 방이 있는 집합 주택이 지어졌다.

1200년 무렵 아즈텍인이 멕시코에 작은 나라들을 세우기 시작했다.

1200년 무렵 마야인이 치첸 이트사에서 마야판이라는 도시로 수도를 옮겼다. 그 후 8킬로미터 길이의 방벽으로 수도를 둘러쌌다.

1200~1300년 무렵 페루에 치무 왕국이 이어졌다.

치무 미라의 황금 마스크

1200~1300년 무렵 페루에서 초기 잉카 시대가 시작됐다.

1200년

1249년

남유럽과 서유럽

1250년

1250년 교황이 시칠리아를 프랑스 앙주의 샤를 1세에게 주었다.

1258~1282년 루엘린 그리피드가 '웨일스 공'을 지냈다.

1258~1265년 무렵 잉글랜드 귀족들이 시몽 드 몽포르(아들)의 지도 아래 헨리 3세에게 맞서 일어났다가 이브샴에서 패배했다.

잉글랜드의 헨리 3세(1216~1272년)가 글로스터 성당에서 대관식을 하는 모습

1265~1321년 단테 알리기에리의 생애. 단테는 피렌체의 시인 겸 작가로, 작품 『신곡』으로 유명하다.

1275년 잉글랜드 의회가 정기적으로 열리기 시작했다.

1282년 시칠리아 만종 반란 발발. 시칠리아인이 프랑스의 난폭한 통치에 맞서 반란을 일으키고 프랑스인들을 학살했다.

1282년 웨일스 공 루엘린이 전투에서 죽으면서 웨일스는 독립을 잃고 잉글랜드의 일부가 되었다.

1290년 유대인이 잉글랜드에서 추방되었다.

1290년 스코틀랜드의 마거릿 여왕이 7세의 나이로 사망했다. 잉글랜드의 에드워드 1세가 왕위 계승을 주장했다.

잉글랜드의 성을 공격하는 웨일스 군대

1295년 마테오 비스콘티가 밀라노를 점령했다. 그의 왕조는 1447년까지 밀라노를 다스렸다.

1295년 잉글랜드의 에드워드 1세가 모범의회를 소집했다. 이것은 하원 의회의 토대가 되었다.

1297년 프랑스가 플랑드르(오늘날 벨기에의 일부)를 점령했다.

1297년 윌리엄 월러스가 이끄는 스코틀랜드 군이 스털링 다리 전투에서 잉글랜드를 물리쳤다.

윌리엄 월러스의 동상

1299년

북유럽과 동유럽

1250~1480년 무렵 몽골이 러시아 남부로 진출해 황금 군단의 킵차크 한국을 다스렸다.

몽골계 부족인 타타르족의 전사

1250년 신성 로마 제국이 독일과 이탈리아에서 힘을 잃으면서, 대공위 시기(황제가 없는 시기, 1254~1273년)가 이어졌다.

1253~1278년 오타카르 2세가 보헤미아를 다스렸다.

1258~1282년 미카일 팔라이올로구스가 콘스탄티노플의 라틴계 황제를 폐위시키고 비잔틴의 통치를 회복했다.

13세기에 콘스탄티노플을 공격하는 아랍 군대의 모습을 담은 옛 그림

1261년 노르웨이가 그린란드를 정복했다.

1262~1264년 아이슬란드가 노르웨이의 통치를 받기 시작했다.

1263년 노르웨이가 스코틀랜드에게 패배해 헤브리디스 제도를 빼앗겼다.

1266년 노르웨이가 맨섬을 스코틀랜드에게 넘겨주었다.

1273~1291년 신성 로마 제국의 황제로 루돌프 합스부르크가 선출되었다.

1278년 보헤미아의 오토카르 2세가 신성 로마 제국과 벌인 마치펠트 전투에서 전사했다. 보헤미아와 모라비아가 신성 로마 제국의 영토가 되었다.

1280~1303년 러시아 대공 알렉산드르 네프스키의 아들인 다닐이 모스크바 공국을 통치했다. 그의 통치 아래 모스크바 공국은 영토가 늘고 국력이 커져서 모스크바 대공국이 되었다.

1282년 합스부르크의 루돌프 1세가 아들 알베르트를 오스트리아 공작으로 만들었다.

1291년 스위스의 세 주(운터발덴, 슈비츠, 우리)가 뤼틀리에서 동맹을 맺고 스위스 연방을 결성했다.

13, 14세기 스위스 각 주의 지도

1293년 스웨덴이 핀란드의 카렐리아 지방을 정복했다.

1298~1308년 합스부르크의 알베르트 1세가 신성 로마 제국을 통치했다.

중세 시대 1250년~1299년

아프리카와 중동

1250년 무렵 오스만인(투르키스탄에서 온 이슬람 교인)이 터키 북서부에 정착해서 셀주크 투르크 왕조를 위해 일했다.

1250년 무렵 북아프리카에 베르베르인의 나라들이 200년 이상 번성했다. 유럽인이 북아프리카를 '바르바리 해안'이라고 불렀다.

1250년 이슬람 국가의 백인 노예인 맘루크들이 이집트의 권력을 잡고 군사 국가를 세운 뒤 **1517년**까지 통치했다.

1258년 바그다드가 몽골에게 함락되었다.

1260~1277년 맘루크 술탄 바이바르스가 이집트를 통치했다.

1260년 이집트를 이끄는 바이바르스 술탄의 군대가 아인 잘루트 전투에서 몽골 제국의 전진을 막았다.

아랍의 술탄이 설치한 13세기 물시계. 시간마다 새 모형이 휘파람을 불도록 설계되었다.

1262~1263년 바이바르스가 시리아의 아유브 땅을 정복했다.

1265~1271년 바이바르스가 성지의 우트르메르 왕국을 대부분 점령했다.

1268년 바이바르스가 아나톨리아의 안티오크를 점령했다.

1270~1291년 프랑스의 루이 9세가 8차이자 마지막 십자군 원정대를 이끌었지만 북아프리카 튀니스에서 사망했다.

1281~1326년 오스만 1세가 작은 투르크 공국의 '에미르(수장)'가 되었다. **1301년**에는 자신을 투르크의 술탄으로 선언하고 오스만 제국을 세웠다.

오스만 1세

1291년 이집트의 맘루크들이 우트르메르의 마지막 항전지 아크레를 점령함으로써 십자군 전쟁의 막을 내렸다.

아시아

1251~1265년 칭기즈 칸의 손자 훌라구가 페르시아를 정복하고 일한국을 세웠다. 일한국은 **1336년**까지 이어졌다.

1259~1294년 쿠빌라이 칸이 '위대한 칸'의 지위를 넘겨받아 몽골 제국을 다스렸다.

1271~1295년 베네치아의 마르코 폴로가 육로로 중국까지 갔다. 그는 **1275~1292년**에 몽골의 통치자 쿠빌라이 칸의 신하로 일했다.

1274~1281년 몽골이 일본 침략에 실패했다.

1279년 쿠빌라이 칸이 중국에 원나라를 세웠다. 몽골 제국의 영토가 가장 넓게 팽창했다.

쿠빌라이 칸

1280년 쿠빌라이 칸이 송나라를 무너뜨렸다. 원나라는 **1368년**까지 중국 전체를 다스렸다.

1281년 몽골이 두 번째로 일본 침략을 시도했다. 일본은 몽골 선단을 공격해서 몇 척의 배를 빼앗았고, 몽골의 나머지 배들은 '가미카제(신의 바람)'에 휘말려 흩어졌다.

일본이 몽골의 배를 공격하는 장면이 담긴 일본 목판화

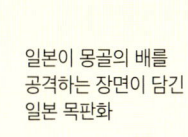

1290~1325년 투르크계 이슬람 교인 피루즈가 인도 델리에 칼리지 왕조를 세웠다. 이슬람교가 차츰 인도 남부의 데칸까지 퍼졌다.

1293년 중국에 기독교 선교사가 최초로 파견되었다.

아메리카

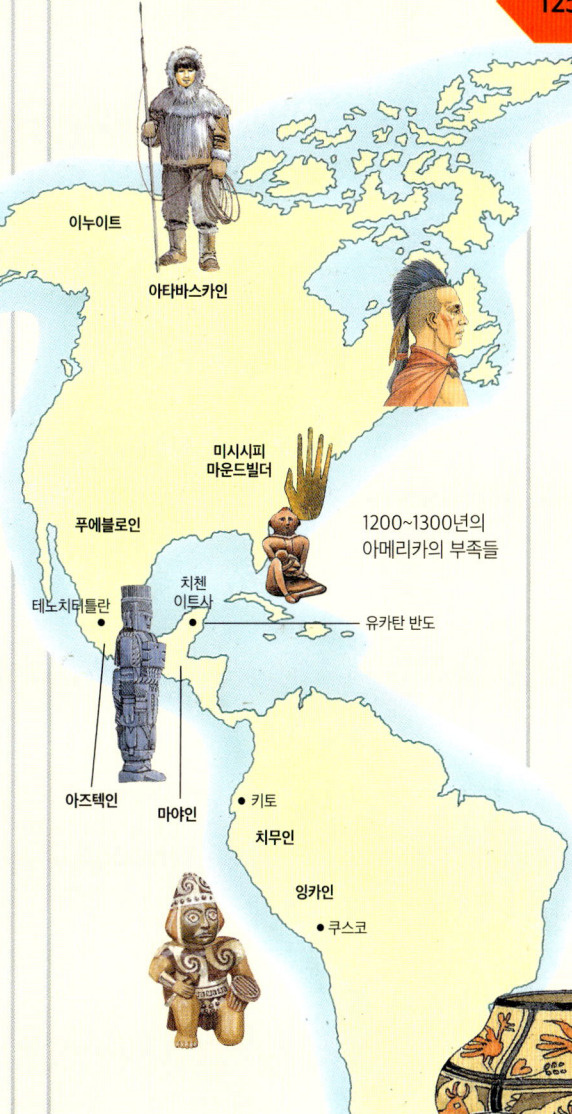

1200~1300년의 아메리카의 부족들

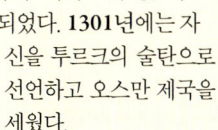

33

남유럽과 서유럽

1300년

1301년 웨일스가 잉글랜드 왕위 계승자의 영지가 되었다.

1302년 플랑드르의 직공들이 프랑스와 친하고 부유한 상인 길드로부터 권력을 빼앗았다. 플랑드르인들은 코르트레이크 전투에서 프랑스 군대를 이겼지만 카셀에서 패배했다.

1306년 프랑스에서 유대인들이 추방되었다.

1307~1314년 기사 수도회인 성전 기사단이 이단으로 재판을 받았다.

1309~1378년 교황청이 프랑스의 아비뇽으로 옮겨졌다.

1314년 스코틀랜드의 왕 로버트 브루스(1306~1329년)가 배넉번 전투에서 잉글랜드를 물리쳤다.

1317년 프랑스에서 살리카 법으로 여성의 왕위 계승을 금지했다.

1323년 스코틀랜드는 스코틀랜드 국민의 독립에 대한 소망이 잉글랜드 왕의 통일에 대한 소망보다 앞선다고 아브로스 선언을 했다.

1328년 프랑스에서 발루아 왕조가 시작되었다.

1328년 잉글랜드의 왕 에드워드 2세가 스코틀랜드의 독립을 인정했다.

백 년 전쟁

백 년 전쟁은 잉글랜드와 프랑스 사이에 벌어진 전쟁으로, 1337~1453년까지 지속되었다. 두 나라는 1066년 이래 잉글랜드 왕이 소유한 프랑스의 영토 때문에 여러 차례 전쟁을 벌였다. 그러던 중 잉글랜드 왕 에드워드 3세가 프랑스 왕위를 주장하자 백 년 전쟁이 터졌다. 잉글랜드는 초기에 슬라위스(1340년), 크레시(1346년), 칼레(1347년) 등에서 계속 이겼고, 푸아티에 전투(1356년)에서는 프랑스 왕을 포로로 잡았다. 브레티니 조약(1360년)에 따라 잉글랜드는 프랑스로부터 많은 영토를 되찾았지만, 두 나라는 곧 다시 전쟁에 들어갔다. 1453년에 전쟁이 끝났을 때 프랑스가 차지한 잉글랜드 영토는 칼레와 채널 제도뿐이었다.

잉글랜드의 에드워드 3세와 백합 문장(국가와 가문 등을 상징하는 문양). 백합 문장은 프랑스 왕을 상징한다.

흑사병

흑사병은 검은 쥐에 기생하는 벼룩이 옮기는 전염병이다. 흑사병은 1347~1353년에 아시아에서 크림 반도를 통해 이탈리아의 제네바로 옮겨 왔다. 흑사병은 유럽을 휩쓸며 무려 2,000만 명의 생명을 앗아갔다. 인구 세 명당 한 명꼴의 사망률이었다.

흑사병의 확산을 막기 위해 흑사병으로 죽은 사람의 옷을 태우는 모습

1349년

북유럽과 동유럽

1301년 헝가리에서 아르파드 왕조가 끝났다.

1306년 헝가리와 보헤미아의 바츨라프 3세가 살해되면서, 프레미슬 왕조의 대가 끊겼다.

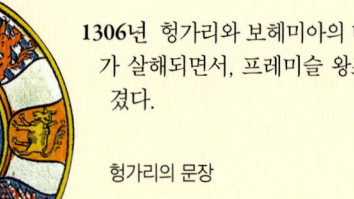
헝가리의 문장

1308년 룩셈부르크의 하인리히 7세가 신성 로마 제국 황제가 되어 1313년까지 나라를 통치했다.

1310년 룩셈부르크의 얀이 보헤미아를 물려받았다.

1315년 스위스 농민이 모르가르텐 전투에서 오스트리아 레오폴트 1세의 군대를 막아 냈다.

1320년 블라디슬라프 로키에케크가 폴란드 왕이 되어 폴란드를 다시 통일했다.

1328~1340년 모스크바 공국의 국력이 이반 1세의 통치 아래 성장했다. 동방정교회 러시아 대주교의 대주교청이 모스크바 공국에 자리하게 되었다.

모스크바 공국의 화가들은 '이콘'이라는 종교화를 나무판에 많이 그렸다.

1333~1370년 카지미에시 3세 '대왕'이 폴란드의 국력을 키웠다.

1342~1382년 라요시 대왕이 헝가리를 통치했다. 그는 크로아티아, 세르비아, 보스니아, 발라키아, 불가리아, 트란실바니아, 몰다비아를 정복했다.

1343년 독일 기사단이 덴마크로부터 에스토니아를 빼앗았다.

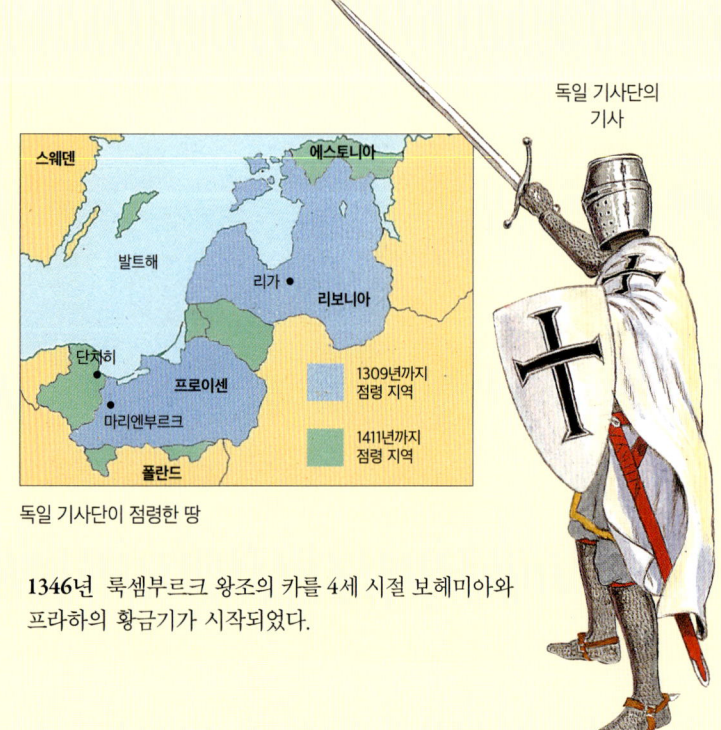
독일 기사단의 기사

독일 기사단이 점령한 땅

1346년 룩셈부르크 왕조의 카를 4세 시절 보헤미아와 프라하의 황금기가 시작되었다.

중세 시대 1300년~1349년

아프리카와 중동

1300년 무렵 나이지리아에 베냉 제국이 생겼다.

1312~1337년 무렵 만사 무사가 말리를 다스렸다.

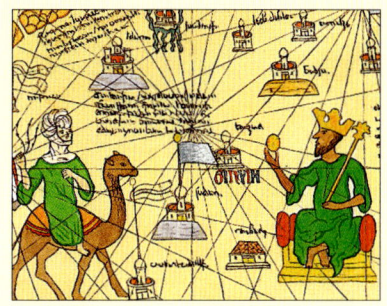

14세기 지도에 실린 만사 무사

1324년 말리의 왕 만사 무사가 메카로 순례를 갔다. 그는 카이로를 방문했고, 막대한 부를 드러내 사람들을 놀라게 했다.

파티마 왕조 시절 카이로의 성문

1325년 모로코의 이슬람 교인 이븐 바투타가 이집트, 예루살렘, 다마스쿠스를 거쳐 아라비아의 메카로 갔다.

이븐 바투타는 아랍 문자를 사용했으며, 아래와 같은 필기 도구를 가지고 다녔을 것으로 추정된다.

아시아

1300년 무렵 페르시아의 몽골인 통치자 가잔이 이슬람교를 국교로 선언했다.

1307년 중국에 최초의 가톨릭 대주교가 생겼다.

1325년 무렵 일본에서 '노'라는 가면극이 발달했다. 노는 느린 음악에 맞추어 천천히 움직이거나 춤을 추고, 대사를 읊조리는 일본 고전 연극이다.

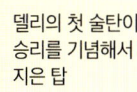

노 공연에서 쓰는 처녀와 악마의 가면

1325~1351년 술탄 무함마드 이븐 투글루크가 인도 델리를 다스렸다. 그는 영토를 넓혀서 잠시 인도 남부의 데칸 지방도 정복했다.

델리의 첫 술탄이 승리를 기념해서 지은 탑

1333년 중국에 가뭄, 기근, 홍수, 역병이 닥쳐서 500만 명이 사망했다.

1333년 일본에서 가마쿠라 막부 시대가 막을 내렸다. 고다이고 천황이 쇼군 없이 나라를 다스렸다(1333~1336년).

1336년 일한국이 붕괴했다. 이후 투르크 계통 왕조가 일한국의 영토를 점령했다.

1336~1565년 인도에서 힌두교 국가 비자야나가르 왕국이 이슬람교에 맞서는 기지 역할을 했다. 이들은 1370년 무렵까지 인도 남부를 지배했다.

1349년 싱가포르에 최초의 중국인 정착지가 생겼다.

아메리카

1300년 무렵 유카탄의 마야인들이 끊임없는 전쟁을 벌인 탓에 마야 문명이 쇠퇴하기 시작했다.

1300년 무렵 북아메리카에서 푸에블로 빌더 문화가 갑자기 쇠퇴했다. 가뭄과 아타바스카 인디언의 등장이 원인으로 추정된다. 북서부에서 온 아타바스카 인디언은 1500년 무렵 북아메리카의 남서부를 완전히 장악했다.

아즈텍의 신성한 새 케찰

1300년 무렵 페루 쿠스코 일대에 잉카인이 정착했다.

1300년 무렵 아즈텍인이 멕시코 계곡으로 왔다.

아즈텍 왕국의 성립

1325년 무렵부터 멕시코의 아즈텍인이 거대하고 체계적인 아즈텍 왕국을 건설했다. 아즈텍인은 전투에 능한 한편으로 정교한 아즈텍 문명을 만들었다. 그들은 특히 과학, 미술, 건축, 농업 분야에서 업적을 남겼다. 아즈텍 왕국의 법은 엄격했고 종교 제도는 복잡했다. 수도 테노치티틀란은 부족장 테노치의 통치 아래 텍스코코 호수의 섬에 건설되었으며, 아즈텍인의 주요 거주지가 되었다.

아즈텍인 전사

전성기인 1519년 무렵 아즈텍 왕국의 영토 지도

1335년 무렵 아즈텍인이 텍스코코 호수에 '물에 뜬 정원'을 만들어서 테노치티틀란을 더 넓게 만들었다.

아즈텍 신전의 모습을 추정한 그림

남유럽과 서유럽

1350년

1350년 무렵 이탈리아에서 르네상스가 시작되었다.

1350년 무렵 유럽에서 전장식(탄환을 앞쪽 구멍으로 넣는 방식) 대포를 사용했다. 이것은 유럽 최초의 화기(화약으로 탄알을 쏘는 병기)였다.

1355년 파리에서 직물 상인 에티엔 마르셀이 세금에 반대하는 반란을 이끌었다.

1358년 프랑스 농민들이 가혹한 지배를 버티다 못해 자크리의 난을 일으켰으나, 귀족과 상인들에게 패배했다.

1363~1404년 프랑스 왕 장 2세의 아들 선량왕 필리프가 부르고뉴 공작이 되었다.

1367년 스페인의 카스티야에서 내전이 일어났다. 프랑스와 잉글랜드가 각기 반대편을 지원했다.

1371년 스튜어트 가문이 스코틀랜드를 다스렸다.

1373년 잉글랜드와 포르투갈이 우호 조약을 맺었다.

교회의 대분열

1296년과 1302년에 교황 보니파키우스 8세는 두 개의 교서를 발표해서 성직자들이 왕에게 세금을 내는 것을 금지하고 가톨릭 교회의 권위를 선언했다. 이 일은 교회와 왕의 큰 갈등으로 이어졌다. 프랑스의 필리프 4세는 보니파키우스 8세를 감옥에 가둔 뒤, 프랑스의 아비뇽에 교황청을 세우고 프랑스인을 교황으로 뽑았다. 1378년에는 우르바노 6세도 교황으로 뽑혀서 로마에 교황청을 세웠다. 이러한 교회의 대분열은 1417년까지 이어졌다.

교황의 지팡이 장식

1378년 이탈리아 피렌체에서 '치옴피(모직물 직공)의 난'이 실패했다.

1380년 무렵 잉글랜드에서 존 위클리프라는 종교 개혁자가 기독교 신앙의 권위는 오직 성서뿐이라고 가르쳤다. 교회는 그의 가르침과 추종 집단 '롤라드파'를 이단으로 규정해 박해했다.

1381년 잉글랜드에서 잭 스트로와 왓 타일러가 잉글랜드 농민을 이끌고 가혹한 삶과 노동 조건에 항의하는 시위 행진을 했다. 캔터베리에서 런던까지 행진한 그들은 왕이 일부 요구를 들어줄 것을 약속하자 해산했다.

1381년 베네치아 공화국이 100여 년의 전쟁 끝에 제노바를 물리쳤다.

1382년 프랑스 파리에서 세금에 반대하는 반란이 일어났다.

1387년 제프리 초서(1345년 무렵~1400년)가 『캔터베리 이야기』를 썼다. 그는 영문학 최초의 위대한 시인이다.

농민 반란

1399년

북유럽과 동유럽

1354년 오스만 제국이 갈리폴리를 점령하며 유럽에 처음으로 진출했다.

1355년 보헤미아의 카를 4세가 신성 로마 제국 황제가 되어 1378년까지 통치했다.

카를 4세의 왕관

15세기의 프라하

1361년 덴마크가 한자 동맹에 패배했다.

1370년 리투아니아가 루단 전투에서 독일 기사단에게 패배했다.

1370년 헝가리 왕 앙주의 라요시가 헝가리와 폴란드를 통일했다.

1370년 덴마크와 한자 동맹이 슈트랄준트 평화 조약을 맺었다. 한자 동맹이 전성기를 누렸다.

1373년 비잔틴 황제가 오스만 제국의 가신이 되었다.

1380년 모스크바 대공국이 쿨리코보 전투에서 몽골을 물리쳤다.

쿨리코보 전투에 나선 모스크바 공 드미트리와 그의 군대

1386년 폴란드와 리투아니아가 통일했다.

1389년 코소보 전투 발발. 오스만 제국이 발칸 반도를 장악했다.

1397년 덴마크와 노르웨이의 마르그레테 여왕(1387~1412년) 치하에 칼마르 동맹이 스칸디나비아를 통일했다.

중세 시대 1350년~1399년

아프리카와 중동

1350년 무렵 아프리카 남부에서 '그레이트 짐바브웨' 성이 가장 넓은 면적에 걸쳐 있었다.

그레이트 짐바브웨 성

1350~1600년 무렵 서아프리카에 송가이 제국이 들어섰다.

1352~1355년 모로코의 이븐 바투타가 서아프리카에 가서 말리를 여행한 뒤 자신이 본 것을 글로 남겼다. 그는 1353년에 팀북투에 도착했다. 다른 아랍 학자들의 글과 고고학 연구 자료에 따르면, 이 시대에 아프리카에 카넴 보르누, 콩고, 베냉 등의 나라가 있었다.

이븐 바투타를 환영하는 인도의 왕자

1375년 맘루크들이 아르메니아의 시스를 정복해서 아르메니아의 독립을 빼앗았다.

1380~1662년 무렵 중앙아프리카에 콩고 왕국이 들어섰다.

1397년 포르투갈의 탐험가들이 아프리카 북서부 대서양에 있는 카나리아 제도에 이르렀다.

아시아

1350년 무렵 자와의 마자파히트 제국 문화가 전성기를 누렸다.

티무르

1369~1405년에 '티무르'라는 몽골 수장이 자신이 사는 사마르칸트를 수도로 티무르 제국을 건설했다. 그는 1381년에 헤라트를, 1398~1399년에 델리를 정복하고, 이어 펀자브를 합병해서 페르시아, 러시아, 인도까지 영토를 넓혔다. 하지만 제국은 그가 죽은 뒤 오래 가지 못했다.

티무르

1368년 중국에서 원나라가 무너지고 원주민 한족의 명나라가 세워졌다. 명나라를 세운 주원장은 불교 승려 출신으로 '홍무제'라고도 불린다.

명나라 도자기

1369년 시암이 캄보디아를 침략했다.

1392~1494년 한반도에서 조선 왕조가 황금시대를 누렸다.

1394년 일본 교토 근처에 금각사가 건설되었다.

중국의 돛배인 정크선

아메리카

1352년 무렵 멕시코에서 아즈텍의 초대 왕으로 아카마피츠틀리가 뽑혔다.

아즈텍의 신이 옥수수 작물을 보호하는 그림. 16세기에 아즈텍 화가가 그린 것이다.

아즈텍 전사

1350년

1399년

남유럽과 서유럽

1400년

1400~1415년 웨일스에서 오언 글렌도워가 반란을 일으켰다.

1407년 유럽에서 최초로 공인된 은행 '카사 디 산 조르조'가 이탈리아 제노바에 세워졌다.

1410~1411년 프랑스에서 내전이 일어났다.

1415년 잉글랜드의 헨리 5세가 아쟁쿠르 전투에서 프랑스를 물리쳤다.

엔히크 왕자

1416년 '항해 왕자'라는 별명이 있는 포르투갈의 엔히크 왕자가 항해 학교를 세웠다. 그는 1420년부터 1460년 무렵까지 탐험을 장려했다.

1422~1461년 잉글랜드에서 헨리 6세가 왕이 되었다.

1429년 프랑스의 시골 처녀였던 잔다르크가 프랑스 오를레앙에서 잉글랜드를 몰아냈다. 하지만 1431년에 마녀로 몰려 화형을 당했다.

1434년 코시모 데 메디치가 이탈리아 피렌체를 장악했다. 메디치 왕조는 이후 1737년까지 피렌체를 다스렸다.

1442년 아라곤의 왕인 알폰소 5세가 나폴리를 정복했다.

1447년 프랑스의 오를레앙 가문이 밀라노 대공 지위 계승을 주장했다.

르네상스

르네상스는 '재탄생'이라는 뜻으로, 고대 그리스와 로마의 미술, 건축, 학문에 대한 관심이 되살아난 현상을 가리킨다. 르네상스가 일어나면서 사람들은 새로운 사상을 시험하기 시작했고, 그 결과 중세 시대가 끝나고 근대 시대가 열리게 되었다. 르네상스 운동은 14세기 이탈리아에서 시작되었다가 유럽 전체로 퍼져서 15세기와 16세기에 절정을 이루었다. 이 운동의 가장 강력한 후원자는 피렌체의 은행가 가문인 메디치 가였다. 그들은 미술가와 조각가를 피렌체로 불러서 예술 활동을 지원했다. 피렌체는 레오나르도 다 빈치(1452~1519년), 미켈란젤로 부오나로티(1475~1564년) 같은 위대한 미술가와 필리포 브루넬레스키(1377~1446년) 같은 건축가, 단테 알리기에리(1265~1321년) 같은 작가들의 활동 무대였다.

북유럽과 동유럽

1410년 폴란드가 탄넨베르크에서 독일 기사단을 물리쳤다.

1415년 보헤미아의 종교 개혁가 얀 후스(1372~1415년)가 콘스탄스 기독교 회의에서 이단 판정을 받고 화형을 당했다.

1415년 호엔촐레른 가문의 프리드리히 11세가 브란덴부르크 선제후 프리드리히 1세가 되었다.

1416년 베네치아가 갈리폴리에서 오스만 제국을 물리쳤다.

1419~1436년 얀 후스가 죽고 나서, 보헤미아와 모라비아와 신성 로마 제국 사이에 후스 전쟁이 벌어졌다.

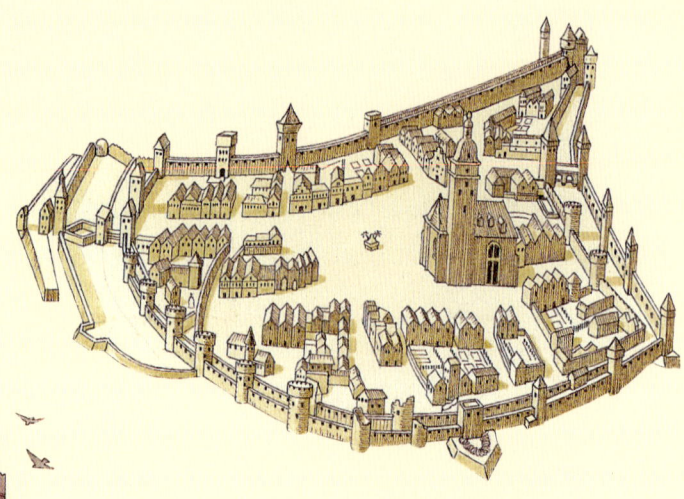
후스파의 요새인 타보르산의 성

1422년 오스만 제국이 처음으로 콘스탄티노플을 포위했다. 술탄 무라트 1세가 그리스를 침략했다.

1430년 오스만 제국의 무라트 1세가 그리스의 테살로니키를 정복했다.

1437년 오스트리아 합스부르크 왕가의 알베르트 2세가 헝가리와 보헤미아의 왕이 되고, 이어 1438~1439년에는 독일 왕으로 뽑혔다. 합스부르크 왕가는 1918년까지 많은 왕과 황제를 배출했다.

1439년 러시아 정교회와 그리스 정교회가 공식적으로 분리되었다.

로렌초 데 메디치가 행렬을 이끌고 피렌체를 지나가는 모습

1449년

중세 시대 1400년~1449년

아프리카와 중동

1400년대 무렵 중국 무역상들이 아랍 및 인도 상인들과 결합해서 동아프리카와 무역을 했다.

1401년 티무르가 시리아의 다마스쿠스와 이라크의 바그다드를 정복했다.

동아프리카의 무역상들

1415년 포르투갈이 북아프리카의 세우타를 정복했다.

1419년 포르투갈이 마데이라에 이르렀다.

1420년 무렵 중국이 남아프리카의 희망봉을 지나갔을 것으로 추정된다.

1430년 무렵 그레이트 짐바브웨에 대형 석조 건물들이 세워졌다.

희망봉을 보여 주는 15세기 중국 지도

1431년 포르투갈인이 아조레스 제도에 이르렀다.

1434년 포르투갈 탐험가 질 이아네스가 카나리아 제도 근처의 보자도르 곶을 지나가는 데 성공했다.

포르투갈의 배

아시아

1403~1424년 뛰어난 황제 영락제가 중국의 명나라를 통치했다.

영락제

1405~1433년 중국 명나라의 해군 제독 정화가 317척의 배와 2만 7,000명의 부하를 이끌고 일곱 차례의 대 원정을 했다. 그는 인도차이나, 인도네시아, 시암(타이), 몰디브, 보르네오, 페르시아 만, 아라비아와 동아프리카까지 갔다.

1421년 베이징이 명나라의 수도가 되었다.

중세 시대 중국의 지도

1424년 시암의 왕이 사망했다. 선왕의 장남과 차남이 왕위를 놓고 코끼리 위에서 싸우다가 둘 다 목숨을 잃었다.

코끼리를 타고 싸우는 시암 왕자들의 모습

1428년 베트남이 명나라의 지배를 물리쳤다.

아메리카

1400년대 무렵 페루에서 비라코차 잉카(8대 황제)가 '사파 잉카(위대한 잉카)'라는 칭호를 받았다.

1420년대 무렵 멕시코에서 다리를 건설해서 섬에 지은 아즈텍 도시 테노치티틀란을 본토와 연결했다. 이츠코아틀 황제는 이웃 부족들을 힘으로 누르며 조공을 강요했고, 텍스코코와 틀라코판과 세 도시 동맹을 맺어 지역을 장악했다.

1436~1464년 무렵 몬테수마 1세 황제가 아즈텍을 다스렸다.

잉카 제국

페루의 후기 잉카(또는 잉카 제국) 시대는 파차쿠티 잉카(1438~1471년)의 통치로 시작되었다. 파차쿠티 잉카는 쿠스코를 수도로 삼아 제국을 건설했다. 그는 반인반신으로 여겨졌다. 잉카 제국은 사회 제도를 체계적으로 발달시켰다. 모두가 지위와 능력에 따라 일했고, 고아와 병자와 노인들은 보살핌을 받을 수 있었다. 석공과 농업이 발달했던 잉카 제국에서는 거친 땅에도 튼튼한 도로를 많이 건설했다.

잉카 제국의 검

잉카 제국의 전사들

남유럽과 서유럽

1450년 밀라노 대공에 프란체스코 스포르차가 올랐다.

1452~1519년 피렌체의 미술가 레오나르도 다 빈치의 생애.

장미 전쟁

장미 전쟁(1455~1485년)은 잉글랜드의 두 가문이 왕위를 두고 벌인 내전이다. 요크셔 가문은 흰 장미, 랭커스터 가문은 붉은 장미가 상징이었기 때문에 장미 전쟁이라는 이름이 붙었다. 랭커스터가의 헨리 6세(1422~1461년)는 어린 나이에 왕이 되었지만 성인이 된 이후에도 무능했다. 1454년에 요크 공작 리처드가 헨리 6세를 대신해서 섭정 통치를 하던 와중 1455년에 왕실 회의에서 쫓겨났고, 이를 빌미로 전쟁을 벌였다. 장미 전쟁은 1485년에 헨리 튜더가 이끄는 랭커스터가의 승리로 끝났고, 헨리 튜더는 헨리 7세로 튜더 왕조(1485~1603년)를 열었다.

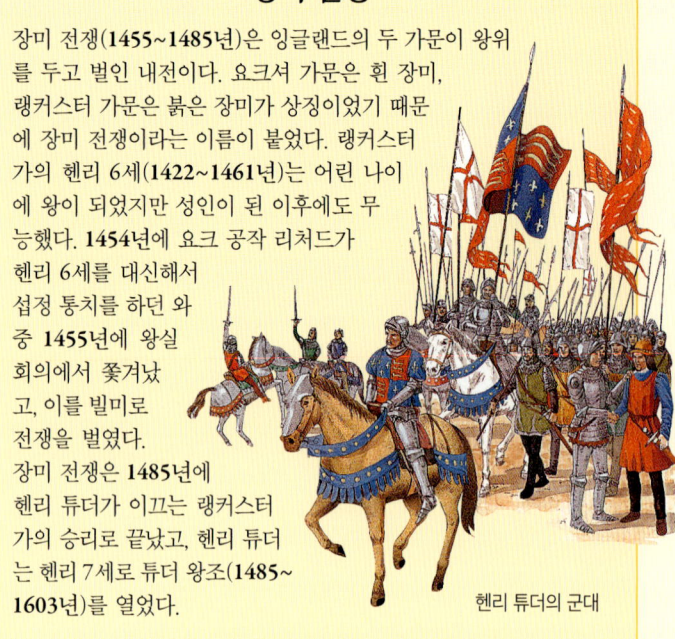

헨리 튜더의 군대

1461~1483년 잉글랜드에서 에드워드 4세가 왕위에 올랐다.

1462~1492년 로렌초 데 메디치(위대한 자)가 피렌체를 다스렸다.

1469년 아라곤의 페르디난드가 카스티야의 이사벨라와 결혼했다.

1477년 부르고뉴 공작 샤를(용맹한 자)이 죽임을 당했다. 그의 딸 마리가 오스트리아의 막시밀리안 합스부르크와 결혼했다.

1477~1493년 프랑스와 오스트리아가 부르고뉴의 땅을 두고 싸웠다.

1479년 아라곤의 페르디난드가 아버지의 뒤를 이어 왕이 되자 아라곤과 카스티야가 통일되었다.

1483년 프랑스의 샤를 8세가 나폴리의 왕위 계승을 주장했다.

1483년 잉글랜드에서 에드워드 5세가 왕이 되었지만 대관식은 치르지 못했다.

1483~1485년 리처드 3세가 잉글랜드의 왕이 되었다.

1485년 잉글랜드의 장미 전쟁이 보스워스 전투로 끝났다. 헨리 튜더가 헨리 7세가 되어 튜더 왕조를 열었다.

1487년 잉글랜드에서 램버트 심널이 에드워드 4세의 조카라고 주장하며 반란을 일으켰다.

1492년 페르디난드와 이사벨라가 스페인의 마지막 이슬람 왕국인 그라나다를 정복했다.

1493년 막시밀리안 합스부르크가 신성 로마 제국의 황제가 되었다. 상리스 조약으로 부르고뉴의 영토가 프랑스와 신성 로마 제국으로 갈라졌다.

1494~1495년 프랑스가 이탈리아를 침략했다가 쫓겨났다. 프랑스와 합스부르크 왕가의 권력 투쟁이 시작되었다.

1497년 잉글랜드에서 퍼킨 워벡이 에드워드 4세의 아들이라 주장하며 반란을 일으켰다.

1498년 프랑스의 루이 12세가 이탈리아를 침략해서 밀라노를 점령했다.

북유럽과 동유럽

1453년 오스만 제국이 콘스탄티노플을 점령했다. 비잔틴 제국이 결국 쇠망했다.

오스만 술탄 메흐메트 2세가 승리를 거두고 군대와 함께 콘스탄티노플 시내를 행진하는 모습

1455년 독일의 요하네스 구텐베르크가 인쇄기를 개발하고 유럽 최초의 인쇄 서적인 '구텐베르크 성서'를 펴냈다.

구텐베르크와 그의 성서의 한 쪽

러시아의 초기 차르들

모스크바의 이반 3세(위대한 대공, 1462~1505년)가 영토를 계속 넓혔고, 1478년에는 옛 러시아의 수도 노브고로드를 정복했다. 이반 3세는 1480년에는 모스크바를 몽골로부터 해방시키고 스스로를 '차르(유일한 통치자)'로 선언했다. 그는 비잔틴 공주와 결혼했고, 많은 비잔틴 관습을 받아들였다. 모스크바 대공국은 그의 아들 바실리와 손자 이반 4세(뇌제) 시절에도 발전을 이어나갔다.

이반 4세가 건설한 모스크바의 성 바실리 대성당

1456~1467년 오스만 제국이 발칸 반도의 여러 나라를 점령했다.

1468~1469년 덴마크가 오크니와 셰틀랜드를 스코틀랜드에 넘겨주었다.

1471~1480년 오스만 제국이 오스트리아의 슈타이어마르크를 공격했다.

1488년 신성 로마 제국의 평화를 유지하기 위해 독일 남부의 여러 도시, 기사령, 공국이 슈바벤 동맹을 결성했다.

1499년 스위스가 바젤 평화 조약으로 독립을 인정받았다.

중세 시대 1450년~1499년

아프리카와 중동

1450년 무렵 포르투갈이 서아프리카와 무역을 시작했다.

1451~1481년 메흐메트 2세가 오스만 제국의 술탄이 되었다. 그는 1453년 콘스탄티노플을 정복하여 '정복자'라는 별명을 얻었다.

메흐메트 2세

1461년 포르투갈인이 서아프리카의 시에라리온에 이르렀다.

1463~1479년 오스만 제국이 베네치아와 전쟁을 벌였다.

1464~1492년 서아프리카에서 손니 알리가 송가이를 세우고 통치했다. 그는 팀북투를 정복하고 말리도 손에 넣어서 제국을 키웠다.

1471년 포르투갈이 모로코의 탕헤르를 정복했다.

1482년 포르투갈이 황금해안(지금의 가나)에 엘미나 요새를 세웠다.

1487~1488년 포르투갈 탐험가인 바르톨로메우 디아스가 남아프리카의 희망봉을 지나갔다.

1489년 유럽의 지도로, 서아프리카 해안에 대한 약간의 지식이 엿보인다.

1490년 콩고의 은징가 은쿠우 왕이 기독교인이 되었다.

1493년 서아프리카의 송가이 제국이 전성기에 이르렀다.

팀북투의 도시

아시아

1451~1489년 발룰 로디가 파슈툰인 최초로 델리를 다스렸다.

1467~1477년 일본에서 쇼군을 두고 경쟁하는 가문 사이에 '오닌의 난'이 일어났다.

1469~1539년 구루(지도자) 나나크의 생애. 그는 1500년 무렵 시크교를 창시했다.

시크교의 깃발   구루 나나크

1471년 베트남이 남쪽으로 영토를 넓혔다.

1477~1568년 일본의 오랜 내전(전국 시대)이 오다 노부나가의 승리로 끝났다.

1494년 칭기즈 칸과 티무르의 후손인 바부르가 중앙아시아 페르가나의 영주가 되었다.

바부르

1497~1499년 포르투갈 탐험가 바스코 다 가마가 무역 항로 개척을 위해 유럽인 최초로 인도까지 배를 타고 갔다. 그의 배는 동아프리카 해안에서 공격을 받기도 했다. 아랍인이 그곳에 무역을 장악하고 있었기 때문이다.

바스코 다 가마의 배가 공격 받는 모습

아메리카

1450년

1460년 마야 유적지인 마야판이 파괴되고 마야 문명이 막을 내렸다.

1471~1493년 잉카 황제 투팍이 영토를 남쪽으로 넓혔다.

1476년 무렵 잉카가 페루의 치무 왕국을 정복했다.

1492~1493년 크리스토퍼 콜럼버스가 서인도 제도의 바하마에 도착했다.

콜럼버스가 동인도 제도를 찾아 출발하는 모습

페루 잉카 제국의 영토 확장
- 파차쿠티 시대 (1463년까지)
- 파차쿠티와 투팍 잉카 시대 (1471년까지)
- 투팍 잉카 시대 (1493년까지)

1493~1525년 위대한 정복자 우아이나 카팍이 잉카를 통치했다. 그는 키토에 제2의 수도를 세웠다.

1494년 교황 알렉산데르 6세가 토르데시야스 조약을 통해 아메리카에서 스페인과 포르투갈의 영역을 가르는 선을 확정했다.

1497년 잉글랜드의 헨리 7세가 지원한 이탈리아 탐험가 존 캐벗이 캐나다의 뉴펀들랜드에 도착했다.

1498년 크리스토퍼 콜럼버스가 트리니다드와 베네수엘라 해안에 도착했다.

1499~1502년 피렌체의 탐험가 아메리고 베스푸치가 남아메리카 해안을 탐험했다.

아메리고 베스푸치

1499년

16세기

1500년~1599년

남유럽과 서유럽

1500년

1501년 프랑스의 루이 12세가 이탈리아의 나폴리를 정복했다.

1509~1547년 헨리 8세가 잉글랜드를 통치했다.

1510년 이탈리아에서 프랑스를 몰아내기 위해 신성 동맹이 결성되었다.

1512년 프랑스가 밀라노를 침략했지만 패배하고 이탈리아에서 쫓겨났다.

1512년 카스티야의 페르디난드 2세가 나바르를 합병했다.

1513년 잉글랜드와 스코틀랜드가 플로든 전투를 벌여서, 스코틀랜드의 제임스 4세가 사망했다.

1513년 피렌체의 정치가 니콜로 마키아벨리(1469~1527년)가 『군주론』을 지었다. 이 책에는 정치적 성공을 위해 잔인하고 교활한 술수가 필요하다는 주장이 담겨 있다.

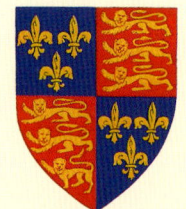

헨리 8세의 문장

카를 5세의 제국

16세기 초 유럽에서는 오스트리아 합스부르크 왕가의 카를 5세(1500~1558년)가 다스리는 광대한 제국이 힘을 떨쳤다. 카를 5세는 1516년에 스페인의 왕이 되고, 1519년에 신성 로마 제국 황제로 선출되어서 유럽 최강의 군주가 되었다. 그는 이탈리아에서 다섯 차례 전쟁을 벌여서 최고의 경쟁자였던 프랑스의 프랑수아 1세를 물리쳤고, 오스만 제국의 유럽 진출도 막았다. 스페인은 신세계 아메리카에서 발견한 자원으로 막대한 부를 얻으며 번성했다. 하지만 독일은 사회적, 경제적 어려움과 종교 개혁(오른쪽 칸 참고)으로 종교적 혼란을 겪고 있었다. 카를 5세는 1521년에 제국을 나누어서 오스트리아를 동생 페르디난트에게 주었다. 왕위에서 물러난 뒤에는 신성 로마 제국을 동생 페르디난트와 아들 펠리페 2세에게 나누어 물려주었다.

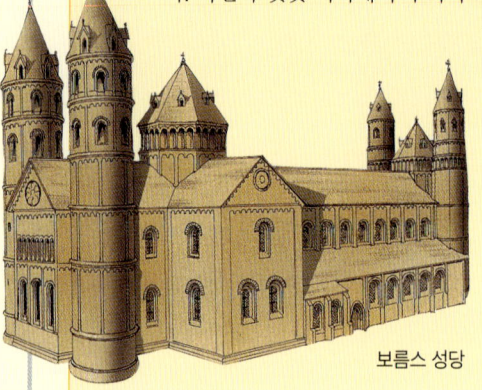

카를 5세

1515~1547년 프랑수아 1세가 프랑스를 통치했다. 그는 마리냐노 전투(1515년)에서 스위스를 물리치고 이탈리아의 밀라노를 정복했다.

커피 콩

1516년 아메리카에서 커피가 처음 수입되었다.

1520년 잉글랜드 헨리 8세와 프랑스 프랑수아 1세가 '황금 천 들판의 회담'이라는 평화 회담을 맺었다.

1520년 유럽이 아메리카에서 초콜릿을 수입했다.

1521년 프랑스에서 양잠이 시작되었다.

1521~1544년 이탈리아에서 카를 5세와 프랑스가 전쟁을 네 차례 벌였다.

1524년

북유럽과 동유럽

1513년 스칸디나비아에서 칼마르 동맹이 막을 내렸다.

1516년 카를로스 1세가 스페인 왕이 되면서 네덜란드가 스페인 지배 아래 들어갔다.

종교 개혁

종교 개혁은 가톨릭 교회를 개혁하려는 의도에서 시작된 운동이다. 이는 프로테스탄트 교회가 형성되고 기독교 유럽이 분리되는 결과를 낳았다. 종교 개혁을 일으킨 사람은 독일의 수도사 겸 독일 비텐베르크 대학 신학 교수 마틴 루터(1483~1546년)였다. 마틴 루터는 종교적 신앙은 교회의 가르침보다 성서에 토대해야 한다고 생각했고, 1517년에 그 주장을 담은 95개조의 반박문을 교회 문에 걸었다. 그는 1521년 신성 로마 제국 카를 5세 황제가 연 보름스 국회에서 이단 판정을 받았다. 루터는 몸을 숨기고 사상을 발전시켰다. 독일의 몇몇 나라에서 루터의 개신교를 믿는 교인이 생겼고, 이후 독일은 개신교인이 등장한 나라 및 가톨릭 국가들과 전쟁을 벌이게 되었다.

보름스 성당

1519년 울리히 츠빙글리(1484~1531년)가 루터의 영향을 받아 스위스 취리히에서 교회 개혁을 주장했다. 그는 1523년에 67편의 글을 써서 종교적 신앙과 교회 조직의 변화를 요구했다. 시의회는 이 요구를 받아들였다. 그의 사상은 독일 남부와 스위스 전역에 퍼졌다.

1519년 스페인 왕 카를로스 1세가 신성 로마 제국 황제 카를 5세로 선출되었다.

1521년 세르비아의 베오그라드가 오스만 제국의 지배 아래 들어갔다.

1522~1523년 제국 기사들이 경제적, 사회적 지위의 추락에 반발해서 주군인 트리어 대주교에게 반란을 일으켰다.

1523년 스웨덴이 덴마크로부터 독립했다. 구스타브 1세(1523~1560년) 왕을 초대 왕으로 한 바사 왕조가 시작되었다.

1523년 독일 제국 기사들이 란트슈툴 전투에서 제후 연합에 패배했다.

1524~1525년 독일 남부와 중부에서 농민들이 지주에 반란을 일으켰다.

황제가 고용한 용병, 란츠크네히트

16세기 1500년~1524년

아프리카와 중동

1500년 서아프리카 송가이 제국의 모함메드 투레(1494~1528년)가 영토를 확장했다.

1502년 페르시아(오늘날의 이란)에 이스마일 1세가 사파비 왕조를 세웠다.

1504년 누비아가 기독교 왕국 메로에(오늘날의 수단)를 멸망시켰다.

1504~1546년 콩고가 기독교인 왕 아폰수의 통치를 받았다.

1505년 송가이가 말리를 침략했다.

1505~1507년 포르투갈이 동아프리카 해안에 여러 요새를 건설했다.

1508년 포르투갈이 모잠비크에 공장을 세웠다.

1509년 스페인이 북아프리카 오랑을 점령했다.

1513년 포르투갈이 잠베지 강변의 세나와 테테에 기지를 건설했다.

1514년 오스만 제국이 페르시아와 전투를 벌였다.

1516~1518년 오스만 제국의 셀림이 이라크 북부, 시리아, 팔레스타인을 정복했다.

1517년 오스만 제국이 이집트를 정복했다.

1518년 노예를 가득 실은 최초의 노예선이 기니를 떠나 신세계 아메리카로 갔다.

오스만 제국
오스만 제국의 전성기는 16세기, 그 중에서도 특히 슐레이만 1세 '대제(1520~1566년)' 시대였다. 그의 시대에 오스만 제국은 이집트, 북아프리카 일부, 서아시아 대부분을 지배했다. 동유럽의 발칸 반도에도 오스만 제국이 점령한 영토가 있었다.

아시아

1504년 바부르가 아프가니스탄 카불의 통치자가 되었다.

무굴 왕조를 연 바부르

1510년 포르투갈이 인도 서부 해안의 고아를 합병했다.

1511년 포르투갈이 말레이 반도의 말라카를 점령했다.

1514년 포르투갈이 중국에 이르렀다. 포르투갈은 1516년까지 이미 광둥에서 암암리에 무역을 했다.

1519~1522년 포르투갈 탐험가 페르디난드 마젤란이 카를 5세의 원조를 받아 최초의 세계 일주를 했다. 마젤란은 향료가 풍부한 동인도 제도의 말루쿠 제도에 가기 위해 남아메리카의 남쪽 끝을 돌아서 서쪽으로 갔다.

1521년 마젤란이 말루쿠 제도에 갔다가 필리핀인에게 피살되었다. 그의 부하 한 명이 서쪽으로 항해를 계속해서 유럽으로 돌아왔다.

1523년 중국 항구에서 유럽 무역상들이 쫓겨났다.

중국 배 정크선

아메리카

1500년 아즈텍 제국이 아위소틀의 통치 아래 영토를 최대로 넓혔다.

1501년 뉴펀들랜드에 잉글랜드·포르투갈 연합 원정대가 도착했다.

1504년 피렌체의 탐험가 아메리고 베스푸치가 남아메리카 여행기를 썼다. 그가 발견한 땅은 '신세계'라고 불리게 되었다.

1507년 무렵 신세계가 '아메리고'의 이름을 따서 '아메리카'로 불리게 되었다.

1510년 최초의 아프리카 노예들이 아메리카에 실려 왔다.

1513년 스페인의 탐험가 폰세 데 레온이 플로리다를 발견했다.

1513년 스페인의 탐험가 누녜즈 데 발보아가 파나마 지협을 건너 태평양을 발견했다.

멕시코와 페루의 정복
초기 신세계 탐험가들은 고국 사람들에게 신세계에 엄청난 부가 있다는 이야기를 들려 줬다. 그러자 '콩키스타도르'라고 불린 스페인의 모험가들이 금과 땅을 찾아서 그 뒤를 따랐다. 그 가운데 가장 유명한 사람은 에르난도 코르테스(1519~1521년 사이 멕시코 정복)와 프란시스코 피사로(1532~1534년 사이 페루 정복)다. 스페인의 콩키스타도르는 토착민의 문명인 멕시코의 아즈텍, 그리고 페루의 잉카와 충돌했다. 하지만 스페인의 군대가 말을 타고 대포를 앞세워 이 문명들을 곧 무너뜨렸다.

아즈텍 조각에 새겨진 별과 행성

1520년 포르투갈의 탐험가 페르디난드 마젤란이 마젤란 해협을 발견했다.

1521~1549년 스페인이 베네수엘라를 식민지로 삼았다.

오스만 제국은 콘스탄티노플을 점령하자 성 소피아 성당에 '미나레트'라는 이슬람식 탑을 지어서 성당을 모스크로 만들었다.

남유럽과 서유럽

1525년

1525년 스페인이 파비아 전투에서 프랑스를 물리치고 프랑수아 1세를 포로로 잡았다. 잉글랜드와 프랑스가 스페인과 평화 조약을 맺었다.

1527년 카를 5세의 군대가 로마를 약탈하고 교황 클레멘스 7세를 포로로 잡았다.

1527~1530년 피렌체에서 메디치 가문이 쫓겨났다.

1529년 프랑스가 캉브레 평화 조약을 통해 이탈리아의 땅을 포기했다. 카를 5세는 빼앗긴 부르고뉴의 땅을 포기했다.

1530년 십자군 원정 때 설립된 기사 수도회인 병원 기사단이 몰타에 근거지를 만들었다.

1531년 포르투갈에서 종교 재판이 시작되었다.

1534년 잉글랜드의 헨리 8세가 스스로 잉글랜드 교회의 수장이 되었다.

1536년 잉글랜드와 웨일스 정부가 통일되었다.

1541년 스코틀랜드에서 존 녹스가 종교 개혁을 일으켰다.

1542년 스코틀랜드에서 메리 스튜어트(1542~1587년)가 생후 1주일의 나이로 여왕이 되었다.

1543년 브뤼셀의 약사 안드레아스 베살리우스가 최초로 인체를 자세히 연구했다.

1543년 잉글랜드의 헨리 8세와 스페인의 카를 5세가 프랑스와 스코틀랜드에 맞서 동맹을 결성했다.

헨리 8세

1544년 프랑스와 스페인이 크레스피 평화 조약으로 이탈리아에서 벌였던 전쟁을 끝냈다.

1547년 잉글랜드가 스코틀랜드를 침략해서 핑키 전투에서 승리했다. 그들은 스코틀랜드의 여왕 메리를 프랑스로 보내서 프랑스 왕위 계승자와 결혼하도록 했다.

1547~1559년 프랑스가 앙리 2세의 통치를 받았다.

반종교 개혁

가톨릭 교회는 종교 개혁에 대항해서 사제를 양성하는 대학을 세웠다. 프로테스탄트와 싸워 이기고 새로운 신자를 만들기 위해서였다. 1534년에 이그나티우스 로욜라가 세운 예수회의 사제들은 멀리 인도와 일본까지 가서 교사와 선교사로 활동했다. 1545년에는 이탈리아 북부의 트리엔트에서 가톨릭 종교 회의가 열려서 가톨릭 교리를 공고히 하는 움직임이 일어났다. 또한 종교 재판이 재개되어 프로테스탄트 교인이 이단으로 규정되고 화형 당했다. 바로크 양식의 화려한 그림과 음악, 건축은 신자를 모으는 데 도움이 되었다.

로마의 성 피에트로 광장. 1656~1667년 사이에 베르니니가 바로크 풍으로 건축했다.

1547~1553년 잉글랜드가 에드워드 6세의 통치를 받았다.

1549년

북유럽과 동유럽

1525년 프로이센의 통치자인 호엔촐레른 왕가의 알브레히가 루터교로 개종하고, 가톨릭교의 영향에서 분리된 프로이센 공국을 세웠다.

1526년 헝가리가 모하치 전투에서 오스만 제국에게 패배하면서 라요시 2세가 전사했다. 카를 5세의 동생인 페르디난트와 야노스 사폴리아가 모두 헝가리의 왕으로 뽑혔다.

1529년 오스트리아의 빈이 오스만 제국에 포위되었다.

1529년 독일 슈파이어에서 두 번째 국회가 열렸다.

1529년 스위스에서 가톨릭 교인과 프로테스탄트 교인이 전쟁을 벌였다.

1530년 교황이 카를 5세를 신성 로마 제국 황제로 선포했다. 이는 교황이 황제 대관식을 치른 마지막 사례가 되었다.

1531년 독일의 프로테스탄트 교인들이 방위를 위해 슈말칼덴 동맹을 맺었다.

1531년 폴란드의 천문학자 코페르니쿠스(1473~1543년)가 교회의 가르침과 달리 행성들이 지구를 돌지 않고 태양을 돈다는 혁명적인 이론을 발표했다.

1532년 신성 로마 제국이 뉘른베르크 평화 조약으로 프로테스탄트 교인들에게 종교의 자유를 주었다.

1532~1533년 오스트리아가 헝가리를 두고 오스만 제국과 전쟁을 벌였다.

1533~1584년 이반 4세(뇌제)가 러시아를 통치했다.

1534~1535년 독일 북부의 뮌스터가 '재세례파(정부가 필요 없다고 주장하는 종교 분파)'에게 점령되었다.

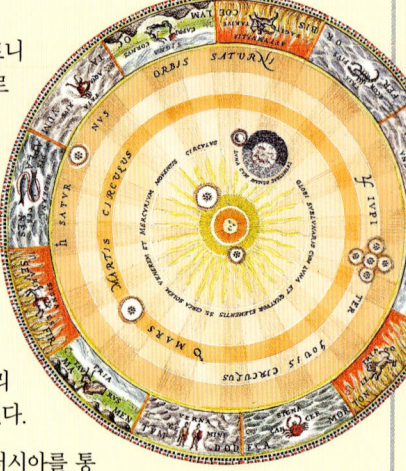

코페르니쿠스가 생각한 우주를 보여 주는 그림

장 칼뱅

장 코뱅이라고도 불리는 장 칼뱅(1509~1564년)은 또 한 명의 종교 개혁 지도자다. 그는 1536년에 스위스 제네바에서 발간한 『기독교 강요』에 자신의 종교 개혁 사상을 담았고, 그것이 칼뱅교의 토대가 되었다. 칼뱅은 1541년에 제네바에서 칼뱅교 교회를 꾸리기 시작했다. 이 교회는 목사(설교하는 사람), 의사(신앙 문제를 판단하는 사람), 장로(규율을 실행하는 사람), 집사(가난한 사람을 돌보는 사람)를 선출하는 자치 공동체를 지향했다. 선거는 '시노드'라는 위원회가 진행했다. 칼뱅교는 루터교보다 더 엄격했지만 더 체계적이었고, 많은 신자를 만들었다.

1541~1688년 헝가리가 오스만 제국에 속하게 되었다.

1547년 카를 5세가 뮐베르크 전투에서 슈말칼덴 동맹을 물리쳤다.

1547년 이반 4세(오른쪽)가 '모든 러시아의 차르'라는 칭호를 얻었다.

16세기 1525년~1549년

아프리카와 중동

1535년 북아프리카의 튀니스가 스페인의 카를 5세에게 정복되었다.

1538년 아라비아의 아덴이 오스만 제국에 점령되었다.

1543년 에티오피아의 기독교인들이 포르투갈의 도움을 받아서 이슬람 교인들의 에티오피아 진출을 막았다.

에티오피아의 기독교 십자가

1545년 에티오피아의 도시 마사와를 시작으로 에티오피아 전체가 오스만 제국에 점령 당했다.

말리의 청동 조각상

1546년 서아프리카의 송가이 제국이 말리 제국을 무너뜨렸다.

1549~1582년 송가이 제국이 아스키아 다우드 왕의 통치를 받았다.

아시아

무굴 제국

무굴 제국은 바부르가 세운 이슬람 제국이다. 그는 몽골 인 티무르의 후손으로 아프가니스탄 페르가나의 영주가 되었다. 그후 1526년에 펀자브를 침략해서 파니파트 전투에서 델리의 술탄을 물리쳤고, 1527년에 칸와하, 1529년에는 고그라 전투에 승리해서 계속 영토를 넓혔다. 무굴 제국의 제3대 왕인 악바르 대제(1556~1605년)는 인도 중부와 북부 대부분의 지역을 정복했다. 현명한 악바르 대제는 정복지의 주민들을 문화적으로도 통합하기 위해 종교적 관용을 베풀었다. 악바르 대제 시대에 인도는 문화가 활짝 꽃피어서 뛰어난 미술, 건축, 시 작품들이 나왔다.

경전 코란

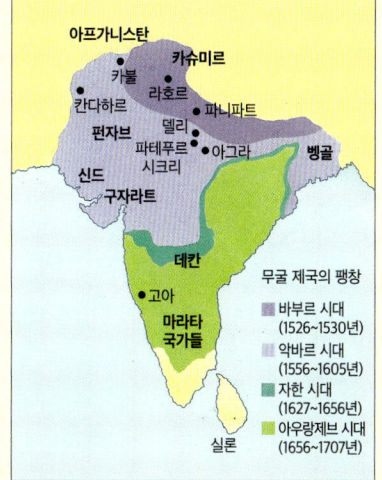

무굴 제국의 팽창

1533년 북베트남이 통킹과 안남으로 갈라졌다.

1539년 버마인의 퉁구 왕국이 몬인의 페구 왕국을 정복했다.

1540년 아프간의 셰르 샤가 바부르의 아들 후마윤을 인도에서 쫓아냈다.

1542년 포르투갈의 예수회 선교사 프란시스 사비에르가 인도 서부 해안의 고아에 왔다.

1545년 아프가니스탄의 카불이 후마윤에 점령되었다.

1549~1551년 프란시스 사비에르와 선교사들이 일본에 기독교를 전파하고 무역에 참여했다.

아메리카

1525년

1526년 이탈리아의 탐험가 존 캐벗이 아르헨티나의 라플라타강까지 항해했다.

1528년 독일이 베네수엘라에 식민지 건설을 시도했다.

1530년 포르투갈이 브라질을 식민지로 만들기 시작했다.

1531년 브라질에 리우데자이네루가 세워졌다.

1534년 자크 카르티에가 이끄는 프랑스 원정대가 캐나다의 래브라도에 이르렀다.

1535년 아르헨티나에 부에노스아이레스가, 페루에는 리마가 세워졌다.

자크 카르티에

1535년 자크 카르티에가 세인트로렌스강을 발견하고, 지금의 캐나다 몬트리올 위치까지 항해했다.

1535~1538년 스페인의 콘키스타도르(정복자)인 곤살로 히미네스 데 케사다가 콜롬비아를 정복했다.

1536년 예수회가 파라과이에 아순시온을 세웠다.

1536년 페루에서 망코 잉카가 반란을 이끌었다. 그는 1544년까지 빌카밤바를 수도로 통치했지만, 잉카 제국은 결국 멸망했다.

1540~1544년 스페인 콘키스타도르인 페드로 데 발디비아가 칠레를 탐험했다.

1541년 아메리카 원주민이 멕시코에서 반란을 일으켰다.

1542년 스페인 탐험가 프란시스코 데 오레야나가 배를 타고 아마존강을 탐험했다.

1542년 카를 5세가 '신법'을 선포해서, 스페인 식민지에서 원주민 노예제를 폐지하고 식민지 건설자의 권력을 제한했다.

1545년 페루에서 은이 발견되었다.

1548년 멕시코에서 은이 발견되었다.

북아메리카의 말코손바닥사슴

페루의 은으로 만든 라마

1549년

남유럽과 서유럽

1550년

1552~1556년 프랑스의 앙리 2세와 스페인의 카를 5세가 전쟁을 벌였다.

1553년 아메리카의 담배가 스페인을 통해 유럽에 처음 들어왔다.

1553~1558년 메리 1세가 잉글랜드를 통치했다. 메리 1세는 스페인의 펠리페 2세와 결혼했고, 잉글랜드는 다시 가톨릭 국가가 되었다. 300명의 프로테스탄트 교인이 화형을 당했다.

메리 1세

1555년 스페인의 카를 5세가 제위에서 물러났다. 그의 아들이 펠리페 2세가 되어서 이탈리아, 네덜란드, 아메리카의 합스부르크가 땅을 물려받았다.

1558년 잉글랜드가 프랑스에게 칼레를 빼앗겼다.

1558~1603년 엘리자베스 1세가 잉글랜드를 통치했다. 엘리자베스 1세는 잉글랜드 국교(성공회)를 다시 세웠다.

1559년 장 니코가 처음으로 아메리카에서 담배를 수입했다. '니코틴'은 그의 이름에서 유래했다.

1559년 프랑스와 스페인이 카토 캉브레시 평화 조약을 맺었다.

1560년 프랑스의 프랑수아 2세가 사망했다. 그의 아내였던 스코틀랜드의 여왕 메리는 스코틀랜드로 돌아갔다.

프랑스 종교 전쟁

16세기 중반에 프랑스 궁정에서는 프로테스탄트 교인(위그노 교인)과 가톨릭 교인 사이의 갈등이 불거졌다. 무능한 왕들은 그 갈등을 다스리지 못했고, 그 결과 1562~1589년에 걸쳐 여러 차례 지독한 내전이 벌어졌다. 이 전쟁은 위그노 교인인 나바르의 앙리가 프랑스의 왕 앙리 4세가 되면서 끝났다. 앙리 4세는 가톨릭으로 개종해서 나라를 통일하는 한편, 낭트 칙령(1598년)을 통해 위그노 교인에게도 관용을 베풀었다.

앙리 4세

1560~1574년 샤를 9세가 프랑스를 통치했다.

1563년 잉글랜드가 구빈법을 만들었다. 치안 판사들은 구빈세를 높여서 교구의 빈민을 도울 수 있었다.

1564~1616년 잉글랜드의 극작가 겸 시인 윌리엄 셰익스피어의 생애.

셰익스피어의 연극을 공연한 글로브 극장

1567~1625년 제임스 6세가 스코틀랜드를 통치했다. 그는 나중에 잉글랜드의 제임스 1세가 된다.

1572년 성 바르톨로메오 축일의 학살 발생. 2만 명의 위그노 교인이 프랑스의 실권자였던 카트린느 드 메디시스 왕후의 명령 아래 군인들에게 학살당했다.

1574년

북유럽과 동유럽

1553~1555년 잉글랜드 탐험가 리처드 챈슬러가 러시아 원정을 떠났다.

1555년 카를 5세가 아우크스부르크 평화 조약으로 프로테스탄트 교인 제후들에게 종교의 자유를 주었다.

1555년 잉글랜드의 모스크바 회사가 러시아 탐험과 교역에 대한 인가를 받았다.

모스크바 회사의 문장

1556년 카를 5세의 동생 페르디난트가 신성 로마 제국 황제가 되었다. 합스부르크가의 제국은 카를 5세의 아들인 스페인의 펠리페 2세, 그리고 페르디난트가 나누어 갖게 되었다.

1557~1582년 러시아, 폴란드, 스웨덴, 덴마크가 발트해 지역 영토를 두고 싸웠다.

1563~1570년 스웨덴과 덴마크가 전쟁을 벌여서 슈체친의 평화가 끝났다. 리보니아가 갈라져서 폴란드와 덴마크의 영토가 되었다.

1564~1576년 신성 로마 제국이 막시밀리안 2세의 통치를 받았다.

네덜란드 독립 전쟁

스페인의 펠리페 2세가 1555년에 네덜란드를 물려받았을 때, 많은 네덜란드인이 이미 칼뱅교를 믿고 있었다. 그래서 펠리페가 가톨릭교를 강제하려고 하자 큰 반발을 샀다. 1566년에 네덜란드 사람들은 칼뱅교를 공개적으로 내세우고 가톨릭 교회를 공격했다. 1568년에 스페인 정부가 칼뱅교인인 호른 백작과 에그몬트 백작을 처형하자, '바다의 거지들'이라고 불린 반란 집단이 바다로 가서 스페인의 배들을 공격했다. 이 일로 '네덜란드 독립 전쟁'이라는 오랜 투쟁이 시작되었다. 이 투쟁은 1648년에 스페인이 헤이그 평화 조약으로 네덜란드의 독립을 인정하면서 마침내 끝났다.

1571년 오스만 제국이 레판토(그리스 해안) 전투에서 스페인과 베네치아에게 패배하고 유럽 바다에서 세력을 잃었다.

1571년 크림의 타타르인(몽골인)이 모스크바를 파괴했다.

1572년 폴란드가 선거로 왕을 뽑는 제도를 도입했다.

1572년 네덜란드에서 '바다의 거지들'이 브릴과 블리싱겐을 점령했다.

1573년 발루아의 앙리(훗날 프랑스의 앙리 3세)가 폴란드 최초의 왕으로 선출되었다.

16세기 1550년~1574년

아프리카와 중동

1550년대 무렵 잉글랜드가 서아프리카와 무역을 시작했다.

1551년 오스만 제국이 리비아의 트리폴리를 점령하고 헝가리와 전쟁을 벌였다.

1554~1555년 페르시아의 사파비 왕조가 오스만 제국과 전쟁을 했다.

사파비 전사들

1562년 잉글랜드가 노예 무역에 합류해서 서아프리카에서 카리브해로 노예를 실어 날랐다. 탐험가 존 호킨스는 시에라리온의 두 왕과 동맹을 맺고 지역 부족을 습격해서 노예로 쓸 사람들을 잡아갔다.

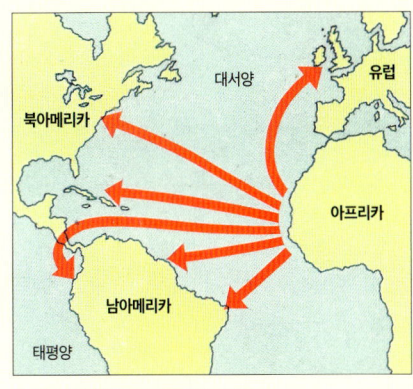

노예 무역 항로를 보여 주는 지도

1566년 오스만 제국의 영토가 최대로 팽창했다.

1566~1574년 술탄 셀림 2세가 오스만 제국을 통치했다.

1573년 오스트리아의 돈 후안이 북아프리카의 튀니스를 점령했고, 오스만 제국은 오스트리아와 전쟁에 들어갔다.

1574~1595년 술탄 무라드 3세가 오스만 제국을 통치했다.

1574년 포르투갈이 앙골라를 식민지로 삼았다.

1574~1575년 오스만 제국이 튀니스를 되찾고 튀니지 전체를 정복했다.

오스만 제국의 도자기

아시아

1550년 몽골의 지도자 알탄 칸이 중국 북부를 침략했다. 일본의 해적이 중국을 습격했다.

1555년 후마윤이 셰르 샤로부터 인도 제국을 되찾았다.

1555년 퉁구의 왕이 버마 북부의 아바 왕국을 점령해서 버마를 통일했다. 그 후 버마는 타이 왕국을 제압해서 영토를 넓혔다.

1556~1605년 위대한 지도자 악바르 대제가 무굴 제국을 통치했다. 무굴 제국은 새로운 단계의 정복을 시작했다.

악바르 대제가 코끼리를 타고 적을 쫓아가는 모습

1556년 아스트라한이 러시아에 합병되었다.

1557년 포르투갈이 마카오에 정착지를 건설했다. 중국 명나라는 무역지를 마카오로 제한했다.

1560년 일본의 다이묘(영주) 중 오다 노부나가가 일인자가 되었다.

1564년 스페인이 필리핀을 점령하고 마닐라를 건설했다.

1565년 악바르 대제가 무굴 제국의 영토를 데칸 지방까지 넓혔다.

1567년 일본에서 오다 노부나가가 쇼군이 되었다.

1570년 일본 나가사키가 외국 무역상들에게 문호를 열었다. 무역상들은 마카오, 중국을 거쳐 일본에 비단을 가지고 왔다.

일본 사무라이의 투구

1573~1577년 악바르 대제가 구자라트와 벵골을 정복하고 인도 북부를 통일했다.

일본 지도

아메리카

1554년 브라질에 상파울루라는 도시가 세워졌다.

남아메리카 아마존 열대 우림의 골든 코뉴어(맨 왼쪽)와 마코앵무

1560년 무렵 멕시코와 페루의 은이 아메리카 대륙에서 스페인으로 수출하는 주요 품목이 되었다.

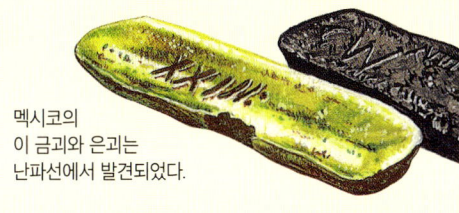

멕시코의 이 금괴와 은괴는 난파선에서 발견되었다.

1562~1565년 스페인이 플로리다의 프랑스 식민지를 파괴했다.

1562년 영국의 존 호킨스가 자신의 첫 노예선을 이끌고 히스파니올라(아이티)로 갔다. 이어 1564~1565년에는 두 번째, 1567~1568년에는 세 번째 항해를 했다.

1563~1571년 티투 쿠시의 잉카가 빌카밤바에서 페루를 다스렸다.

1572년 잉글랜드의 항해가 프랜시스 드레이크 경이 아메리카의 스페인 항구들을 공격했다.

1572년 잉카의 마지막 통치자인 투팍 아마루가 붙잡혀 처형되었다.

오른쪽 같은 잉카 군인들은 스페인의 상대가 되지 않았다.

남유럽과 서유럽

1577~1580년 잉글랜드의 항해가 프랜시스 드레이크 경이 세계를 일주했다.

1580~1640년 스페인이 포르투갈을 합병했다.

1581년 최초의 발레로 알려진 〈왕비의 발레극〉이 프랑스 왕비 여동생의 결혼식에서 공연되었다.

1582년 교황 그레고리우스 13세가 오늘날 주로 쓰이는 그레고리우스 달력을 만들어서 가톨릭 국가들에 보급했다.

1586년 프랑스에서 앙리 3세, 기즈의 앙리, 나바르의 앙리가 '세 앙리의 전쟁'을 일으켰다.

1587년 스코틀랜드의 메리 여왕이 엘리자베스 1세에 반란을 꾀했다는 혐의를 받아 처형되었다. 엘리자베스 1세는 메리 여왕의 아들인 프로테스탄트 교인 제임스 6세를 자신의 후계자로 삼았다.

1588년 스페인의 펠리페 2세의 무적함대가 잉글랜드를 침략했으나 패배했다.

아일랜드 근처 바다에 가라앉은 스페인 배 히로나 호에서 나온 금(왼쪽)

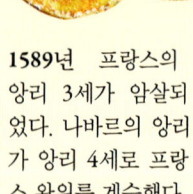
스페인의 갤리온 선은 크고 느려서, 공격보다는 수비에 적합했다.

1589년 프랑스의 앙리 3세가 암살되었다. 나바르의 앙리가 앙리 4세로 프랑스 왕위를 계승했다. 이로써 부르봉 왕조가 시작되었다.

1590년 앙리 4세가 이브리 전투에서 프랑스의 가톨릭 교인들을 물리쳤다.

1592년 스코틀랜드가 존 녹스의 가르침에 영향을 받아 장로교(칼뱅교의 한 형태)를 받아들였다.

1593년 프랑스의 앙리 4세가 가톨릭 교인이 되었다.

1594년 프랑스의 앙리 4세가 파리에 입성해서 통치를 시작했다.

1596년 이탈리아의 천문학자, 수학자, 물리학자인 갈릴레오 갈릴레이(1564~1642년)가 온도계를 발명했다.

1596년 잉글랜드가 스페인 남서부의 항구 도시 카디스를 습격해서, 새로이 준비하고 있던 두 번째 무적함대를 파괴했다.

1597년 아일랜드가 티론 백작 휴 오닐 아래 잉글랜드에 반란을 일으켰다.

1598년 프랑스의 앙리 4세가 낭트 칙령을 내려서 프랑스의 프로테스탄트 교인인 위그노에게 종교적 관용을 베풀었다.

북유럽과 동유럽

1576년 스페인 군대가 플랑드르의 안트베르펜을 약탈했다. 그러자 네덜란드의 17개 주가 헨트 평화 조약을 맺고 연합해서 스페인을 몰아냈다.

1576년 러시아가 우랄 산맥 너머로 영토를 늘리기 시작했다.

1578년 네덜란드 남부의 10개 주가 아라스 평화 조약을 체결해 스페인과 연합했다.

1579년 네덜란드 북부의 7개 주가 위트레흐트 동맹을 체결해 스페인에 맞서 연합했다.

1581년 러시아가 시베리아 정복을 시작했다.

러시아의 대귀족 '보야르'

1581년 네덜란드 북부의 7개 주가 '연합주'로 독립을 선언하고 오라녜 공 빌럼을 지도자로 뽑았다.

1582년 러시아와 폴란드가 평화 조약을 맺었다. 러시아는 발트해와 단절되었다.

1584년 연합주의 지도자인 오라녜 공 빌럼이 암살되었다.

1585년 플랑드르의 지리학자 겸 지도 제작자인 헤라르뒤스 메르카토르가 이전보다 더 정확한 지도 제작법을 개발했다.

1587~1688년 가톨릭 교인인 바사 왕조가 폴란드를 다스렸다.

1596년 프랑스, 잉글랜드, 연합주가 스페인에 대항해서 연합했다.

1598년 류리크 왕조의 마지막 차르인 표도르가 사망했다. 러시아에 '혼란의 시대'라고 알려진 시기가 시작되었다.

모스크바의 모습을 담은 초기 판화

16세기 1575년~1599년

아프리카와 중동

1578년 포르투갈의 세바스티안 왕이 모로코를 침략했지만, 크사르엘케비르 전투에서 패배했다. 페즈의 알 만수르(아흐마드 1세)가 샤리프 왕조를 세우고 모로코의 국력을 키웠다.

1580~1617년 이드리스 알로마가 카넴 보르누를 통치했다. 그는 카넴 보르누 역사상 최고의 왕이었다.

1581년 모로코인이 사하라 사막을 통과하기 시작했다.

사하라 사막의 단봉낙타

1581년 오스만 제국과 스페인이 평화 조약을 맺었다.

1585년 오스만 제국이 쇠퇴하기 시작했다.

1586~1622년 페르시아의 샤 아바스 대제가 페르시아를 통치했다.

1590년 모로코인이 나이저강에 도착했고, 팀북투를 점령했다.

1590년 아바스 대제가 오스만 제국과 평화 조약을 맺었다.

아바스 대제의 투구

페르시아 전사들

1591년 모로코가 톤디비 전투에서 송가이를 물리쳤고, 송가이는 결국 무너졌다.

1592년 포르투갈이 동아프리카 해안의 몸바사를 점령했다.

1598년 네덜란드가 모리셔스를 점령했다.

1598년 아바스 대제가 이스파한을 페르시아의 수도로 만들었다.

아시아

1579년 포르투갈이 인도의 벵골에 무역 기지들을 세웠다.

1581년 무굴 제국의 황제 악바르 대제가 아프가니스탄을 정복하고 1585년에 공식 합병했다.

1581년 러시아가 시베리아를 정복했다.

1582~1598년 일본에서 도요토미 히데요시가 통치자의 자리에 올랐다.

1584년 프라 나라이가 독립 왕국 시암을 세웠다.

1587년 악바르 대제가 인도 북부의 카슈미르를 점령했다.

1591년 잉글랜드인이 처음으로 동인도 제도로 항해했다.

동인도 제도 인도네시아 자와섬의 힌두 조각상

1592년 안남이 하노이를 점령하고 북베트남을 통일했다.

1592년 악바르 대제가 인도의 신드를 정복했다.

1592~1597년 일본이 조선을 두 차례에 걸쳐 침략했으나 조선과 명의 연합군이 일본을 한반도에서 물리쳤다.

1594년 잉글랜드가 인도와 무역을 시작했다.

1594년 악바르 대제가 인도의 칸다하르를 정복했다.

1595년 네덜란드가 동인도 제도에 식민지 건설을 시작했다.

1598년 일본의 통치자 도요토미 히데요시가 사망했다. 후계자가 나이가 어려서 다섯 명의 섭정이 권력을 두고 다투었다.

일본의 탑은 대체로 절에 지었다.

1599년 무굴 제국의 악바르 대제가 인도 데칸 지방 정복을 시작했다.

아메리카

1575년

1576~1577년 잉글랜드 탐험가 마틴 프로비셔가 북대서양을 탐험하다 배핀섬을 발견했다.

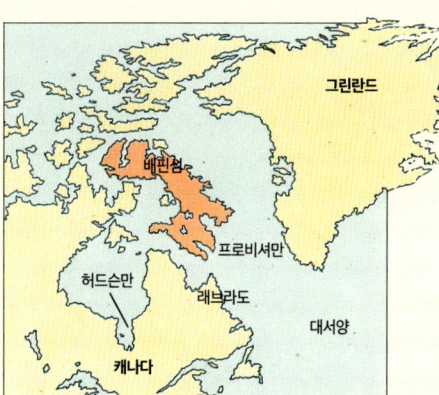

프로비셔는 1인용 카누 '카약'을 타고 다니는 원주민 이누이트인을 만났다.

1577년 잉글랜드 탐험가 험프리 길버트가 북아메리카의 식민지 건설 허가를 받았다.

1579년 프랜시스 드레이크 경이 세계 일주(1577~1580년)를 하던 중 뉴앨비언(지금의 캘리포니아)을 자신의 땅으로 선포했다.

프랜시스 드레이크 경

1583년 험프리 길버트가 뉴펀들랜드에 최초의 잉글랜드 식민지를 세웠다.

1584년 잉글랜드의 월터 롤리가 버지니아를 발견했다. 그는 1585년에 그곳에 식민지를 세웠지만 1586년에 정착민들이 그곳을 버렸다. 1587~1591년에 두 번째 식민지가 건설되었다.

1585~1587년 잉글랜드 탐험가 존 데이비스가 아시아로 가는 북서 항로를 탐색하고 데이비스 해협을 탐험했다.

1599년

51

17세기

1600년 ~ 1699년

남유럽과 서유럽

1600년

1600년 잉글랜드의 동인도 회사가 세워졌다.

1602년 네덜란드의 동인도 회사가 세워졌다.

1603년 엘리자베스 1세가 죽으면서 튜더 왕조가 끝났다. 스코틀랜드의 제임스 6세가 잉글랜드와 스코틀랜드의 제임스 1세(1603~1625년)로 즉위했다. 이로써 스튜어트 왕조가 시작되었다.

엘리자베스 1세의 장례 행렬

1604~1616년 네덜란드에서 스페인과 네덜란드가 12년 동안 휴전을 했다.

1605년 가이 포크스를 포함한 잉글랜드의 가톨릭 교인 집단이 화약 음모 사건을 일으켜 국회의사당 건물을 폭파하려고 하다가 실패했다. 관련자가 모두 체포되어 처형되었다.

1605년 미구엘 세르반테스(1547~1616년)가 최초의 현대 소설 『라만차의 돈키호테』를 썼다.

1608년 네덜란드 렌즈 제작자 한스 리퍼세이가 최초의 실용적인 망원경을 발명했다.

1609년 북아프리카의 아랍인인 무어인이 포르투갈에서 쫓겨났다.

1610년 이탈리아의 천문학자 겸 수학자 갈릴레오 갈릴레이가 망원경으로 관찰한 내용을 기록한 책 『별의 전령』을 발간했다.

갈릴레오가 사용한 망원경 가운데 두 개를 스탠드에 설치한 모습

1610년 프랑스 앙리 4세가 암살되었다. 루이 13세(1610~1643년)의 통치가 시작되었다.

1611년 잉글랜드에서 킹 제임스의 성서가 발행되었다.

1614년 스코틀랜드 수학자 존 네이피어가 로그표를 만들었다.

1614~1616년 프랑스에서 내전이 일어났다.

1616년 잉글랜드의 의사 윌리엄 하비가 혈액이 인체를 순환한다는 이론을 소개했다.

북유럽과 동유럽

1603년 러시아에서 그리고리 오트레피에프라는 수도사가 자신이 죽은 왕 이반 4세의 막내아들인 드미트리이자 러시아의 제위계승자라고 주장했다. (드미트리는 실제로는 1591년에 살해되었다.) 그리고리는 러시아를 침략해서 차르가 되었지만 국민들에게 지지받지 못했다.

1604년 러시아가 시베리아 너머로 팽창해서 톰스크를 세웠다.

1606년 러시아에서 가짜 드미트리가 보리스 고두노프가 이끈 반란에 패배하고 사망했다.

1607~1611년 카를 9세가 스웨덴을 통치했다.

1608년 독일에 프로테스탄트 연합이 만들어졌다.

드미트리 황태자(위)와 가짜 드미트리 그리고리 오트레피에프(아래)

1609년 바이에른의 막시밀리안이 가톨릭 동맹을 만들었다.

1609년 독일 천문학자 요한네스 케플러(1571~1630년)가 항성 운동의 법칙을 발표했다. 케플러는 행성이 태양을 돈다는 코페르니쿠스의 이론을 발전시켜서 그 운동의 궤도가 원형이 아니라 타원형이라고 주장했다.

케플러의 행성운동을 설명한 그림

1611~1613년 스웨덴과 덴마크가 전쟁을 벌였다.

1611~1632년 스웨덴에서 구스타프 아돌프 2세가 왕이 되었다. 뛰어난 군인이자 정치가였던 그의 시대에 스웨덴은 발트해 지역을 차지해 강국이 되었다.

구스타프 아돌프 2세

1613년 러시아에서 차르 미하일이 로마노프 왕조(1613~1917년)를 세웠다.

1613년 터키가 헝가리를 점령했다.

1617년 러시아가 스톨보포 조약으로 잉그리아와 카렐리야를 스웨덴에게 넘겨주었다.

30년 전쟁

1619년

30년 전쟁(1618~1648년)은 신성 로마 제국에 속한 보헤미아 여러 지방의 반란으로 시작되었다. 그러나 곧 다른 여러 갈등이 결합했다. 주요 전쟁터가 된 독일은 국토가 황폐해지고 많은 사람이 사망했다. 전쟁에 참여한 나라들은 종교를 기준으로 양편으로 갈라졌다. 신성 로마 제국을 지지하는 독일의 가톨릭 국가들과 스페인이 한편이고, 보헤미아를 지지하는 독일의 프로테스탄트 국가들과 네덜란드가 다른 한편이었다. 나중에는 정치적인 요소가 점차 동맹의 요인이 되었다. 1630년에 스웨덴이 프로테스탄트 편에 결합했는데, 스웨덴의 뛰어난 사령관 구스타프 아돌프가 발트해 지역에서 세력을 키우려 했기 때문이다. 이미 스페인과 전쟁 중이던 프랑스는 가톨릭 국가지만 1635년에 프로테스탄트 편에 가담했다. 1648년에 평화 조약이 체결되면서 유럽에서 합스부르크 왕가의 지배력이 줄어들었다.

1631년 독일의 마그데부르크가 포위되는 모습을 묘사한 판화

17세기   1600년~1619년

아프리카, 중동, 인도

1600년 무렵 서아프리카의 오요 왕국이 전성기를 누렸다.

1602~1627년 페르시아의 사파비 왕조와 오스만 제국이 여러 차례 전쟁을 벌였다. 오스만 제국은 1603년에 바그다드(이라크)를, 1604년에 타브리즈(페르시아 북서부)를, 1618년에 조지아를 잃었다.

1605년 인도의 악바르 황제가 사망했다. 자항기르(1605~1627년)가 그 뒤를 이었다.

오요의 조각상

무굴 제국의 황제 자항기르

1609년 네덜란드가 포르투갈로부터 실론을 빼앗았다.

1610년 잉글랜드의 동인도 회사가 인도에 첫 공장을 세웠다.

페르시아 아스파한의 블루 모스크

1611년 잉글랜드의 동인도 회사가 인도의 수라트에 첫 무역 기지를 세웠다.

1612년 페르시아가 오스만 제국으로부터 바그다드(오늘날 이라크의 수도)를 빼앗았다.

1616년 네덜란드와 프랑스가 서아프리카의 세네갈과 황금 해안(가나)에 무역 기지를 세웠다.

1616년 잉글랜드의 동인도 회사가 페르시아와 무역을 했다.

동아시아, 오스트랄라시아

1600년 무렵 네덜란드가 자와와 수마트라에 무역 기지를 세웠다.

1600년 버마 제국이 분열되어 내전이 일어났다.

도쿠가와 가문의 일본 통치

1600년, 일본에서 도쿠가와 이에야스가 세키가하라 전투에서 승리해 내전을 끝내고, 1603년에 쇼군의 지위에 올라 도쿠가와 막부를 열었다. 도쿠가와 가문은 1867년까지 새로운 수도 에도(오늘날의 도쿄)에서 일본을 다스렸다. 그들은 일본에 엄격한 신분 사회를 확립했고, 쇼군이 '다이묘(영주)'와 '한(영지)'을 세심하게 다스리게 했다.

도쿠가와 이에야스

1602년 네덜란드 무역상들이 최초로 캄보디아와 시암에 왔다.

네덜란드의 타일

1605년 일본에서 도쿠가와 히데타다가 통치자가 되었다.

1606년 네덜란드의 탐험가 빌럼 얀스존이 유럽인 최초로 오스트레일리아에 도착했다.

1613~1646년 마타람의 술탄인 아궁이 자와를 다스리기 위해 노력했다.

1614~1636년 유럽인이 오스트레일리아를 탐험하기 시작했다.

1616년 만주의 타타르인이 중국 명나라를 침략했다.

1618~1629년 네덜란드가 동인도 제도에서 포르투갈을 몰아내고, 1619년에 수마트라의 바타비아(자카르타)에 기지를 세웠다.

동인도 제도 자와섬의 꼭두각시 인형들

아메리카

1600년

1602년 스페인에서 건너온 사람들이 캘리포니아의 해안을 탐험했다.

1603년 프랑스인들이 북아메리카의 뉴펀들랜드, 노바스코샤, 누벨프랑스에 식민지를 건설하기 시작했다.

1605년 스페인인들이 뉴멕시코의 샌타페이를 세웠다.

1605년 잉글랜드의 제임스 1세가 바베이도스의 왕으로 선포되었다.

1606년 잉글랜드가 버지니아의 제임스타운에 북아메리카 최초의 항구적 식민지를 세웠다.

초기 아메리카 정착민들

1608년 프랑스인들이 캐나다에 퀘벡을 세웠다.

1608년 예수회 선교사들이 파라과이를 세웠다.

1609년 잉글랜드 정착민들이 버뮤다에 왔다.

1609년 네덜란드인들이 맨해튼을 세웠다.

1610~1611년 잉글랜드 탐험가 헨리 허드슨이 동양으로 가는 북서 항로를 찾아 허드슨만을 탐험했다.

아메리카 원주민이 유럽인과 무역을 통해 모피를 팔고 총과 칼, 모포를 샀다.

1610년 프랑스 탐험가인 에티엔 브륄레가 휴런 호수를 발견했다.

1612년 버지니아에서 담배가 재배되었다.

1613년 프랑스 탐험가 사뮈엘 드 샹플랭이 캐나다의 오타와강을 탐험했다.

1613년 잉글랜드가 자메이카 포트로열의 프랑스 식민지를 파괴했다.

1616년 네덜란드 탐험가 빌럼 스하우턴이 혼곶을 지나갔다.

1619년 버지니아가 최초로 서아프리카 노예들을 수입했다.

1619년 버지니아의 제임스타운에서 최초의 식민지 의회가 열렸다.

1619년

55

남유럽과 서유럽

1620년

1620년 프랑스에서 위그노 교인(프로테스탄트 교인)이 반란을 일으켰다.

1620년대 독일의 천문학자 요한네스 케플러(1571~1630년)가 행성의 움직임을 연구했다.

1621~1625년 스페인의 펠리페 4세가 네덜란드와 다시 전쟁을 일으켰다.

1622~1673년 프랑스의 위대한 희극 작가 몰리에르 (본명 장 바티스트 포클랭)의 생애.

1624~1629년 프랑스와 잉글랜드가 전쟁을 벌였다.

1624~1642년 리슐리외 추기경이 프랑스 루이 13세의 재상이 되었다.

1625~1649년 찰스 1세가 잉글랜드를 통치했다.

1628년 리슐리외 재상이 위그노 교인의 본거지 라로셸을 점령해서 프랑스에서 위그노 교인의 세력을 완전히 없앴다.

리슐리외 추기경

프랑스 서부 해안의 라로셸에서 사용한 성 공격 장치

1629~1640년 잉글랜드의 찰스 1세가 관세와 소비세, 가톨릭교를 둘러싸고 의회의 의견 충돌을 보인 끝에 의회를 해산했다. 그는 그 뒤로 1640년까지 의회를 소집하지 않았다. 찰스 1세는 네덜란드에 맞서기 위해서 해군을 키웠고, 해안 경비를 위해 선박세를 거두었다.

찰스 1세

1632년 이탈리아 천문학자 겸 수학자 갈릴레오 갈릴레이(1564~1642년)가 과학 사상에 혁명을 일으킨 책『대화』를 발간했다.

1635년 프랑스가 스페인에 선전 포고를 하고 30년 전쟁에 참전했다.

갈릴레오의 망원경과 그가 남긴 달의 스케치

1637년 프랑스의 수학자 르네 데카르트가 해석 기하학을 발전시켰다.

1639년

북유럽과 동유럽

1620년 30년 전쟁 중 프라하 외곽의 백산(빌라 호라) 전투에서 신성 로마 제국 군대가 승리를 거두었다.

1621년 스웨덴의 구스타프 아돌프가 폴란드로부터 리보니아를 빼앗았다.

1622년 잉글랜드가 오스만 제국에 처음으로 외교 대사를 보냈다.

1623년 보헤미아에서 프로테스탄트교 신앙을 금지했다.

1625년 덴마크가 30년 전쟁에 참전했다.

1628년 스웨덴의 왕실 기함인 바사 호가 진수 직후 스톡홀름에서 가라앉았다.

바사 호

1629년 덴마크와 신성 로마 제국이 뤼베크에서 평화 조약을 맺었다.

1630년 스웨덴이 30년 전쟁에 참전했다.

1631년 신성 로마 제국 군대가 브라이텐펠트 전투에서 패배했다.

1632년 스웨덴이 뤼첸 전투에서 신성 로마 제국 군대를 물리쳤지만 구스타프 아돌프 왕이 전사했다.

1632년 러시아가 시베리아에서 영토를 계속 확장해서 이르쿠츠크를 세웠다.

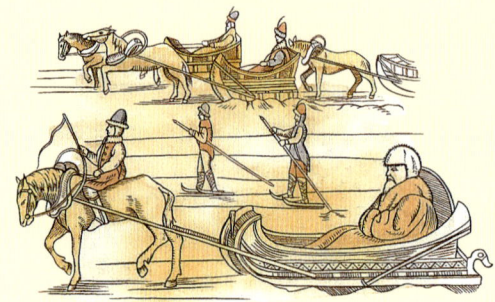

시베리아 모피 무역상을 묘사한 옛 판화

1632~1654년 스웨덴에서 크리스틴 여왕이 나라를 통치했다. 뛰어난 정치가 악셀 옥센스티에르나가 여왕에게 많은 도움을 베풀었다.

1634년 스웨덴이 뇌르들링겐 전투 끝에 독일 남부를 잃었다.

스웨덴 제국의 팽창을 보여 주는 지도

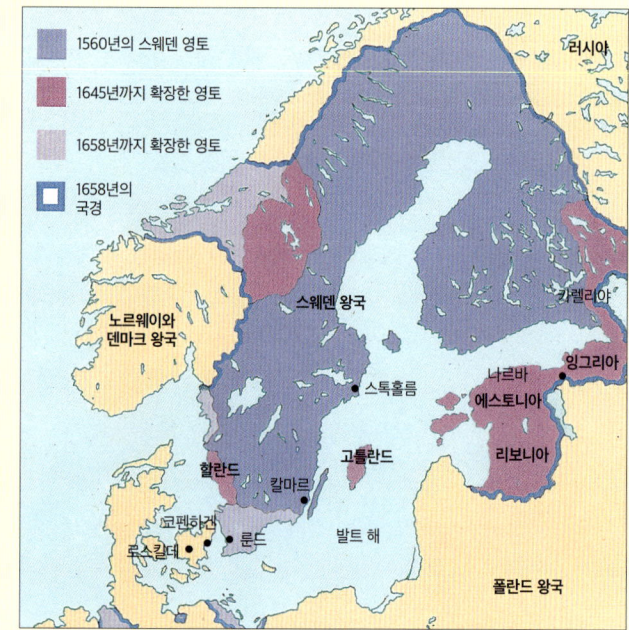

17세기   1620년~1639년

아프리카, 중동, 인도

1627~1656년 무굴 제국의 샤자한이 영토를 넓혔다. 그는 아내를 잃고 1632~1653년에 아내의 무덤으로 흰 대리석 건물 타지마할을 지었다.

샤자한(위)과 타지마할(아래)

1628년 포르투갈이 아프리카 남부의 무타파 왕국을 무너뜨렸다.

1629년 페르시아의 샤 아바스 대제가 사망했다.

1631~1642년 네덜란드의 서인도 회사가 황금 해안(가나)에서 포르투갈 사람들을 몰아냈다.

1636년 인도 데칸 지방의 술탄들이 무굴 제국의 제후가 되었다.

1637년 네덜란드가 서아프리카의 엘미나를 포르투갈로부터 빼앗았다.

1637년 프랑스가 서아프리카 세네갈에 무역 기지를 세웠다.

1639년 오스만 제국이 이라크를 점령하고 페르시아와 평화 조약을 맺었다.

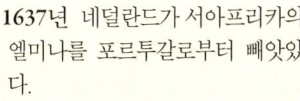

무굴 제국의 칼

동아시아, 오스트랄라시아

1622~1624년 일본이 기독교 선교사들을 처형했다.

일본 사무라이의 칼과 칼집과 날밑

1623년 네덜란드가 암보이나 학살을 일으키고 잉글랜드의 동인도 제도 기지를 파괴했다.

1623~1651년 일본에서 강력한 쇼군 도쿠가와 이에미쓰가 나라를 다스렸다. 그는 외국이 일본에 세력을 뻗거나 침략하는 것을 막기 위해 일본인의 해외 방문을 금지하고 일본의 외국 상인을 내쫓았다. 다만 네덜란드 상인들은 나가사키 인근 섬에 머무는 것을 허락했다.

1626~1662년 네덜란드가 타이완에서 중국과 무역했다.

1627년 중국 북부의 만주인이 중국의 다른 지역과 조선으로 영토를 넓히기 시작했다.

1636년 만주인이 중국에 새 왕조 청나라를 세우고, 만주의 선양을 수도로 삼았다.

만주 군대의 전투 모습

1637년 조선이 청나라에 복속하게 되었다.

1637년 잉글랜드가 중국 광둥에 무역 기지를 세웠다.

1639~1850년대 일본이 고립주의 정책을 실시했다. 일본인은 해외에 나가지 못했고, 외국인은 일본에 들어올 수 없었다. 일본은 사실상 유럽과 모든 접촉을 차단했다. 하지만 이 시대에 도시는 성장했고 무역은 활발했다.

일본의 부유한 여성 그림

아메리카

1620년

1620년 잉글랜드의 청교도를 태운 메이플라워 호가 잉글랜드의 플리머스를 출발해서 아메리카의 매사추세츠에 도착했다.

북아메리카의 야생 칠면조

청교도들이 추수 감사 식사를 하는 모습

1625년 프랑스가 기아나의 카옌에 항구를 세웠다.

1625년 네덜란드가 뉴암스테르담(오늘날의 뉴욕)을 세웠다.

1627년 프랑스의 리슐리외 추기경이 플로리다에서 북극 지방까지 전부 식민지로 만들기 위한 회사를 세웠다.

1629년 잉글랜드가 프랑스로부터 퀘벡을 빼앗았다.(퀘벡은 1632년에 다시 프랑스의 영토가 되었다.)

1630~1642년 1만 6,000명의 식민 개척자가 매사추세츠만 식민지에 합류했다.

1634년 가톨릭 식민 개척자들이 아메리카에 메릴랜드를 세웠다.

1634년 네덜란드가 서인도 제도의 퀴라소에 기지를 건설했다.

1634년 프랑스 탐험가 장 니콜레가 미시건 호수, 세인트로런스강, 미시시피강을 탐험했다.

1636년 네덜란드령 기아나가 세워졌다.(1814년에 영국령 기아나가 되었다.)

1636~1637년 뉴잉글랜드에서 식민 개척자와 북아메리카 원주민 사이에 피쿼트 전쟁이 일어났다.

동부 해안의 북아메리카 인디언

1639년

57

남유럽과 서유럽

1640년

1640년 잉글랜드의 찰스 1세가 스코틀랜드와 전쟁을 치를 비용을 마련하기 위해 11년 만에 의회를 소집했다.

1640년 포르투갈이 독립하고 브라간사 가문이 왕가가 되었다. 브라간사 왕가는 1910년까지 포르투갈을 통치했다.

1642년 프랑스의 수학자 블레즈 파스칼이 덧셈 기계를 고안했다.

잉글랜드 내전

잉글랜드 내전(1642~1649년)은 의회와 스튜어트 왕조의 초기 왕들인 제임스 1세(1603~1625), 찰스 1세(1625~1649년) 사이의 갈등에서 비롯되었다. 의회는 왕들이 너무 많은 권력을 누리고, 의회 없이 나라를 다스리려고 한다고 생각했다. 의회의 많은 의원이 청교도(엄격한 프로테스탄트 교인)였고, 그들은 왕들이 가톨릭에 호의를 품었다고 의심했다. 이로 말미암아 1642년에 내전이 시작되었고, 1646년에 의회당파인 올리버 크롬웰이 이끄는 신모범군이 왕당파를 무찔렀다. 내전은 1648~1649년에 다시 한 번 벌어졌고, 이때 찰스 1세가 패배해서 처형되었다.

투구

찰스 1세

1643년 피렌체의 에반젤리스타 토리첼리(1608~1647년)가 기압계를 발명했다.

1643년 프랑스가 로크루아 전투에서 스페인을 물리쳤다. 유럽에서 프랑스가 군사 강국으로 서기 시작했다.

1643~1715년 루이 14세가 5세의 나이로 프랑스 왕위에 올랐다. 그의 어머니가 1651년까지 그를 대신해서 섭정 통치했고, 1661년까지 재상 마자랭 추기경이 국정을 통솔했다.

1644년 프랑스 수학자 겸 철학자 르네 데카르트가 『철학 원리』를 출간했다.

1648년 네덜란드 독립 전쟁이 헤이그 평화 조약으로 끝났다. 스페인은 '연합주(네덜란드 공화국)'의 독립을 승인했다.

1648~1653년 프랑스 파리에서 시민들이 왕권에 저항한 '프롱드의 난'이 일어나 프랑스가 혼란에 빠졌다.

1649~1660년 잉글랜드가 올리버 크롬웰의 지도 아래 공화국(1649~1653년)이 되었다가 호국경 체제(1653~1658년)가 되었다.

1649년 올리버 크롬웰이 스코틀랜드와 아일랜드의 반란을 진압했다.

1652~1654년 1차 잉글랜드·네덜란드 무역 전쟁 발발.

1658년 무렵 아일랜드의 과학자 로버트 보일과 잉글랜드의 과학자 로버트 훅이 새로운 공기 펌프를 개발해서 유리관 안에 진공 상태를 만들었다.

1659년 프랑스와 스페인이 피레네 평화 조약을 맺었다.

1659년

보일과 훅의 공기 펌프

북유럽과 동유럽

1640~1688년 브란덴부르크-프로이센이 프리드리히 빌헬름(대선제후) 치하에서 국력을 키웠다.

프리드리히 빌헬름 1세

브란덴부르크-프로이센(1648~1707년)의 영토 지도

1643~1645년 스웨덴과 덴마크가 전쟁을 벌였다. 그 결과 스웨덴이 발트해의 주요 강국이 되었다.

1645~1659년 베네치아와 오스만 제국이 전쟁을 벌인 결과, 오스만 제국이 크레타를 정복했다.

1646년 스웨덴이 프라하를 점령하고 바이에른을 침략했다.

1648년 30년 전쟁이 베스트팔렌 조약으로 끝났다.

1649년 러시아에서 소보르 의회 법전이 제정되어 농노 제도가 확립되었다. ('농노'란 땅이 없어 영주의 땅을 빌려 농사를 짓는 농민을 말한다.)

1649년 러시아가 영토를 태평양까지 늘려서 시베리아 동부에 오호츠크 도시를 세웠다.

1654년 스웨덴의 크리스틴 여왕이 왕위에서 물러나 가톨릭 교인이 되었다.

1654~1657년 러시아와 폴란드가 전쟁을 했다. 러시아가 스몰렌스크와 우크라이나 동부를 차지했다.

1654~1660년 스웨덴과 폴란드가 전쟁을 벌였다.

1657년 브란덴부르크 선제후가 프로이센의 통치자가 되었다.

1658년 덴마크가 로스킬데의 평화 조약을 통해 스웨덴 남부의 모든 권리를 포기했다.

스웨덴의 크리스틴 여왕

17세기 1640년~1659년

아프리카, 중동, 인도

1640년 잉글랜드가 인도의 마드라스 항구를 얻었다.

1643년 프랑스가 마다가스카르에 식민지를 건설해 도시 포르도팽(오늘날의 톨라나로)을 세웠다.

1644년 네덜란드인들이 모리셔스에 정착했다.

1648년 아랍인들이 포르투갈로부터 무스카트를 다시 빼앗았다.

1650년 북아프리카 튀니스에서 알리 베이가 스스로 세습 총독이 되었다.

1651년 잉글랜드가 대서양의 세인트헬레나섬을 점령했다.

1652년 네덜란드가 남아프리카에 희망봉을 세웠다.

남아프리카의 네덜란드 농가

1656~1661년 오스만 제국의 재상 모함메드 코프륄뤼가 제국의 쇠퇴를 막았다.

1656년 네덜란드가 실론섬에서 포르투갈인들을 몰아냈다.

1656~1707년 무굴 제국 최후의 대제 아우랑제브의 시대. 그는 아버지인 샤자한을 폐위시키고 칸다하르, 카불, 데칸 지방을 정복했다. 무굴 제국은 그의 시대에 영토가 가장 넓게 확대되었지만, 차츰 쇠퇴기에 접어들었다.

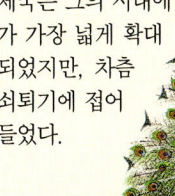
황제의 궁전에서 기르던 공작

무굴 제국의 축제용 코끼리들

1659년 프랑스가 세네갈 해안에 무역 기지를 세웠다.

동아시아, 오스트랄라시아

1641년 네덜란드가 포르투갈로부터 말라카를 빼앗고 동인도 제도의 무역을 장악했다.

1641년 일본이 다른 나라와 교역을 하지 않고, 오직 네덜란드에 교역을 허가했다. 네덜란드는 나가사키 근해의 섬에 한 개의 교역 기지를 통해 일본과 교역을 유지했다.

나가사키만

1642년 네덜란드 탐험가 아벌 타스만이 판디멘스랜드(태즈메이니아)와 뉴질랜드를 발견했다.

1643년 아벌 타스만이 피지 제도를 발견했다.

1644년 아벌 타스만이 오스트레일리아 북부와 서부 해안을 탐험했다.

청나라

1627년에 중국 북부의 만주인이 자신들의 근거지인 만주의 선양에서 중국의 다른 지역들로 영토를 넓히기 시작했다. 1636년에는 중국에 새 왕조 청나라를 세웠다. 그러는 동안 중국의 명나라에서는 반란이 계속 일어났다. 1644년에 도적떼가 베이징을 점령하고 명나라를 무너뜨렸다. 그러자 명나라 사람들이 청나라에 도적떼를 물리쳐 줄 것을 부탁했다. 1652년에는 청나라가 중국 대부분을 통치하게 되었다. 그들은 베이징을 수도로 삼고, 1912년까지 중국을 다스렸다.

명나라와 청나라 시대 중국의 국경

1648년 러시아의 카자크인 탐험가 데주뇨프가 베링 해협을 발견했다.

아메리카

1640년

1642년 프랑스가 캐나다에 몬트리올을 세웠다.

캐나다의 모피 무역은 계속 성장했다. 다음은 모피를 얻기 위해 사냥한 동물들이다.

담비

비버

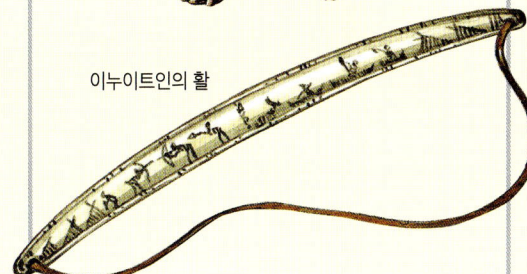
수달

이누이트인의 활

1643년 아메리카에 뉴햄프셔가 세워졌다.

1644년 로드아일랜드가 매사추세츠만 식민지에서 분리되었다.

1648년 프랑스가 카리브해의 생마르탱, 생바르텔레미, 생크루아, 레생트, 마리 갈랑트, 세인트루시아, 그레나다섬에 정착지를 건설했다.

1648~1653년 북아메리카에서 이로쿼이인과 휴런인, 알공킨인이 전쟁을 벌였다.

1650년 무렵 북아메리카 13개 식민지의 인구가 6만 명에 이르렀다.

1651년 메인이 매사추세츠만 식민지에 병합되었다.

1654년 잉글랜드인과 프랑스인이 카리브해에 처음으로 사탕수수 대농장을 건설했다. 그리고 노동력을 얻기 위해 서아프리카에서 노예를 수입했다.

1655년 잉글랜드가 스페인으로부터 자메이카를 빼앗았다.

1655년 프랑스가 아이티를 점령했다.

1659년

59

남유럽과 서유럽

1660년

1660년 찰스 2세가 잉글랜드, 스코틀랜드, 아일랜드의 왕위를 되찾았다.(왕정복고)

루이 14세(태양왕)

1661년에 루이 14세는 22세의 나이로 프랑스의 정부를 통솔하게 되었다. 루이 14세의 통치 시절 프랑스는 유럽의 강대국이 되었고, 궁정에서는 문학, 미술, 연극, 음악이 발전했다. 그는 여러 차례의 군사 원정으로 프랑스의 영토를 넓혔고, 이웃 나라들은 프랑스에 적대감과 두려움을 품게 되었다. 콜베르 장관(1619~1683년)이 경제 구조를 근대화하는 데 성공하면서 루이는 절대 권력을 누리며 귀족을 장악할 수 있었다. 그가 내세운 절대주의, 즉 국가의 권력은 군주 한 사람에게 집중되어야 하고, 군주는 누구에게도 응답할 의무가 없다는 사상은 다른 유럽의 통치자들에게 영향을 주었다.

루이 14세

루이 14세는 '태양왕'이라는 별명이 있었다. 왼쪽은 베르사유 궁전 내 태양 장식이다.

1661년 아일랜드의 과학자 로버트 보일이 화학 원소를 정의했다.

1664년 프랑스가 동인도 회사를 세웠다.

1665~1667년 잉글랜드와 네덜란드의 2차 무역 전쟁이 브레다 평화 조약으로 끝났다.

1665년 포르투갈이 잉글랜드의 도움을 받아서 스페인으로부터 독립하고, 리스본 조약(1668년)으로 승인을 받았다.

1665년 잉글랜드의 과학자 아이작 뉴턴(1642~1727년)이 중력을 발견했다.

1665년 잉글랜드 런던에 큰 역병이 돌았다.

런던 대화재

1666년 런던에 대화재가 발생했다.

1668년 아이작 뉴턴이 반사 망원경을 발명했다.

1670년 찰스 2세가 루이 14세와 비밀리에 도버 조약을 맺어서, 네덜란드와 전쟁을 하고 잉글랜드에 가톨릭을 다시 들여올 지원금을 받았다.

1672~1674년 잉글랜드와 네덜란드의 3차 무역 전쟁이 벌어졌다.

1672~1678년 프랑스와 네덜란드의 전쟁이 나이메헨 평화 조약으로 마무리되었다.

1672~1702년 네덜란드에서 오라네 공 빌럼 3세가 총독을 세습했다.

1679년 잉글랜드 의회가 찰스 2세의 동생이자 가톨릭 교인인 요크 공 제임스가 왕이 되지 못하도록 하는 법안을 통과시켰다. 그러자 찰스 2세가 의회를 해산했다.

1679년

북유럽과 동유럽

1660년 스웨덴, 폴란드, 브란덴부르크, 신성 로마 제국 사이에 벌어졌던 전쟁이 올리바 조약으로 끝났다.

1660년 브란덴부르크가 프로이센의 통치권을 얻었다.

프로이센 보병

1660~1697년 카를 11세가 스웨덴을 통치했다.

1661년 스웨덴 스톡홀름에서 유럽 최초의 은행권(은행 지폐)이 발행되었다.

1663~1699년 오스만 제국이 중부 유럽을 침략했다.

1664년 오스만 제국이 헝가리를 침략해 점령했다.

1667년 러시아와 폴란드의 13년 휴전이 끝났다. 키예프가 러시아에 할양되었다.

스웨덴의 옛 은행권

1669년 베네치아가 크레타를 오스만 제국에 할양했다. 베네치아의 식민국 시대가 끝났다.

1670년 우크라이나의 카자크인과 농민들이 폴란드에 반란을 일으켰지만, 폴란드의 지도자 얀 3세 소비에스키에게 진압되었다.

1671년 오스만 제국이 카자크인을 지원하며 폴란드에 전쟁을 선포했다.

춤추는 카자크 군인들

1672년 오스만 제국과 카자크가 폴란드를 침략했다. 폴란드는 포돌리아와 우크라이나를 포기했다.

1673년 폴란드가 호틴 전투에서 오스만 제국을 물리쳤다.

1674년 폴란드에서 얀 3세 소비에스키가 왕으로 뽑혔다.

1675년 브란덴부르크의 선제후가 페어벨린 전투에서 스웨덴을 물리쳤다.

1676년 폴란드와 오스만 제국의 전쟁이 주라우노 평화 조약으로 끝났다. 오스만 제국이 폴란드령 우크라이나를 얻었다.

1676년 스웨덴이 룬드 전투에서 덴마크를 물리쳤다.

1677년 스웨덴이 로스토크와 란드스트룀 전투에서 덴마크를 물리쳤다.

1677~1679년 러시아와 터키가 전쟁을 일으켰다. 러시아는 라드진 조약을 통해 터키로부터 우크라이나 땅 대부분을 빼앗았다.

1678년 러시아와 스웨덴이 전쟁을 벌였다.

1679년 스웨덴과 브란덴부르크가 평화 조약을 맺었다.

17세기 1660년~1679년

아프리카, 중동, 인도

1660~1670년 무렵 서아시아 나이저강 상류에 밤바라족이 왕국을 세웠다.

1661년 포르투갈이 북아프리카의 탕헤르를 잉글랜드에 양도했다.

1665년 포르투갈이 암부일라 전투에서 중앙아프리카의 콩고 왕국을 무너뜨렸다.

1666~1668년 인도에서 내전이 일어났다.

콩고 왕국의 조각상

1668년 잉글랜드의 동인도 회사가 인도 봄베이를 장악했다.

1669년 인도에서 아우랑제브가 힌두교를 금지하고 힌두교인을 박해했다.

1672년 잉글랜드의 왕립 아프리카 회사가 기니 회사와 합병했다. 서아프리카 무역이 증가했다.

1674년 프랑스가 인도 퐁디셰리에 무역 기지를 세웠다.

1674년 마라타인의 지도자 시바지 본슬라가 무굴 제국과 갈라서고 인도에 마라타인의 나라를 세웠다.

1676년 인도에서 힌두교의 개혁 종파인 시크교인이 봉기를 일으켰다.

시크교의 성지인 암리차르 황금 사원

동아시아, 오스트랄라시아

1661년 예수회의 신부인 요한 그루버와 알베르 도빌이 베이징에서 인도의 아그라까지 찾아갔고, 유럽인 최초로 티베트의 라사를 방문했다.

티베트 라사의 포탈라 궁전. 티베트의 정치 및 종교 지도자 달라이 라마가 사는 곳이다.

1661~1688년 시암이 나라이 왕의 통치를 받았다. 나라이 왕은 프랑스에 네덜란드의 무역 독점을 막아줄 것을 요청했다. 이 일로 나라이 왕은 사람들의 불만을 사서 그의 왕조가 무너졌고, 프랑스 군대가 쫓겨났다.

1662~1722년 중국 청나라에서 강력한 황제 강희제가 나라를 통치했다.

청나라 황제 강희제

1663년 프랑스 선교사가 베트남에 파견되었다.

1667년 네덜란드가 자와에 영토를 확장했다.

1679년 베트남과 캄보디아가 전쟁을 벌였다. 캄보디아가 메콩강 삼각주를 잃었다.

아메리카

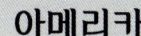
1660년

1663년 유럽인들이 캐롤라이나 지역에 정착했다.

1665년 잉글랜드가 네덜란드로부터 뉴네덜란드(뉴욕과 뉴저지)와 카리브해의 섬들을 획득했다.

1670년 잉글랜드가 캐나다 허드슨만의 땅을 차지하기 위해서 허드슨만 회사를 세웠다. 이 회사는 모피 무역지인 루퍼트 랜드를 차지했다.

1673년 프랑스의 탐험가 자크 마르케트와 루이 졸리에가 미시시피강 수원지에 이르렀다.

1674년 캐나다 퀘벡의 대농장들이 프랑스의 왕령 식민지가 되었다.

1675~1676년 뉴잉글랜드에서 식민 개척자들과 아메리카 원주민 사이에 전쟁이 일어났다. 식민 개척자들이 북아메리카 해안을 장악했다.

1679년 프랑스 탐험가 로베르 드 라 살이 오대호를 탐험했다.

오대호의 지도

로베르 드 라 살이 탐험한 나이아가라 폭포

1679년

남유럽과 서유럽

1680년

1685년 프랑스에서 낭트 칙령이 철회되어서, 50만 명의 위그노 교인이 프랑스를 떠났다.

1685년 잉글랜드에서 가톨릭 교인인 제임스 2세가 왕이 되었다. 프로테스탄트 교인들이 봉기를 일으켜서 찰스 2세의 사생아 몬머스 공작을 왕으로 세우려고 시도했지만 실패했다.

1686년 신성 로마 제국, 스페인, 스웨덴, 작센, 바이에른, 팔츠가 프랑스에 대항하기 위해 아우크스부르크 동맹을 맺었다.

1687년 아이작 뉴턴이 세 가지 운동 법칙과 중력 이론을 담은 책 『프린키피아』를 발간했다.

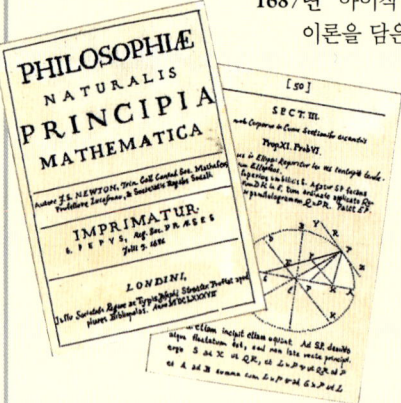

뉴턴의 『프린키피아』(왼쪽)

뉴턴의 제3 운동 법칙을 설명하기 위해 고안된 장치(아래)

1688~1689년 잉글랜드에서 명예 혁명이 일어났다. 잉글랜드의 상원 의회가 네덜란드의 오라녜 공 빌럼 3세에게 잉글랜드에 가톨릭 왕국이 세워지는 것을 막아 달라고 부탁했다. 결국 잉글랜드의 왕 제임스 2세는 프랑스로 달아났고, 빌럼 3세는 잉글랜드의 왕 윌리엄 3세가 되었다. 윌리엄 3세는 아내 메리(제임스 2세의 딸인 메리 2세)와 함께 나라를 통치했다.

잉글랜드의 오렌지 공 윌리엄 3세와 그의 아내인 메리 2세

1688~1697년 프랑스와 아우크스부르크 동맹 간 전쟁이 일어났다.

1689년 잉글랜드 의회가 제임스 2세를 퇴위시켰다. 또한 '권리 장전'을 통해 의회의 권리를 보호하고 가톨릭 교인의 제위를 금지했다.

1690년 제임스 2세를 지지하는 아일랜드의 가톨릭 교인이 잉글랜드 군대와 보인 전투를 했으나 패배했다.

1692년 스코틀랜드 글렌코의 학살 사건 발생. 가톨릭 교인 제임스 2세를 지지하는 맥도널드 가문이 프로테스탄트 교인 윌리엄 3세를 지지하는 캠벨 가문에게 학살 당했다.

1694~1778년 프랑스의 작가이자 철학자 볼테르의 생애. 그는 『캉디드』를 썼다.

1697년 아우크스부르크 동맹 전쟁이 라이스바이크 조약으로 끝났다. 프랑스가 윌리엄 3세를 잉글랜드 왕으로 인정하고, 프로테스탄트 교인인 앤 여왕의 왕위 계승도 인정했다.

1698년 잉글랜드, 프랑스, 연합주와 신성 로마 제국이 스페인의 왕위 계승을 인정했다. 스페인의 카를로스 2세가 유언을 작성해서, 바이에른 선제후에게 영지를 물려주겠다고 했다.

1699년

1699년 바이에른의 선제후가 사망했다.

북유럽과 동유럽

1682년 에드먼드 핼리가 핼리 혜성을 목격했다. 핼리 혜성은 1066년 헤이스팅스 전투 전, 1531년, 1607년에도 나타났다.

헤이스팅스 전투 후 만들어진 바이외 태피스트리에 핼리 혜성이 담겼다.

1682년 러시아에서 표트르 대제(아래 참고)가 10세에 왕위에 올랐고, 소피아 공주가 섭정을 했다.

1683년 오스만 제국의 마지막 빈 공격이 실패했다. 유럽에서 오스만 제국의 위력은 약해지고 오스트리아의 힘이 커졌다.

1683년 교황 인노켄티우스 11세가 오스만 제국에 맞서 싸우기 위해 신성 동맹(신성 로마 제국, 폴란드, 베네치아)을 결성했다.

1687년 오스만 제국이 모하치 전투에서 패배하고 헝가리가 합스부르크 왕가에서 세습하는 영지가 되었다.

표트르 대제

표트르 대제(1689~1725년)는 러시아 역사에 손꼽히는 통치자였다. 그는 1682년에 10살의 나이로 황제가 되었고, 겨우 17세가 된 1689년부터 단독 통치를 했다. 그의 지도 아래 러시아는 유럽의 주요 강국으로 성장했다. 표트르 대제는 러시아 해군을 창설하고, 육군을 강화했으며, 러시아의 영토를 넓혔다. 또한 수도를 발트해 근처의 상트페테르부르크로 옮겨서 '서유럽을 향하는 창'을 열었다. 표트르 대제의 개혁으로 러시아는 강해지고 근대화되었다. 교육이 발전되고 새로운 산업과 기술이 도입되었다. 그럼에도 불구하고 대부분의 국민은 계속 농노로 살았기 때문에, 러시아 발전의 혜택을 거의 누리지 못했다.

표트르 대제

상트페테르부르크의 겨울 궁전

1690년 오스만 제국이 오스트리아 제국에 반격을 펼쳐서 세르비아의 베오그라드를 점령했다.

1691년 오스만 제국과 오스트리아가 전쟁을 계속했다. 오스만 제국이 슬랑카멘에서 패배했다. 오스트리아의 합스부르크 왕가가 트란실바니아를 정복했다.

1695~1706년 러시아와 오스만 제국이 전쟁을 벌인 결과 러시아가 흑해 연안의 요새 아조프와 대륙 동쪽의 캄차카반도를 점령했다.

1697년 세르비아 젠타 전투에서 사보이 공 외젠이 오스만 제국을 물리쳤다.

1699년 오스트리아가 카를로비츠 조약으로 오스만 제국으로부터 헝가리, 크로아티아, 트란실바니아를 되찾았다. 폴란드는 오스만 제국으로부터 우크라이나를 빼앗았다. 베네치아는 펠로폰네소스와 포돌리아를 얻었다.

17세기 1680년~1699년

아프리카, 중동, 인도

1680년 인도 마라타인의 위대한 지도자 시바지 본슬라가 사망했다.

시바지 본슬라

1680~1708년 프랑스가 마다가스카르와 나이지리아에서 무역 거래량을 늘렸다.

1681년 인도에서 악바르 왕자가 아버지 아우랑제브에 반란을 일으켰다가 실패하고 데칸 지방으로 도망쳤다.

1686년 마다가스카르가 프랑스 동인도 회사에 합병되었다.

1687년 잉글랜드의 동인도 회사가 본부를 수라트에서 봄베이로 옮겼다.

1690년 무렵 무굴 제국의 영토가 가장 넓게 팽창했다.

1690년 잉글랜드가 인도 콜카타에 무역 기지를 세웠다.

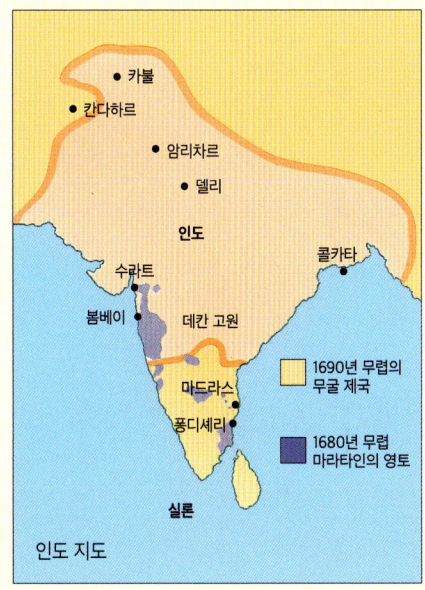

인도 지도

1697~1712년 서아프리카에 아샨티 왕국이 세력을 키웠다.

아샨티 왕국은 금 공예품으로 유명했다.

동아시아, 오스트랄라시아

1680년 동인도 제도의 네덜란드 영토들이 한데 합해졌다.

1683년 만주인이 타이완을 정복했다.

1683년 중국 광둥이 네덜란드 무역상에게 문호를 열었다.

1684년 네덜란드가 자와를 장악했다.

1685년 중국 항구들이 문호를 개방해 외국과 무역을 했다.

바닥이 평평한 배, 일명 정크선의 모습을 담은 중국 목판화

1688년 시암의 나라이 왕이 사망했다. 시암은 1850년대까지 고립주의 정책을 유지했다.

코끼리를 탄 나라이 왕

1688년 잉글랜드 모험가 윌리엄 댐피어가 오스트레일리아를 탐험했다.

1697년 중국이 몽골 서부를 정복했다.

1698년 프랑스가 중국에 외교 공사를 최초로 파견했다.

1699년 댐피어가 이끈 태평양 탐험대가 남태평양에 대해 많은 사실을 발견했다.

윌리엄 댐피어는 대니얼 디포의 소설 『로빈슨 크루소』의 모델로 추측된다.

아메리카

1680년 포르투갈이 우루과이의 콜로니아 델사크라멘토에 식민지를 건설했다.

1681년 잉글랜드의 퀘이커 교인 윌리엄 펜이 펜실베이니아에 식민지 건설 허가를 받았다.

1682년 프랑스 탐험가 로베르 드 라 살이 세인트루이스를 세우고 미시시피 계곡을 차지했다.

미시시피강을 탐험하는 로베르 드 라 살

1683년 윌리엄 펜이 퀘이커의 식민지인 펜실베이니아와 필라델피아를 건설했다. 그는 아메리카 원주민과 조약을 맺어서 펜실베이니아의 평화를 유지했다.

북아메리카 원주민은 평화 조약을 맺고 나면 흔히 위와 같은 '평화의 파이프' 담배를 피웠다.

1684년 버뮤다가 잉글랜드의 왕령 식민지가 되었다.

1688년 독일 출신 퀘이커 교인들이 북아메리카 최초로 노예제 반대 시위를 했다.

1691년 매사추세츠가 플리머스의 식민지를 흡수했다.

1691년 캐롤라이나가 남북으로 갈라졌다.

1691년 잉글랜드가 자메이카에 킹스턴을 세웠다.

1699년 프랑스가 루이지애나를 세웠다.

초기 식민 개척자들은 곰의 공격에 꼼짝 못하는 경우가 많았다.

18세기

1700년~1799년

남유럽과 서유럽

1700년

스페인 왕위 계승 전쟁

스페인의 카를로스 2세가 자식 없이 죽자 누가 왕위를 물려받을지를 두고 유럽의 주요 나라들이 스페인 왕위 계승 전쟁(1701~1714년)을 벌였다. 스페인은 이탈리아와 네덜란드에 영토가 있고 아메리카 대륙에도 풍요로운 식민지가 많았기 때문에, 스페인의 왕위는 탐낼 만한 자리였다. 프랑스 부르봉 왕가의 필리프(루이 14세의 손자)와 오스트리아 합스부르크 왕가의 카를로스(레오폴트 황제의 아들)가 서로 왕위 계승을 주장했다. 잉글랜드와 네덜란드는 프랑스의 힘이 더 커지는 것을 막기 위해 오스트리아와 동맹을 맺었고, 포르투갈과 사부아도 이에 합세했다. 오스트리아 동맹군은 여러 전투에서 큰 승리를 거두었다. 하지만 1711년에 카를로스가 황제가 되면서 유럽 세력의 균형을 위협하자, 잉글랜드와 네덜란드는 반대로 필리프를 지원했다. 결국 필리프가 위트레흐트 평화 조약(1713~1714년)을 통해 프랑스 왕위를 포기하는 대신 스페인의 왕위에 올라 펠리페 5세가 되었다. 즉 스페인이 프랑스와 연합하지 않는다는 조건이 있었다.

왕위를 주장하는 가문들의 방패 문양

1702~1714년 앤 여왕이 잉글랜드를 통치했다. 앤 여왕은 스튜어트 왕조의 마지막 왕이었다.

1704년 잉글랜드가 스페인으로부터 지브롤터를 빼앗았다.

1704년 말보로 공작과 사부아의 외젠 공이 이끄는 잉글랜드·오스트리아 연합이 블렌하임 전투에서 프랑스와 바이에른의 빈 침략을 막았다.

말보로 공작

1706년 잉글랜드의 엔지니어 토머스 뉴커먼이 석탄 광산에서 쓸 최초의 실용적 증기 기관을 발명했다.

1707년 잉글랜드와 스코틀랜드가 통합해서 영국이 되었다.

당시 유니언 잭

1709년 이탈리아인 바르톨로메오 크리스토포리가 최초의 피아노를 만들었다.

1710년 런던에 세인트폴 성당이 완성되었다.

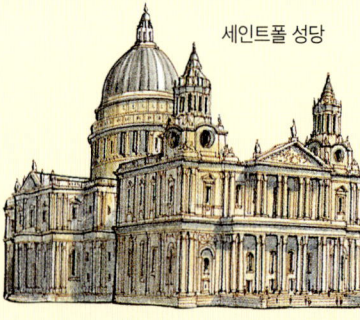

세인트폴 성당

1712~1778년 프랑스 작가이자 철학자인 장 자크 루소의 생애.

1714~1727년 조지 1세가 영국을 통치했다. 그는 독일 하노버 가문에서 나온 첫 왕이었다.

1715년 스코틀랜드에서 제임스 2세의 아들인 제임스 에드워드를 지지한 정치 세력인 '재커바이트'가 봉기를 일으켰다.

1718년 오스트리아, 영국, 프랑스, 네덜란드가 스페인에 대항해서 4국 동맹을 이루었다.

1719년

북유럽과 동유럽

1700년 무렵 유럽에서 바흐(1685~1750년), 헨델(1685~1759년), 비발디(1675~1741년) 등의 활약으로 바로크 음악이 유행했다.

바로크 음악의 인기 악기인 바이올린

바로크 오케스트라의 악기 목록

1700~1721년 러시아와 스웨덴이 발트해의 지배권을 두고 북방 전쟁을 벌였다. 스웨덴이 1700년에 나르바 전투에서 러시아를 물리치고, 1701~1702년에 폴란드를 침략했다.

1701년 브란덴부르크 선제후 프리드리히 3세가 스스로 '프로이센의 왕(1701~1713년)'으로 즉위해 프리드리히 1세가 되었다.

1703년 러시아의 표트르 대제가 상트페테르부르크를 세웠다.

상트페테르부르크의 모습을 담은 판화

1703~1711년 헝가리인들이 오스트리아에 맞서 반란을 일으켰다.

1706년 폴란드의 아우구스트 2세가 알트란슈테트 조약으로 왕위에서 물러나고, 스타니스와프 레슈친스키가 왕이 되었다.

1708~1709년 스웨덴의 카를 12세가 러시아를 침략했다가 폴타바 전투(1709년)에서 패배했다.

1709년 폴란드에서 아우구스트 2세가 왕위를 되찾았다.

1710~1711년 러시아와 오스만 제국이 전쟁을 벌였다.

1710년 러시아가 스웨덴의 발트해 지방을 정복했다.

1712년 러시아의 수도로 상트페테르부르크가 정해졌다.

1713~1740년 프리드리히 빌헬름 1세가 프로이센을 통치했다. 프로이센이 군사 강국으로 발전했다.

1716~1718년 터키와 오스트리아의 전쟁이 파사로비츠 조약으로 끝났다. 터키가 베오그라드를 오스트리아에 양도했고, 헝가리는 오스트리아로부터 해방되었다.

1718년 독일 과학자 가브리엘 파렌하이트가 수은 온도계를 발명했다.

1719년 러시아가 스웨덴을 침략했다. 덴마크, 스웨덴, 프로이센, 영국이 러시아에 맞서 연합을 맺었다.

18세기 1700년~1719년

아프리카, 중동, 인도

1700년 무렵 서아프리카에 아샨티인의 두 왕국 베냉과 오요가 번성했다. 아샨티인은 황금 공예로 유명했다. 요루바 왕국이 쇠퇴했다.

아샨티의 가죽과 놋쇠로 만든 방패

황금 수탉

1700년 무렵 동아프리카에서 반투인이 부간다 왕국을 일으켰다.

1700년 무렵 오만이 잔지바르를 장악하고 동아프리카 해안 곳곳에 세력을 늘렸다. 반면 포르투갈 세력은 쇠퇴했다.

1705년 튀니스에서 오스만 제국의 지배력이 약해지고, 후사인 이븐 알리의 후사인 왕조가 들어섰다.

1707년 무굴 제국이 아우랑제브가 죽고 나서 흩어졌다.

1708년 영국 동인도 회사의 인도 영토가 벵골, 마드라스, 봄베이로 갈라졌다.

1708년 에티오피아에 혁명이 일어났다.

1709~1711년 아프간인들이 페르시아 영주에 항거하며 아프간 독립 국가를 세웠다.

1711년 리비아의 트리폴리가 오스만 제국으로부터 독립했다.

1712~1755년 서아프리카의 나이저강 상류에 밤바라인들의 여러 왕국이 성장했다.

1714년 리비아의 아흐메드 베이가 트리폴리에 카라만리 왕조를 세웠다.

1714~1720년 인도 중부의 힌두교를 믿는 마라타인 영주들이 인도 북부로 영토를 넓혔다.

1715년 프랑스가 모리셔스의 지배권을 차지했다.

마라타 군인

동아시아, 오스트랄라시아

1700년 영국 동인도 회사가 보르네오에 기지를 세웠다.

1700년 영국 탐험가 윌리엄 댐피어가 뉴기니 북부 해안을 발견했다.

1707년 일본의 후지산이 마지막 폭발을 일으켰다.

1714~1733년 버마에서 타닝간웨이 민 왕이 나라를 통치했다. 버마의 문화가 꽃피고 국력이 강해졌다.

1715년 중국 청나라가 몽골과 동투르키스탄을 정복했다.

1715년 영국 동인도 회사가 중국 광둥에 첫 공장을 지었다.

18세기의 광둥 항구

1716년 중국 청나라의 강희제가 기독교를 금지했다.

1716~1745년 일본에서 도쿠가와 시무네가 쇼군을 지냈다.

1717년 말레이 슬랑고르의 부기인이 조호르까지 세력을 넓혔다.

아메리카와 태평양

1700년

1701년 프랑스가 일리노이에서 무역을 하기 위해 디트로이트에 기지를 세웠다.

1701년 코네티컷의 뉴헤이븐에 예일 대학이 세워졌다.

1701년 프랑스가 누벨프랑스(오늘날 캐나다 일부)에서 아메리카 원주민과 평화 조약을 맺었다.

막대와 공을 사용하는 라크로스는 아메리카 원주민의 놀이였다.

1703년 델라웨어가 영국의 식민지가 되었다.

1704년 매사추세츠의 디어필드에서 프랑스인과 북아메리카 원주민이 영국 식민 개척자들을 학살했다.

1709년 독일 식민 개척자들이 북아메리카에 처음 도착했다.

1713년 영국이 프랑스로부터 노바스코샤, 허드슨만, 뉴펀들랜드를 얻었다.

1714~1716년 누벨프랑스에서 프랑스인과 아메리카 원주민이 전쟁을 벌였다.

1718년 프랑스가 뉴올리언스를 세웠다.

노예 무역

18세기 초부터 19세기 초까지 수백만 명의 서아프리카 사람들이 아메리카와 카리브해에 노예로 팔려 가서 사탕수수와 목화 농장에서 일했다. 노예들이 탄 배는 비좁고 불결하고 너무 더웠기 때문에, 배를 타고 가다 죽은 사람만 백만 명이 넘었다.

노예를 빽빽이 실은 노예 무역선을 묘사한 그림

목화솜

1719년

남유럽과 서유럽

1720년

1720년 남해 거품 사건 발생. 영국에서 남해 회사가 도산하면서 경제공황이 일어났다.

1720년 프랑스에서 존 로의 미시시피 회사가 도산했다. 이로 인해 프랑스 경제가 파산했다.

1721~1742년 영국에서 로버트 월폴이 초대 총리를 지냈다.

로버트 월폴

1725년 스페인의 왕 펠리페 5세와 신성 로마 제국을 다스린 오스트리아의 카를 6세가 빈 조약을 맺었다. 펠리페 5세는 '국사 조칙'을 승인해서, 카를 6세의 딸 마리아 테레지아의 제위 계승을 허락했다.

1726년 러시아가 오스트리아와 동맹을 맺었다.

1727~1729년 스페인과 영국이 지브롤터를 두고 전쟁을 벌였다.

1730년 무렵 로코코 양식이 최고의 인기를 누렸다. 이는 건축물과 가구를 소용돌이와 조개 무늬 등으로 화려하게 장식하는 예술 양식이었다.

로코코 양식 가구와 장식품

1733년 프랑스와 스페인 부르봉 가문이 협정을 맺었다.

1733년 영국의 발명가 존 케이가 '플라잉 셔틀(씨실을 넣어 천을 짜는 기계)'을 발명했다.

1734년 프랑스가 로렌 지방을 침략했다.

1734년 스페인이 나폴리 왕국을 점령했다.

1737년 토스카나 대공의 사망으로 메디치 가문의 피렌체 지배가 끝났다.

1739년 영국 옥스퍼드에서 존 웨슬리와 찰스 웨슬리가 감리교를 세웠다. 존은 전국으로 설교 여행을 다녔고, 특히 가난한 사람들에게 설교했다.

1739년 영국과 스페인이 '젠킨스의 귀 전쟁'을 벌였다. 이 전쟁은 젠킨스라는 영국인 선장이 스페인인들의 침략으로 자신의 귀가 잘렸다고 주장한 데서 비롯되었다.

영국이 스페인과의 전쟁에 사용한 전함 센추리온 호

1739년

북유럽과 동유럽

1720년 스웨덴, 프로이센, 하노버, 덴마크, 사부아, 폴란드가 스톡홀름 조약을 맺었다.

1721년 러시아와 스웨덴의 전쟁이 니슈타트 평화 조약으로 끝났다. 러시아가 카렐리야의 일부와 에스토니아, 리보니아를 얻었고, 스웨덴의 발트해 지배를 끝냈다. 표트르 대제가 러시아의 황제로 선포되었다.

표트르 대제 군대의 용기병

1722~1723년 러시아와 터키가 전쟁을 벌였다. 그 결과 러시아가 카스피해 지역을 차지했다.

1725년 영국, 프랑스, 프로이센, 스웨덴, 덴마크, 네덜란드가 하노버 조약으로 동맹을 맺었다.

1725~1727년 러시아에서 표트르 대제가 죽자 그의 아내 예카테리나 1세가 나라를 통치했다.

러시아의 예카테리나 1세

1732년 프로이센의 프리드리히 빌헬름이 군사와 행정을 개혁했다.

1733년 작센 선제후이자 폴란드 왕인 아우구스트 2세가 사망했다.

1733~1738년 폴란드 왕위 계승 전쟁. 프랑스와 스웨덴은 스타니스와프 레슈친스키를 지지하고, 오스트리아와 러시아는 아우구스트 2세의 아들을 지지했다. 빈 조약으로 전쟁이 끝났고, 아우구스트 3세가 왕위에 올랐다.

1735~1739년 러시아와 터키가 전쟁을 벌였다. 러시아가 흑해의 항구 아조프를 얻어서 영토를 흑해까지 넓혔다.

러시아 영토의 팽창 과정을 보여 주는 지도

18세기 1720년~1739년

아프리카, 중동, 인도

1721년 프랑스가 모리셔스를 합병했다.

1722~1730년 아프간인들이 페르시아를 침략해서 사파비 왕조를 끝냈다. 그러나 1730년 아프간인들이 밀려났다.

1723년 영국 아프리카 회사가 감비아에 있는 땅을 차지했다.

1724년 인도의 하이데라바드가 무굴 제국으로부터 독립했다.

1727년 모로코의 통치자 물라이 이스마일이 죽자, 혼란의 시대가 이어졌다.

1729년 포르투갈이 아랍인에게 몸바사를 빼앗겼다.

1731~1743년 서아프리카의 카노와 보르누 사이에 전쟁이 벌어졌다. 보르누의 술탄이 카노의 통치자가 되었다.

보르누 기병

1735년 프랑스 동인도 회사가 모리셔스에서 설탕 사업을 시작했다.

사탕수수

1736~1747년 페르시아에서 나디르 칸이 나라를 다스렸다.

1737년 마라타가 인도 북부로 세력을 넓혔다.

1737~1739년 페르시아의 나디르 칸이 인도 북부와 서부, 아프가니스탄을 점령하고 델리를 침략했다. 그는 무굴 제국 자한 황제의 '공작 왕좌'를 페르시아로 다시 가져갔다.

1739년 영국이 마라타인과 조약을 맺어 데칸 지방에서 무역을 할 수 있게 되었다.

동아시아, 오스트랄라시아

1720년 중국이 티베트를 정복했다.

판다는 중국 북동부와 티베트의 고유한 동물이다.

1721년 중국이 타이완의 반란을 진압했다.

1726년 프랑스가 세이셸 제도에 식민지를 건설했다.

1727년 러시아와 중국이 조약을 맺어 국경을 확정했다.

중국 무역

17~18세기에 중국의 광둥 항구에서는 무역이 활발히 이루어져 중국의 차, 비단, 도자기, 공예품이 유럽으로 수출되었다. 중국 물품은 유럽에서 인기가 높아졌지만, 중국은 서양 물건에 관심이 없어서 물품 값을 항상 은으로 쳐 줄 것을 요구했다.

1736~1796년에 중국 청나라는 강력한 황제 건륭제가 다스렸다. 그의 시절에 중국은 번성하고 인구가 증가했다. 하지만 유럽 선교사들과 인도에서 수입하는 아편은 사람들의 반감을 샀다. 이런 긴장은 결국 아편 전쟁(81쪽 참고)이 터지는 원인이 되었다.

차, 비단, 비취는 중국이 유럽으로 수출한 주요 물품이었다.

아메리카와 태평양

1720년

1721~1722년 네덜란드의 탐험가 야코프 로헤베인이 태평양에서 사모아섬, 솔로몬제도, 이스터섬을 발견했다.

이스터섬의 모아이 석상

1726년 스페인이 우루과이의 몬테비데오에 첫 식민지를 건설했다.

1727년 브라질에서 커피 재배가 시작되었다.

1727년 개신교의 교파인 퀘이커 교인들이 노예제 폐지를 요구했다.

1728년 네덜란드의 탐험가 비투스 베링이 러시아와 아메리카 사이 베링 해협을 발견했다.

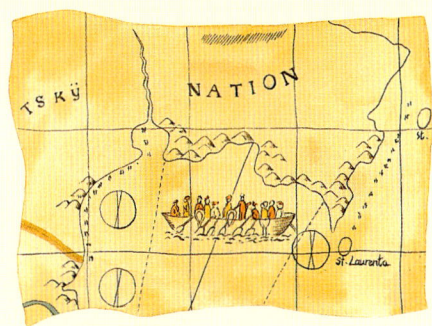

베링이 그린 지도의 일부

1729년 사우스캐롤라이나, 노스캐롤라이나가 영국의 왕령 식민지가 되었다.

1730년 뉴욕에 최초의 사탕수수 정련소가 건설되었다. 카리브해의 사탕수수 대농장들이 아프리카에서 수입한 노예들의 노동력을 통해 성공을 거두었고 설탕 무역이 증가했다.

1733년 조지아가 건설되면서 '13개 식민지'가 자리를 잡았다.

1737년 버지니아에 리치먼드 도시가 세워졌다.

사탕수수 대농장

1739년

남유럽과 서유럽

마리아 테레지아

1740년에 오스트리아의 신성 로마 제국 황제 카를 6세가 죽자, 그의 딸 마리아 테레지아가 오스트리아의 여공작 겸 보헤미아와 헝가리의 여왕이 되었다. 제국은 쇠퇴하기 시작했고 경제도 파산이었던 상태에서 마리아 테레지아는 근대 역사에 손꼽히는 뛰어난 통치를 이루었다. 그는 오스트리아 왕위 계승 전쟁(1740~1748년)과 7년 전쟁(1756~1763년)에서 이겼고, 오스트리아를 안정된 강국으로 세웠다. 그의 오랜 통치 시기에 수도 빈은 유럽의 문화 중심지 중 하나가 되어서, 미술, 음악, 건축이 활발했고, 대규모 궁전들이 지어졌다. 마리아 테레지아의 궁정에서 활동한 음악가 가운데는 6살의 볼프강 아마데우스 모차르트도 있었다.

마리아 테레지아

1744년 프랑스와 영국이 유럽, 인도, 서인도 제도에서 전쟁을 벌였다. 이 전쟁은 1815년까지 계속되었다.

1744년 꼬리가 가장 많은 혜성으로 기록된 드셰조 혜성이 관측되었다. 이 혜성은 밝은 꼬리가 여섯 개 이상 있었다.

1745년 스코틀랜드에서 찰스 에드워드 스튜어트(미남 왕자 찰스)를 왕으로 만들려는 2차 재커바이트의 봉기가 일었다. 1746년에 잉글랜드가 컬로든 전투에서 재커바이트를 물리쳤다.

'미남 왕자' 찰스

1746년 프랑스가 오스트리아령 네덜란드(벨기에)를 점령했다. 1748년에 이 지역은 다시 오스트리아에게 돌아갔다.

1748년 프랑스 과학자 조르주 뷔퐁이 36권짜리 자연사 연구서를 발간했다. 그는 화석이 멸종한 생물의 증거라고 주장했다.

1748년 오스트리아 왕위 계승 전쟁이 엑스 라 샤펠의 평화 조약으로 끝났다.

1750~1777년 주제 1세가 포르투갈을 통치했다. 1775년부터는 총리 폼바우 후작이 사실상 군사 독재를 펼쳤다.

1751~1776년 프랑스의 사상가 드니 디드로가 당시의 모든 지식을 담겠다는 목표로 『백과전서』를 발간했다.

1755년 코르시카가 제노바의 통치에 반대해서 일어났다.

1755년 영국 문학가 새뮤얼 존슨이 『영어 사전』을 펴냈다.

1755년 포르투갈의 리스본이 지진으로 파괴되었다.

1756년 스코틀랜드의 화학자 조지프 블랙이 화학 약품을 가열해서 이산화탄소를 만들었다.

1756~1763년 오스트리아와 프로이센이 유럽에서 벌이던 경쟁과 영국과 프랑스가 아메리카에서 벌이던 경쟁이 7년 전쟁을 일으켰다. 오스트리아는 프랑스와, 영국은 프로이센과 동맹을 맺었다. 1759년에는 스페인이 프랑스·오스트리아 동맹에 합류했다.

프랑스 해군 사령관

북유럽과 동유럽

프리드리히 대왕

프로이센의 프리드리히 대왕(1740~1786년, 프리드리히 2세)는 뛰어난 군인이자 정치가였다. 그는 1772년까지 프로이센의 여러 영토를 통합해서, 프로이센을 오스트리아에 이어 두 번째로 강한 게르만 국가로 만들었다. 프리드리히 대왕은 음악 실력이 뛰어났으며, '계몽주의'에 관심이 많았다. 그는 모든 권력을 가진 절대 군주였지만 국민을 위해 나라를 근대화하고 강하고 효율적인 정부를 만들기 위해 노력했다. 이를 위해 교육, 농업, 산업을 장려하고, 공정한 법률 체계를 도입했으며, 고문과 검열을 철폐하고, 종교의 자유를 선언했다.

프리드리히의 왕관

프로이센의 군인

1740년 프로이센의 프리드리히 1세가 슐레지엔을 침략했다.

1741년 러시아의 이반 6세가 폐위되고 표트르 대제의 딸인 엘리자베타 여제(1741~1762년)가 뒤를 이었다. 독일의 영향력과 귀족들의 권력이 커졌다.

1741년 프랑스, 바이에른, 작센 군대가 프라하를 점령했다. 바이에른의 카를 알베르트가 보헤미아의 왕으로 승인 받았다.

1742년 스웨덴 과학자 안데르스 셀시우스가 섭씨온도계를 발명했다.

1744년 프로이센의 프리드리히 2세가 보헤미아를 침략했지만 오스트리아와 작센에 의해 밀려났다.

1745년 독일의 성직자 에발트 폰 클라이스트가 전기를 저장하는 라이덴 병을 발명했다.

라이덴 병

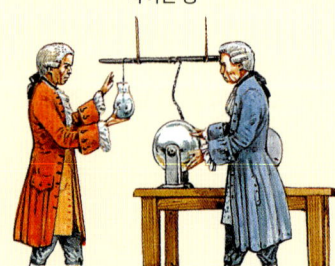

1746년 러시아와 오스트리아가 프로이센에 대항하는 동맹을 맺었다.

1747년 스웨덴이 프로이센과 동맹을 맺었다. 러시아는 영국과 동맹을 맺었다.

1749~1832년 독일의 시인, 소설가, 극작가인 요한 볼프강 폰 괴테의 생애.

1753년 스웨덴 식물학자 칼 폰 린네가 '식물 분류법'을 발표했다. 이는 현대 생물 분류의 출발점이 되었다.

린네가 펴낸 『자연의 체계』

1757년 러시아가 프랑스·오스트리아 동맹에 가담해서 동프로이센을 침략했다. 프로이센이 로스바흐와 로이텐에서 승리를 거두었다.

1759~1805년 독일의 시인, 극작가, 역사가인 요한 크리스토프 프리드리히 폰 실러의 생애.

18세기 1740년~1759년

아프리카, 중동, 인도

1740년 무렵 중앙아프리카에 룬다인이 카젬베 왕국을 세웠다.

1740~1756년 벵골이 무굴 제국으로부터 독립을 이루었다.

벵골 호랑이

1746년 프랑스가 영국으로부터 마드라스를 빼앗았다.

1746년 동아프리카 몸바사의 마즈루이 왕조가 오만으로부터 독립했다.

1747~1748년 서아프리카 요루바가 베냉의 다오메를 정복했다.

1748년 영국이 마드라스를 되찾았다. 인도에서 영국과 프랑스의 갈등이 점점 격렬해졌다.

1751년 영국 동인도 회사의 젊은 직원 로버트 클라이브가 아르코트에서 프랑스를 물리쳤다. 프랑스는 마드라스에서 세력을 잃었다.

1756년 콜카타의 블랙홀 사건 발생. 벵골의 지방 고관인 '나와브'가 영국인 146명을 좁은 감옥에 넣어서 많은 사람이 사망했다.

벵골의 나와브 샤 알람

1757년 영국 동인도 회사의 클라이브가 콜카타를 되찾고 플라시에서 벵골의 나와브를 물리쳤다. 이는 영국이 인도에 지배권을 확립하는 계기가 되었다.

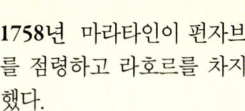
영국과 인도의 군인 모습을 한 인도의 상아 체스 말들

1758년 마라타인이 펀자브를 점령하고 라호르를 차지했다.

동아시아, 오스트랄라시아

1743년 자와의 마타람이 네덜란드에 종속되었다.

1751~1759년 중국이 티베트, 중가리아, 타림 분지를 점령했다.

1752년 몬인이 버마 북부를 정복했다. 버마의 지도자 알라웅파야가 이에 반란을 일으키고 스스로 왕이 되었다. 그는 버마 북부 대부분을 장악했다.

1753년 버마의 알라웅파야가 수도 아바와 샨인의 나라들을 차지했다.

1755년 알라웅파야가 버마 남부의 몬인을 물리치고 다곤(오늘날의 양곤)을 점령했다.

동남아시아의 지도

1755년 네덜란드 동인도 회사가 자와(자바)의 마타람 왕국과 전쟁을 벌여 자와에 지배권을 확립했다.

네덜란드 동인도 회사의 배들

1756년 알라웅파야가 페구를 점령하고 버마 전체를 다스렸다. 그의 왕조는 1885년까지 이어졌다.

1757~1843년 중국이 광둥의 대외 무역을 제한해서 유럽 세력의 팽창을 막았다.

1758년 조호르의 부기인이 네덜란드의 주석 무역 독점을 인정했다.

1758~1759년 중국이 동투르키스탄을 정복했다.

아메리카와 태평양

1742년 러시아인들이 알래스카를 탐험했다.

1742년 베네수엘라가 스페인의 남아메리카 제국에서 하나의 독자적인 지방이 되었다.

1744~1748년 조지 왕 전쟁 발발. 북아메리카에서 영국과 프랑스가 맞붙었다.

1745년 네덜란드 탐험가 비투스 베링이 알류샨 열도를 발견했다.

알래스카의 북극제비갈매기

1745년 영국이 캐나다 루이스버그의 프랑스 요새를 점령했다.

1748년 영국이 유럽에서 맺은 평화 조약의 일환으로 루이스버그를 프랑스에 돌려주었다.

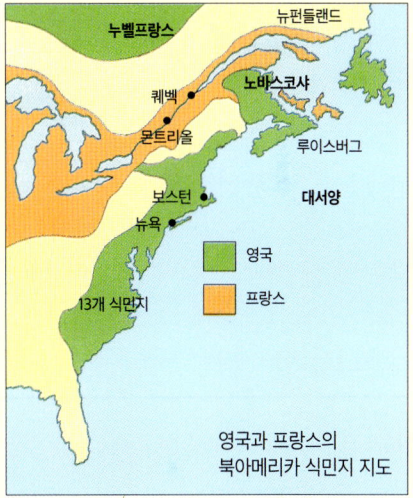
영국과 프랑스의 북아메리카 식민지 지도

1750년 영국과 프랑스가 국경 위원회에서 북아메리카 국경 분쟁을 해결하는 데 실패했다.

1752년 퀘벡의 총독으로 뒤켄 후작이 임명되었다.

1752년 매사추세츠에 사는 보스턴 출신 출판인 겸 정치가인 벤저민 프랭클린이 번개가 전기라는 것을 증명했다.

벤저민 프랭클린

1754년 북아메리카에서 프랑스인과 아메리카 인디언이 영국에 맞서 싸웠다.

1759년 울프 장군이 이끄는 영국 군대가 프랑스로부터 퀘벡을 빼앗았다.

울프 장군

1740년

1759년

71

남유럽과 서유럽

1761년 스페인이 포르투갈을 침략했다. 포르투갈이 항구에 영국 배를 들이지 말라는 스페인의 요구를 거절했기 때문이었다.

1762년 영국이 스페인에 전쟁을 선포했다.

1763년 7년 전쟁이 파리 조약으로 끝났다.

산업 혁명

영국은 18세기 초에 이미 비옥한 농토와 직물 산업의 발전, 무역 팽창으로 다른 나라들보다 앞서서 큰 부를 누렸다. 그러던 중 1750~1850년 무렵 증기와 수력을 활용한 기계들이 발명되고 이를 활용한 새로운 산업들이 발달하자 영국은 더욱 더 부유해졌다. 이 시대의 산업 발전을 '산업 혁명'이라고 부른다. 농업뿐만 아니라 은행업과 무역업도 발전했으며, 도로, 철도, 운하 등의 운송 기반이 갖춰지면서 물품 수송이 더 편리하고 저렴해졌다. 19세기에는 독일 등의 다른 유럽 나라에서도 산업화가 시작되었고, 미국과 일본이 그 뒤를 따랐다.

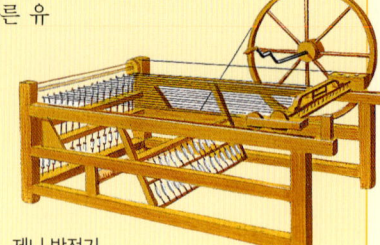
제니 방적기

1767년 영국의 발명가 제임스 하그레이브스가 '제니 방적기'를 발명했다. 이 방적기는 한 번에 여덟 가닥의 실을 뽑아낼 수 있었다.

1768년 프랑스가 제네바로부터 코르시카를 매입했다.

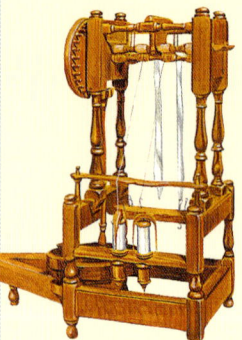

1769년 영국의 면직물 업자 리처드 아크라이트가 수력 방적기를 발명했다.

아크라이트의 수력 방적기

1772년 영국이 노예 제도를 불법으로 선언했다.

1773년 교황 클레멘스 14세가 예수회를 억압했다.

1774년 영국 과학자 조지프 프리스틀리가 공기 중에서 '탈플로지스톤 공기(오늘날의 산소)'를 분리해 냈다.

1776년 스코틀랜드의 경제학자 애덤 스미스(1723~1790년)가 『국부론』을 출간해서 자유 무역과 사기업을 옹호했다.

1777년 스코틀랜드 엔지니어 제임스 와트가 증기 기관을 고안했다. 그러자 각종 산업에서 증기 기관을 사용하기 시작했다.

제임스 와트의 증기기관

1778년 프랑스와 네덜란드가 아메리카 식민지를 지원하기 위해 영국에 전쟁을 선포했다.

1779년 프랑스의 과학자 앙투안 라부아지에가 탈플로지스톤 공기에 '산소'라는 이름을 붙였다.

1779년 프랑스와 스페인이 지브롤터를 공격했지만 실패했다.

북유럽과 동유럽

1762~1796년 예카테리나 2세(대제)가 러시아를 통치했다. 예카테리나는 독일의 공주로 태어나 왕위 계승자인 표트르 3세와 결혼한 뒤 그의 암살에 참여했다. 예카테리나 2세 시절에 러시아는 영토가 넓어지고, 문화가 발전했으며, 상트페테르부르크는 화려한 도시가 되었다. 그는 정부에 개혁을 도입하고 종교의 자유를 허락했다.

예카테리나 2세의 왕관과 브로치

1768~1774년 러시아와 오스만 제국이 전쟁을 벌였다.

1769년 오스트리아가 폴란드 영토인 르보프, 스피슈를 점령했다.

1770년대 무렵 유럽 교향곡의 황금시대가 시작되었다. 이때 하이든(1732~1809년), 모차르트(1756~1791년), 베토벤(1770~1827년)이 활약했다.

잘츠부르크 성당

아버지와 함께 피아노 앞에 앉은 모차르트

1771~1792년 스웨덴에서 구스타프 3세가 나라를 통치했다.

1772년 러시아, 프로이센, 오스트리아의 폴란드 1차 분할. 러시아는 약간의 영토를 얻고, 프로이센은 포메른과 동프로이센 사이 대부분의 땅을, 오스트리아는 헝가리 북쪽의 넓은 땅을 합병했다.

1772년 스웨덴의 구스타프 3세가 새 헌법을 강제로 통과시켜서 스스로 더 많은 권력을 부여했다.

구스타프 3세의 대형 천막

1773~1775년 러시아에서 카자크인 푸가초프가 농민 봉기를 이끌었다.

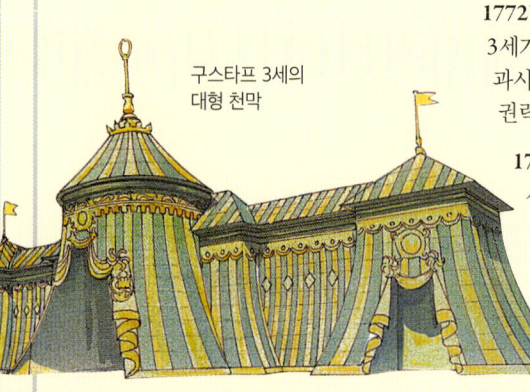

1774년 러시아·오스만 제국 전쟁이 쿠추크 카이나르지 조약으로 끝났다. 러시아는 흑해의 여러 항구를 얻고, 오스만 제국에서 기독교인을 대표할 권리도 얻었다.

18세기 1760년~1779년

아프리카, 중동, 인도

1761년 아프간이 파니파트 전투에서 마라타인을 물리쳤다.

1761~1790년 인도에서 시크교가 일어났다.

영국령 인도

1757년 영국이 플라시에서 승리를 거두면서 영국 동인도 회사는 인도에서 가장 풍요로운 땅인 벵골과 가장 큰 항구 도시인 콜카타를 장악하게 되었다. 영국은 1761년에는 퐁디셰리를 프랑스로부터 빼앗아 인도의 프랑스 세력을 완전히 무너뜨렸다. 영국 동인도 회사는 점점 번창했다. 그들은 부유한 토착 지도자들에게 지원과 보호를 약속하며 땅과 특권을 얻었다. 계속된 전쟁의 결과 영국이 인도에서 차지하는 영토는 넓어졌고, 인도에 대한 주권도 인정받게 되었다. 1764년에는 클라이브가 벵골의 지사 겸 총사령관으로 임명되었고, 1773년에는 워런 헤이스팅스가 영국령 인도의 초대 총독이 되었다. 인도는 영국에 몹시 중요한 나라가 되어서 1784년에는 영국 정부가 인도의 행정을 직접 떠맡았다. 영국은 이런 상황을 발판 삼아 식민지 제국 건설을 향해 나아갔다.

동인도 회사의 관리와 하인들

1769~1772년 스코틀랜드 탐험가 제임스 브루스가 에티오피아를 방문했다.

1775~1782년 영국과 마라타가 전쟁을 했다.

1775년 무렵 동아프리카의 마사이인이 은공 구릉지까지 세력을 확장했다.

마사이인들의 소치기

동아시아, 오스트랄라시아

1767년 버마가 시암을 침략해 시암의 수도 아유타야를 무너뜨리고 시암 대부분을 장악했다.

1767~1769년 중국이 버마를 침략해서 전쟁이 벌어졌다. 버마가 중국의 속국이 되었다.

1768년 시암의 장군 탁신이 군대를 꾸려서 버마를 몰아냈다. 그는 각 지방의 통치자들을 물리치고 시암의 새 왕이 되었으며, 톤부리를 수도로 삼았다.

제임스 쿡의 항해

영국의 탐험가 제임스 쿡은 1769년에 태평양의 통가섬과 뉴질랜드에 이르렀고, 1770년에는 오스트레일리아 동부 해안에 닿아서 그곳을 영국 영토로 선언했다. 그는 자신이 상륙한 땅을 '보터니(식물학)만'이라고 이름 지었는데, 그곳에 식물이 무성했기 때문이다. 쿡은 탐험을 계속해서 (1772~1774년, 1776~1779년), 뉴헤브리디스 제도와 하와이에 이르렀다.

나비고기

빵나무

엔데버 호를 타고 있는 쿡 선장

아메리카와 태평양

1760년

1760년 영국이 몬트리올을 차지하고, 세인트로렌스강을 장악했다.

난파한 모피무역선

1762년 영국이 그레나다와 세인트빈센트섬을 점령했다.

1763년 파리 조약을 통해 북아메리카에서 영국이 프랑스보다 우위에 서게 되었다.

1763년 브라질의 리우데자네이루가 수도가 되었다.

1763년 영국 왕이 북아메리카에서 식민 개척자들의 팽창을 제한하는 선을 선포했다(1763년 선언). 이 선 서쪽의 땅은 모두 북아메리카 원주민의 땅으로 남겨 두었다.

1766년 영국이 포클랜드 제도를 점령했다.

1767년 영국에서 북아메리카 상품에 추가 세금을 도입하자 식민 개척자들이 반발했다.

미국 독립 전쟁

미국 독립 전쟁(1775~1783년)은 영국에 대한 식민지 주민들의 반발이 10년에 걸쳐 점점 커진 끝에 터진 사건이다. 1770년에 격렬한 세금 반대 시위가 일어났고(보스턴 대학살), 1773년에는 보스턴 사람들이 차 상자를 바다에 던져 넣었다(보스턴 차 사건). 1775년 5월에는 식민지 대표들이 필라델피아에 모여서 의회를 열었고, 1776년 6월에는 조지 워싱턴을 사령관으로 군대를 창설했다. 이 의회는 1776년 7월 4일에 독립 선언서에 서명을 하며 영국과의 전쟁에 돌입했다.

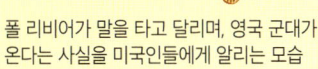

폴 리비어가 말을 타고 달리며, 영국 군대가 온다는 사실을 미국인들에게 알리는 모습

1778년 프랑스와 스페인이 영국에 대항해서 미국과 동맹을 맺었다.

1779년 하와이에서 제임스 쿡이 피살되었다.

1779년

남유럽과 서유럽

1780년

1781년 오스트리아의 요제프 2세(1780~1790년)가 종교적 관용을 베풀고, 농노제를 폐지하는 등의 대규모 개혁을 실행했다.

1784년 영국에서 윌리엄 피트(아들)가 총리가 되었다.

1785년 영국의 성직자 에드먼드 카트라이트가 동력 방직기를 발명해서 직조 작업을 기계화했다.

프랑스 혁명

1789년 5월에 루이 16세는 나랏빚이 늘고 사회가 불안해지자 1614년 이후 처음으로 의회를 소집했다. 의회는 귀족, 성직자, 평민의 세 신분으로 구성되어 있었지만, 평민 의원들은 6월 17일에 독자적으로 '국민 의회'를 만들었다. 이것이 프랑스 혁명의 출발점이 되었다. 왕이 국민 의회를 해산할지 모른다는 두려움에 여기저기서 폭동이 일었고, 7월 14일에는 군중이 악명 높은 바스티유 감옥을 습격했다. 혁명은 프랑스 곳곳으로 퍼져 나가서 많은 귀족이 해외로 도망쳤다. 1792년에 국민 의회의 뒤를 이어 '국민 공회'가 들어서면서, 군주 제도가 폐지되었다. 1793년에 루이 16세가 처형되고, 권력은 막시밀리앙 로베스피에르가 이끄는 극단적 정치 집단인 자코뱅 파에게 넘어갔다.

1793~1794년에는 '공포 정치' 시대라는 이름이 붙었다. 혁명을 배신한다고 의심을 받는 사람은 모두 단두대에서 처형되었기 때문이다. 1794년 7월에는 로베스 피에르마저 처형되었고, 프랑스는 '총재 정부(1795~1799년)'라는 집단이 다스리게 되었다.

1789년 7월 14일 바스티유 감옥 습격

1791년 영국의 정치인 윌리엄 윌버포스가 노예제 폐지 법안을 제출해서 통과시켰다.

1791~1792년 토머스 페인이 『인간의 권리』를 써서 프랑스 혁명의 사상을 지지했다.

1793년 프랑스가 영국, 네덜란드, 스페인에 전쟁을 선포했다.

1795년 유럽이 프랑스에 대항하는 동맹을 맺었다.

1796년 영국의 의사 에드워드 제너가 천연두 백신을 개발했다.

1796~1797년 프랑스 군대가 이탈리아에 많은 영토를 정복했다. 1798년에 로마와 스위스에 공화국이 건설되었다.

1798년 아일랜드에서 프로테스탄트 교인인 울프 톤이 영국에 대항하는 반란을 이끌었지만 실패했다.

1799년

1799년 프랑스에서 나폴레옹 보나파르트가 정권을 잡았다.

북유럽과 동유럽

1781년 오스트리아와 러시아가 터키에 대항해서 동맹을 맺었다.

1783년 러시아가 크림을 합병했다.

1784년 네덜란드에서 스타트하우드, 국회, 애국당 사이에 권력 투쟁이 일어났다.

1787~1791년 러시아가 터키와 전쟁을 해서 흑해 스텝 지대를 얻었다.

1788년 오스트리아가 오스만 제국에 전쟁을 선포했고, 몰다비아를 함락시켰다.

1788년 스웨덴의 구스타프 3세가 러시아에 전쟁을 선포했다.

스웨덴 군인

1789년 오스트리아령 네덜란드(벨기에)가 요제프 2세의 중앙화 정책에 반대해서 반란을 일으켰다. 그들은 벨기에 공화국을 선포했지만(1790년), 나중에 오스트리아에 다시 정복되었다.

1790~1792년 합스부르크 왕가의 황제 레오폴트 2세가 오스트리아를 통치했다.

오스트리아의 레오폴트 2세

1791년 폴란드의 왕이 러시아의 간섭을 막는 새 헌법을 채택했다. 그러자 러시아의 황제 예카테리나 2세가 귀족들의 요구에 따라 폴란드를 침략해서 헌법을 파괴하고 폴란드를 프로이센과 나누어 가졌다. (제1차 폴란드 분할)

1792년 스웨덴의 구스타프 3세가 가면 무도회에서 암살되었다.

1792년 프랑스가 오스트리아와 프로이센에 전쟁을 선포했다.

1793년 러시아가 우크라이나인과 백러시아인이 사는 동쪽 영토를 차지했다. 프로이센은 단치히, 토룬, 포즈난을 얻어서 영토를 동쪽으로 넓혔다. (제2차 폴란드 분할)

1794년 폴란드에서 봉기가 일었지만 러시아에 진압 당했다.

1794년 프랑스가 네덜란드를 점령하고 국호를 '바타비아 공화국(1795~1806년)'으로 바꾸었다.

1795년 제3차 폴란드 분할에 따라 프로이센이 바르샤바를 차지했고, 오스트리아가 서갈리치아를, 러시아는 리투아니아를 포함해 남은 영토를 얻었다. 이 분할 후 폴란드가 지도에서 사라졌다.

제2차 폴란드 분할 직후 영토(1793년) | 제3차 폴란드 분할 직후 영토(1795년)

■ 폴란드　■ 러시아의 새 영토　■ 프로이센의 새 영토　■ 오스트리아의 새 영토

18세기 1780년~1799년

아프리카, 중동, 인도

1784년 영국 동인도 회사의 규제법 제정. 영국 정부가 영국령 인도의 정치를 장악했다.

1786년 오스만 제국이 사회 혼란 시기를 겪은 뒤 이집트를 다시 지배하려는 목적으로 이집트에 함대를 보냈다.

1787년 영국이 시에라리온에 해방 노예들의 식민지를 세웠다.

1790년 무렵 동아프리카에서 부간다 왕국이 영토를 넓혔다.

1794년 페르시아에서 아가 무함마드가 카자르 왕조를 세웠다. 이 왕조는 1925년까지 이어졌다.

1795~1797년 영국 스코틀랜드의 탐험가인 멍고 파크가 서아프리카의 세구와 나이저강에 이르렀다.

멍고 파크

초기 탐험가들이 바다를 정확히 항해하는 데 필요했던 장치 '육분의'

1795~1796년 영국이 네덜란드로부터 남아프리카의 희망봉과 실론(오늘날의 스리랑카)을 빼앗았다.

1798~1799년 나폴레옹이 이집트를 침략했다. 그는 1798년 나일강 전투에서 영국에게 졌지만, 1799년 아부키르만 전투에서 오스만 제국을 물리쳤다.

나폴레옹 보나파르트

1799년 이집트에서 로제타 석이 발견되었다. 로제타 석은 이집트 상형 문자 해독의 열쇠가 되었다.

1799년 영국이 인도 남부를 장악했다. 마이소르(1750~1799년)의 통치자 티푸가 영국과의 전투에서 사망했다.

마이소르의 수도 스리랑가파트나에서 나온 '티푸의 호랑이'. 음악 소리가 나오는 장난감으로, 호랑이가 유럽인을 공격하는 모습이다.

동아시아, 오스트랄라시아

1782년 시암에서 반란이 일어나서 탁신이 폐위되고 처형되었다. 최고 대신 차크리가 라마 1세로 왕위에 오르면서 차크리 왕조가 세워졌다. 그는 수도를 방콕으로 옮겼다. 시암은 점점 발전했고, 19세기에 동남아시아에서 유일하게 유럽의 식민지가 아닌 국가로 남았다.

1783~1823년 버마가 수도를 아마라푸라로 옮겼다.

1785년 프랑스 탐험가 프랑수아 드 라 페루즈가 솔로몬 제도를 찾아 태평양으로 떠났다.

1786년 영국 동인도 회사가 말레이시아 페낭에 기지를 세웠다. 이것은 동남아시아 최초의 영국인 식민 정착지였다.

1787년 일본 에도(오늘날의 도쿄)에 대기근과 폭동이 닥쳤다.

18세기의 일본 에도

1788년 프랑수아 드 라 페루즈가 오스트레일리아의 뉴사우스웨일스 해안에 내렸지만, 영국이 이미 하루 전에 그곳에 식민지를 세웠다.

1788년 영국이 오스트레일리아 최초의 영국 식민 정착지 시드니로 범죄자 유배를 했다.

1791~1792년 중국과 티베트가 전쟁을 벌였다.

1795년 영국의 탐험가 매슈 플린더스와 조지 배스가 처음으로 오스트레일리아 동쪽 해안에서 출발해 내륙에 도착하는 일주를 했다.

아메리카와 태평양

1780년

1780년 영국이 사우스캐롤라이나의 찰스턴을 점령했다.

1780~1782년 잉카 제국의 마지막 황제 투팍 아마루 2세가 페루의 인디언을 이끌고 스페인에 반란을 일으켰지만 실패했다.

1781년 영국 장군 콘월리스가 요크타운에서 독립군 연합군에 항복했다.

1783년 영국이 파리 조약으로 13개 식민지의 독립을 인정했다. 이 13개 주는 '미합중국'으로 이름을 바꾸었다. 또한 영국은 플로리다를 스페인에 할양했다.

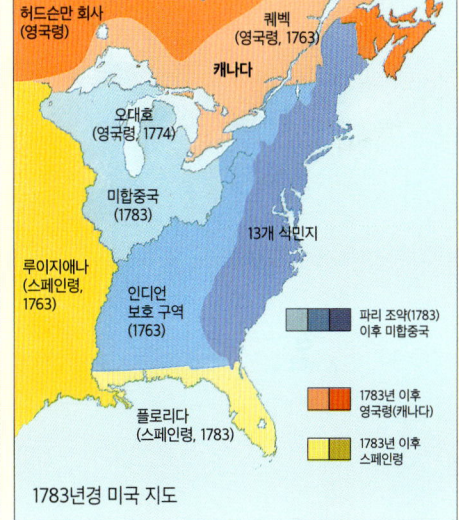

1783년경 미국 지도

1787년 미국 헌법의 초안을 토머스 제퍼슨이 작성했다.

1789~1797년 미국의 초대 대통령에 조지 워싱턴이 선출되었다.

미국의 국가 인장에 사용되는 흰머리수리.

1791년 캐나다에서 '입헌법'이 통과되어, 캐나다가 영어를 사용하는 지역과 프랑스어를 사용하는 지역으로 나뉘었다.

1791년 아이티에서 투생 루베르튀르가 프랑스에 대항하는 노예 반란을 이끌었다. 그는 1796년에 아이티의 부총독이 되었다.

투생 루베르튀르

1797년 영국이 스페인으로부터 트리니다드를 빼앗았다.

1798년 스페인이 캘리포니아에 로스앤젤레스를 세웠다.

1799년

75

19세기

1800년~1899년

유럽

1800년

1800년 이탈리아의 물리학자 알레산드로 볼타가 배터리를 발명했다.

1801년 영국과 아일랜드를 합병하는 법안이 통과되었다.

1804년 영국의 엔지니어 리처드 트레비식이 트랙 위를 달리는 최초의 증기 기관차를 만들었다.

나폴레옹의 시대

프랑스 코르시카섬 출신의 젊은 장군 나폴레옹 보나파르트가 이탈리아와 이집트의 전투에서 연달아 눈부신 승리를 거두고 프랑스의 권력을 잡았다. 그는 1799년에 스스로 제1통령(사실상의 군사 독재자)이 되어서 부패하고 무능한 총재 정부를 해산했으며, 1804년에는 스스로 황제가 되었다. 나폴레옹은 정치와 행정에 뛰어난 능력을 발휘했다. 또한 그 해에 『나폴레옹 법전』을 만들어서 농민들이 혁명으로 얻은 재산권을 확정해 주었다. 1805년에는 영국, 오스트리아, 러시아, 스웨덴이 프랑스에 대항하는 동맹을 맺었지만, 나폴레옹은 1805년 아우스터리츠, 1806년 예나, 1807년 프리틀란트에서 벌어진 큰 전투에서 계속 승리했다. 1806년에는 신성 로마 제국을 해체하고, 독일 국가들을 다시 조직했다. 그 뒤 자신의 가족들을 스페인, 이탈리아, 베스트팔렌의 통치자로 보냈으며, 1810년에는 부하 장군 장 베르나도트를 스웨덴 왕위의 후계자로 만들었다. 1812년에는 서유럽 대부분이 나폴레옹의 지배를 받았다. 하지만 영국, 러시아 등 주변국들은 나폴레옹의 영토 확장에 대한 야욕에 끊임없이 대항하다 결국 나폴레옹을 이기고 그를 유배 보냈다.

1805년 넬슨 제독이 영국 해군을 이끌고 트라팔가 전투에서 프랑스 군대를 물리쳤다.

1808~1814년 영국이 프랑스에 대한 스페인의 저항 운동을 지원해서 반도 전쟁에서 이기고 성공을 거두었다.

1809년 러시아가 스웨덴으로부터 핀란드를 빼앗았다.

1809년 프랑스의 동물학자 장 드 라마르크가 화석을 연구해서 생물의 변화에 대한 이론을 발표했다.

1811년 잉글랜드에서 산업 혁명에 반대해서 기계를 파괴하는 러다이트 운동이 일어났다.

1812년 나폴레옹이 러시아를 침략했지만 실패해 후퇴했다.

나폴레옹의 군대는 러시아의 혹독한 겨울을 제대로 대비하지 못했다. 60만 명의 군인 가운데 3만 명만이 살아 돌아왔다.

1813년 오스트리아, 프로이센, 러시아 연합군이 독일에서 나폴레옹을 물리쳐서 나폴레옹의 독일, 이탈리아, 네덜란드 지배를 끝냈다.

1814년 연합군이 파리에 입성했다. 나폴레옹은 황제의 자리에서 물러나 엘바섬으로 유배되었고, 루이 18세가 프랑스의 왕위에 올랐다.

1815년 나폴레옹이 엘바섬을 탈출해서 다시 권력을 잡았지만 워털루 전투에서 패배해서 대서양 가운데의 세인트헬레나섬에 유배되었고, 결국 그곳에서 사망했다.

1815년 워털루 전투 후 빈 회의가 열려 각 나라의 국경이 정해졌다.

1819년

아프리카와 중동

1801년 러시아가 조지아를 점령했다.

1802년 영국의 탐험가 트루터와 서머빌이 베추아날란드(지금의 보츠와나)를 탐험했다.

1805년 스코틀랜드의 의사이자 식물학자, 탐험가인 멍고 파크가 나이저강 탐험을 시작했다.

1805~1848년 메헤메트 알리가 이집트를 지배하는 맘루크들을 학살하고 스스로 '파샤(통치자)'가 되었다. 그의 왕조는 1952년까지 이어졌다.

알렉산드리아의 궁전의 메헤메트 알리. 그의 통치 시기에 이집트는 유럽에 문호를 열었다.

1806년 남아프리카의 희망봉이 영국 식민지가 되었다. (1814년 공식 인정)

1807년 영국의 정치가 윌리엄 윌버포스가 영국의 배가 노예 무역에 사용되는 것을 금지하는 법을 통과시켰다.

1807년 시에라리온과 감비아가 영국의 왕령 식민지가 되었다.

1808년 미국에서 아프리카 노예 수입이 금지되었다.

1810년 서아프리카의 요루바 왕국이 갈라졌다.

1811년 러시아와 페르시아가 전쟁을 벌였다.

페르시아의 통치자 파트 알리가 러시아 군인을 공격하는 모습

1818년 아프리카 남부가 '음페카네(고난의 시기)'를 겪었다. 샤카 대왕(1787~1828년 무렵)이 4만 명의 남자를 모아 통일된 군대 '임피'로 조직했다. 그가 세운 줄루 제국이 아프리카 남부에 광대한 영토를 차지하자, 지역의 많은 부족이 북쪽으로 밀려났다.

줄루인 전사

19세기 1800년~1819년

아시아

1800년 영국 무역상들이 인도에서 수입한 아편을 중국에 팔기 시작했다.

양귀비(아편의 재료)

1801년 영국의 동인도 회사가 인도의 탄자부르와 카르나티크 해안을 점령했다.

1802년 시암이 캄보디아의 바탐방을 합병했다.

1802년 데칸 지방에서 여러 차례 전쟁이 벌어진 결과, 영국 동인도 회사가 인도의 지배권을 갖게 되었다.

1802년 실론이 영국의 왕령 식민지가 되었다.

1803년 무굴 제국 황제가 영국의 통치를 받아들였다.

1809~1824년 라마 2세가 시암을 통치했다. 고립의 시기를 보낸 뒤 유럽과 접촉하기 시작했다.

1810년 영국이 프랑스로부터 모리셔스를 빼앗았다.

1811~1813년 영국이 네덜란드령 자와를 차지했다.

1817~1823년 영국이 마라타와의 전쟁에서 승리해서 인도 지배의 마지막 장벽을 제거했다.

1817년 아삼 지방에서 버마가 영토를 넓혀 갔다.

1818년 자와가 다시 네덜란드에게 넘어갔다.

싱가포르의 건설

싱가포르는 1819년에 스탬퍼드 라플스 경이 영국 동인도 회사의 기지를 세우며 개발되었다. 싱가포르는 말라카 해협의 입구라는 요충지에 있었기 때문에, 영국은 네덜란드가 차지한 말레이의 말라카에 대항하기 위해 싱가포르를 선택했다. 라플스는 싱가포르 섬의 통치자와 협상을 하고 식민지를 건설했다. 이전까지 싱가포르는 병이 들끓어서 사람이 거의 살지 않는 땅이었지만, 이후 그 일대에서 가장 크고 활기찬 항구가 되었고, 영국이 아시아에 세력을 늘리는 데 중요한 거점이 되었다.

동인도 제도의 지도

아메리카와 오스트랄라시아

1800년

1802~1803년 영국의 탐험가 매슈 플린더스가 오스트레일리아 해안을 탐사했다.

회색캥거루는 유럽인이 오스트레일리아에서 발견한 신기한 많은 동물들 가운데 하나였다.

1803년 미국이 북아메리카의 프랑스 땅이었던 루이지애나를 매입했다.

1803년 영국이 영국령 기아나, 토바고, 세인트루시아를 얻었다.

1804년 태즈메이니아에 호바트가 건설되었다.

1808년 누에바에스파냐(새로운 스페인 영토)에서 스페인에 대항하는 봉기가 일어났다.

1808~1825년 남아메리카와 중앙아메리카에서 스페인과 포르투갈로부터 독립을 시도하는 전쟁이 계속 벌어졌다. 리오데라플라타(지금의 아르헨티나)는 1810년, 파라과이와 베네수엘라는 1811년, 콜롬비아는 1813년, 우르과이는 1814년, 칠레는 1816년에 각각 독립을 선언했다.

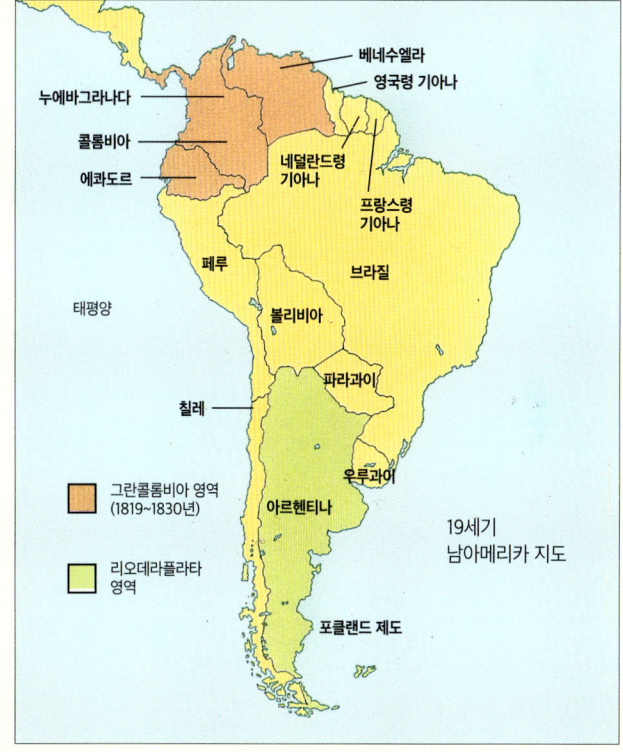

19세기 남아메리카 지도

1812~1814년 미국과 영국 사이에 무역 전쟁이 일어났다.

1816년 아르헨티나가 스페인으로부터 정식으로 독립했다.

1816~1824년 아르헨티나의 반군 지도자 시몬 볼리바르와 호세 데 산 마르틴이 많은 남아메리카, 중앙아메리카 식민지의 독립을 도왔다.

1818년 미국과 캐나다 사이의 국경이 확정되었다.

1818년 칠레가 독립을 이루었다.

1819~1830년 볼리바르의 통치 아래 그란콜롬비아가 건설되었다. 그란콜롬비아는 1822년에 스페인으로부터 독립했다.

1819년 스페인이 미국에게 플로리다를 빼앗겼다.

1819년

79

유럽

1820년

1820년 덴마크의 과학자 한스 외르스테드가 전류가 자석처럼 나침반 바늘을 끌어당긴다는 것을 보여 주었다.

1820년 스페인과 포르투갈에서 혁명이 일어났다.

1821년 나폴레옹이 세인트헬레나섬에서 사망했다.

그리스 독립 전쟁

19세기에 많은 나라가 외세의 지배로부터 독립하고 민족의 정체성을 세우기 위해 투쟁했다. 이런 민족주의 투쟁 가운데 최초로 성공한 것은 그리스 독립 전쟁(1821~1829년)이었다. 그리스는 영국, 러시아, 오스트리아의 지원을 받아 아드리아노플 조약(1829년)으로 오스만 제국으로부터 독립했다. 곧이어 1832년에 바이에른의 오토 왕자가 그리스의 초대 왕이 되었다.

1825년 영국 스탁턴과 달링턴 사이에 최초의 여객 철도가 놓였다.

1826년 프랑스의 J. N. 니에프스가 세계 최초의 사진을 찍었다.

1827년 그리스의 동맹이 나바리노 전투에서 터키 함대를 파괴했다.

1829년 영국의 엔지니어 조지 스티븐슨과 로버트 스티븐슨이 '로켓'이라는 이름의 증기 기관을 만들었다. 로켓의 최대 속도는 시속 50킬로미터에 이르렀다.

여객 차량을 끌고 가는 스티븐슨의 '로켓'

1829년 로버트 필 경이 런던 경찰청을 창립했다.

1830년 벨기에가 독립을 이루었다.

1830년 프랑스에 7월 혁명이 일어나고 루이 필립이 왕으로 추대되었다.

1831년 영국의 과학자 마이클 패러데이가 '원판 다이나모'로 자석을 움직여서 전류를 만들었다.

1832년 영국이 선거법을 개정해서 중산층 계급까지 선거권을 주었다.

1834~1839년 스페인의 돈 카를로스가 왕위를 차지하려 카를로스 전쟁을 벌였다.

1834~1871년 찰스 배비지가 프로그램 설계자 에이다 러블레이스와 함께 최초의 컴퓨터인 '해석 기관'을 만들었다.

1836년 영국에서 노동자들이 모든 성인 남성에게 선거권을 요구하는 '차티스트 운동'을 벌였다.

1837~1901년 빅토리아 여왕이 영국을 통치했다.

1837년 영국의 W. 쿡과 C. 휘트스톤이 최초의 전신(문자나 숫자를 전류로 보내는 통신)을 발명했다.

1838년 프랑스의 루이 다게르가 최초의 실용적 사진 공정을 만들었다. 그의 사진은 '다게레오타이프'라고 불렸다.

1839년

아프리카와 중동

1820~1821년 이집트가 수단을 정복했다.

1822년 미국에서 해방된 노예들이 식민지에 라이베리아를 세웠다.

1823년 영국의 정치가 윌리엄 윌버포스가 노예 폐지 협회를 창립해서 노예 제도 폐지 운동을 벌였다. 영국은 1833년에 노예 제도를 폐지했다.

1823~1831년 영국과 가나의 아샨티가 전쟁을 벌였다.

1824년 프랑스의 탐험가 르네 카이에가 서아프리카의 팀북투를 탐험했다.

르네 카이에(오른쪽)가 아프리카 정글을 지나는 모습

1826~1828년 페르시아와 러시아가 전쟁을 일으켰다. 러시아가 아르메니아의 여러 지방을 얻었다.

1830년 프랑스 군대가 알제리의 알제를 정복했다.

1831~1840년 시리아와 레바논이 이집트에 점령당했다.

1835년 리비아의 트리폴리가 오스만 제국의 보호령이 되었다.

1835~1837년 네덜란드의 식민지 정착민인 보어인이 남아프리카의 희망봉을 떠나서 대 이주를 했다.

'대 이주 시기'에 줄루인 전사들이 네덜란드 식민지 정착민(보어인)들을 공격하는 모습

1838년 보어인이 나탈의 블러드강 전투에서 줄루인을 물리쳤다.

1838년 영국과 아프간이 전쟁을 벌였다.

1839년 네덜란드의 식민지 정착민들이 나탈 공화국을 세웠다.

1839년 영국이 아덴을 점령했다.

19세기 1820년~1839년

아시아

1820년

1821년 시암이 말레이의 나라 크다를 침략했다.

1824~1826년 1차 영국·버마 전쟁 발발. 영국이 하버마와 아삼을 점령했다.

1825~1830년 인도네시아가 네덜란드 지배에 맞서서 자와 전쟁을 일으켰다.

동남아시아 지도

1830년 영국의 동인도 회사가 인도의 마이소르를 점령했다.

1833년 영국 동인도 회사의 인도와 중국 무역 독점이 철폐되었다.

1820년대 미국에서 아시아 무역을 위해 개발된 클리퍼 선

1839~1842년 영국과 중국이 아편 전쟁을 벌였다.

아편 전쟁

1838년에 중국 청나라의 황제 선종(도광제)은 정부 관리 임칙서를 광둥으로 보내서 인도 아편의 수입과 사용을 금지하게 했다. 임칙서는 아편 2만 상자를 불태우고, 영국 무역상들을 광둥에서 홍콩으로 내쫓았다. 그러자 1839년에 영국이 청나라를 공격해 아편 전쟁이 벌어졌다. 영국 함대는 중국 해안을 봉쇄하고 중국을 무릎 꿇게 했다. 중국은 1842년에 난징 조약을 맺어 다섯 곳의 항구를 열고 영국의 무역을 허가해야 했다. 영국은 이 때 홍콩도 차지했다.

아편을 나르는 인도인들. 영국 무역상들은 중국 상품에 대한 대금을 아편으로 주었다.

아메리카와 오스트랄라시아

1821년 멕시코가 독립을 선포했다. 1822년에 아구스틴 이투르비데가 멕시코의 아구스틴 1세 황제가 되었다.

1822년 아이티가 독립했다.

1822년 브라질이 독립을 선언하고 페드루 1세를 왕으로 삼았다.

1823년 미국의 먼로 대통령이 유럽 국가들에게 아메리카의 일에 간섭하지 말 것을 요구하는 먼로주의를 발표했다.

1823년 중앙아메리카에 연방 공화국이 만들어졌다(아래 지도 참고).

1823~1824년 멕시코의 황제 아구스틴 1세가 권력을 잃었고, 멕시코는 공화국이 되었다.

1825년 시몬 볼리바르가 볼리비아를 세웠다.

1826년 태즈메이니아에서 식민지 정착민들과 애버리진(원주민) 사이에 '검은 전쟁'이 벌어졌다.

1828년 1816년부터 아르헨티나의 일부였던 우루과이가 공화국이 되었다.

애버리진

오스트레일리아에 사는 오색앵무

1829년 웨스턴 오스트레일리아에 스완강 정착지가 세워졌다.

1830년대 무렵 미국 식민지 정착민들이 서부로 이동하면서 많은 아메리카 원주민들이 살던 곳에서 쫓겨났다.

북아메리카 원주민의 천막, 티피

1830년 콜롬비아, 베네수엘라, 에콰도르가 독립해 공화국이 되었다.

1833년 영국이 포클랜드 제도를 점령했다.

1834년 영국 노동자 여섯 명이 노동 조합을 만들려한 이유로 오스트레일리아로 추방되었다. 이들을 '톨퍼들의 희생자'라 부른다.

1834년 오스트레일리아의 포트필립만(멜번)에 영국인 정착지가 건설되었다.

1835~1836년 멕시코의 일부였던 텍사스에서 미국인이 독립을 위해 반란을 일으켰으나, 알라모 성채에서 멕시코 군대에게 학살되었다. 그러나 그 후 멕시코 군대가 산하신토 전투에서 패하면서 텍사스는 독립을 이루고 공화국이 되었다.

1839~1840년 중앙아메리카 연방 공화국을 이루었던 엘살바도르, 온두라스, 니카라과, 과테말라, 코스타리카가 각각 독립 공화국이 되어 연방이 해체되었다.

중앙아메리카 연방 공화국의 지도

1839년

81

유럽

1840년

1840년 영국에서 최초의 우표 '블랙 페니'를 발행했다.

1845~1848년 아일랜드 대기근으로 많은 사람이 미국으로 이민을 떠났다.

1847년 스위스에서 내전이 일어났다.

혁명의 해 1848년

1848년에는 혁명의 물결이 시칠리아, 파리, 빈, 베를린, 밀라노, 사르데냐, 바르샤바, 프라하 등을 비롯한 온 유럽을 휩쓸었다. 프랑스와 오스트리아에서는 보수주의 통치자들에 대한 반대와 경제난(식량 부족과 물가 상승)에 대한 불만이 커지고 있었다. 이탈리아, 헝가리, 보헤미아, 폴란드에서는 합스부르크 왕가의 통치에 분노하는 민족주의가 일어났다. 독일과 이탈리아에서는 분리된 작은 나라들을 통일해서 새로운 나라를 세우자는 목소리가 생겨났다. 그 결과 프랑스와 합스부르크 왕가의 황제들은 물러나야 했다. 그러나 프랑스를 제외한 모든 유럽 국가에서 반란이 실패로 돌아갔고, 옛 왕정 체제들은 잠시 위기를 맞았지만 제자리를 되찾았다.

프랑스 정부군이 파리의 팡테옹을 탈환하는 모습

1848~1851년 프랑스에 제2 공화국이 세워졌다.

1848년 카를 마르크스와 프리드리히 엥겔스가 『공산당 선언』을 발표했다.

카를 마르크스

1849년 오스트리아가 피에몬테·사르데냐 군대를 물리치고 이탈리아의 영토를 되찾았다.

1849년 이탈리아의 민족주의 지도자 주세페 가리발디가 로마로 진격했지만 진압되었다.

1851년 런던에서 최초의 만국 박람회가 열렸다.

크림 전쟁

1853년에 러시아가 터키에게 러시아 배가 다르다넬스 해협을 다닐 권리를 보장하고 자신들이 터키 내 기독교인을 보호할 수 있게 해달라고 요구했다. 터키, 프랑스, 영국은 이 요구를 들어주면 러시아의 힘이 너무 강해질 것을 우려해 1854년에 전쟁을 벌였다. 이 전쟁으로 많은 사람이 죽었고, 1856년 파리 조약으로 러시아가 물러섰다.

발라클라바 전투에서 경기병 여단이 돌격하는 모습

1859년 영국의 생물학자 찰스 다윈이 『종의 기원』을 출간하여 진화론을 주장했다.

1859년

1859년 이탈리아가 피에몬테·사르데냐의 주도로 오스트리아에 반대하는 봉기를 일으켰다.

아프리카와 중동

1841년 영국 스코틀랜드의 선교사 데이비드 리빙스턴이 아프리카로 첫 탐험을 떠났다.

데이비드 리빙스턴

1841년 이집트가 터키에게 시리아를 내주었다.

1842년 보어인이 남아프리카에 오라녜 자유국을 세웠다.

1842~1843년 나탈에서 보어인과 영국이 전쟁을 벌였다. 나탈이 영국의 식민지가 되었다.

1844년 프랑스와 모로코가 전쟁을 벌였다.

1846~1847년 영국이 남아프리카에서 아프리카의 반투인을 물리쳤다.

보어인들과 대포

1847년 아프리카에서 라이베리아가 독립했다.

1852~1856년 데이비드 리빙스턴이 유럽인 최초로 아프리카를 도보 횡단했다. 그는 1855년에 아프리카 남부에서 빅토리아 호수를 발견했다.

아랍인으로 변장한 리처드 버턴이 베두인의 진지에 서 있는 모습

1853년 영국 탐험가 리처드 버턴이 이슬람 교인이 아니면 들어가지 못하는 아라비아의 신성한 도시 메카에 몰래 들어갔다.

1854년 오라녜 자유국이 보어인의 공화국으로 인정받았다.

1856년 남아프리카 트란스발이 수도를 프리토리아로 정했다.

1856년 영국의 리처드 버턴과 존 스피크가 나일강이 시작되는 수원지를 찾아 떠났다.

1858년 영국의 존 스피크가 나일강의 수원지인 동아프리카의 빅토리아호수에 이르렀다.

빅토리아 호숫가에 선 존 스피크

1858~1864년 영국의 데이비드 리빙스턴이 잠베지강을 탐험했다.

1859~1869년 이집트에 수에즈 운하가 건설되었다.

19세기 1840년~1859년

아시아

1842년 영국이 보르네오의 라부안을 정복했다.

1843년 영국이 인도의 신드를 정복했다.

1845~1846년 영국이 1차 영국·시크 전쟁으로 펀자브 지방에 대한 지배권을 얻었다.

1847년 프랑스가 코친·차이나를 탐험했다.

1848~1849년 영국이 2차 영국·시크 전쟁으로 펀자브를 영국령 인도에 합병했다.

영국 국기를 흔드는 인도 여성

1850~1864년 중국에서 만주족이 세운 청나라를 무너뜨리려는 태평 천국 운동이 일어났다.

1852년 2차 영국·버마 전쟁이 일어났다.

1853년 미국 군함이 일본을 협박해서 강제로 항구를 열게 했다. 일본과 유럽의 접촉이 늘었다. 도쿠가와 왕조가 쇠퇴하면서 사회 혼란이 거세졌다.

일본 판화 속의 유럽인들

1856년 영국의 동인도 회사가 인도 북부의 아우드를 차지했다.

동인도 회사의 문양이 장식한 칼

1856~1860년 영국과 중국이 2차 아편 전쟁을 했다.

1857~1860년 영국·프랑스의 군대가 중국의 베이징을 점령했다.

인도 세포이 항쟁

1857~1858년에 인도에서는 영국에 대항하는 봉기가 계속 일어났는데, 이를 '세포이 항쟁'이라고 한다. 영국군에 소속된 벵골 군인들이 미러트에서 일으킨 봉기로 시작됐지만, 항쟁은 곧 인도 북부 전체로 퍼져서 1년 동안 계속되었다. 하지만 러크나우에 여러 달 동안 갇혀 있던 영국인들이 풀려난 뒤 영국은 다시 인도를 장악했다. 영국 정부는 동인도 회사로부터 지배권을 넘겨 받아서 총독을 통해 인도를 직접 다스렸고, 무굴 제국의 황제는 제위에서 물러났다. 인도는 대영 제국의 주춧돌이자 제국주의 경쟁의 핵심지가 되었고, 러시아가 중앙아시아로 팽창하면서 영국에게 더욱 중요한 요충지가 되었다.

세포이 항쟁의 전투 장면

1858년 중국이 톈진 조약 체결을 통해 11곳의 항구를 열어 유럽의 무역상들을 받아들였다.

1859~1865년 버마의 수도가 만달레이가 되었다.

아메리카와 오스트레일리아

1840년

1840년 미국의 탐험가 윌크스 선장이 남극 해안을 발견했다.

1840년 뉴질랜드 원주민인 마오리의 족장들이 와이탕기 조약으로 영국에게 뉴질랜드의 통치권을 넘겨주었다.

마오리 전사와 칼

1840년 어퍼 캐나다(오늘날의 온타리오주 남부)과 로어 캐나다(오늘날의 퀘벡주)가 통일되었다. 1841년에 캐나다 지방은 영국 군주의 지배 아래 자치가 허용되었다.

1843년 미국의 새뮤얼 모스가 새로운 전신 부호를 만들어 쿡과 휘트스톤의 부호를 대체했다.

1844~1845년 영국 탐험가 찰스 스튜어트가 중앙 오스트레일리아를 탐험했다.

1844~1848년 마오리인이 영국에 대항해서 봉기를 일으켰지만 실패했다.

1845년 텍사스와 플로리다가 미국의 주가 되었다.

1846~1848년 멕시코와 미국이 국경 문제로 전쟁을 벌였다. 멕시코는 캘리포니아, 뉴멕시코, 애리조나, 유타, 콜로라도를 잃었다.

1848~1849년 캘리포니아에서 금이 발견되었다. 수많은 식민지 정착민들이 금을 찾아 서부로 몰려갔다. (골드러시)

1848년 뉴질랜드에 오타고 지방이 건설되었다.

1851년 오스트레일리아 배서스트에서 금이 발견되었다.

1851년 미국의 아이작 싱어가 최초의 실용적 재봉틀을 만들었다.

1853~1854년 오스트레일리아 빅토리아에 골드러시가 일었다.

1857년 멕시코에서 내전이 일어났다.

1859년 오스트레일리아 퀸즐랜드가 개별 식민지가 되었다.

골드러시 때 미국의 식민지 정착민 가족이 서부로 가는 모습

1859년 펜실베이니아에서 석유가 발견되었다. 이는 현대 석유 산업의 시작을 여는 출발점이 되었다.

1859년

83

유럽

1860년

이탈리아의 통일

19세기까지 이탈리아는 여러 나라로 이루어져 있었다. 그 중에는 독립국과, 외국의 통치를 받는 나라도 있었다. 이탈리아의 통일이 시작된 것은 그중 피에몬테·사르데냐라는 나라의 재상인 카밀로 카보우르의 야심 때문이었다. 피에몬테는 1859년에 오스트리아로부터 롬바르디아를 빼앗았고, 1860년에는 이탈리아 북부 대부분이 그들과 결합했다. 주세페 가리발디가 반란군을 이끌고 이탈리아 남부에서 스페인계 부르봉 왕가를 몰아낸 뒤, 이곳을 이탈리아 왕국에 바쳤다. 1861년에 피에몬테·사르데냐의 비토리오 에마누엘레 2세가 이탈리아의 초대 왕이 되었다. 베네치아는 1866년에, 로마는 1870년에 합류했다.

- 1860년 러시아의 알렉산드르 2세가 농노를 해방시켰다.
- 1863년 런던에 세계 최초의 지하철이 건설되었다.
- 1864년 스위스 제네바에 전쟁 부상자를 돌보기 위한 적십자회가 세워졌다.
- 1865년 프랑스의 의사 루이 파스퇴르가 병균 이론을 발표했다.
- 1866년 이탈리아가 오스트리아와 전쟁해서 베네치아를 얻었다.
- 1866년 보헤미아의 식물학자 그레고르 멘델이 유전의 법칙을 발표했다.

  멘델은 스위트피 식물로 실험을 했다.

- 1867년 오스트리아 제국이 오스트리아·헝가리 제국으로 이름을 바꾸었다.
- 1867년 프로이센의 오토 폰 비스마르크 재상이 북독일 연방을 세웠다.
- 1867년 영국의 의사 조지프 리스터가 살균제로 감염을 줄이는 방법을 소개했다.
- 1867년 영국에서 2차 선거법 개정으로 선거권을 확대했다.
- 1867년 카를 마르크스가 자신의 이론을 담은 『자본론』을 발간했다.
- 1870년 아일랜드 토지법으로 소작인들이 퇴거에 대한 보상을 받았다.
- 1870~1871년 프랑스·프로이센 전쟁 발발. 프랑스의 제2 제국이 무너졌다. 혁명으로 제3 공화국(1870~1940년)이 세워졌다.
- 1871년 파리 코뮌(혁명 집단)이 정부에 진압되었다.
- 1871년 독일이 통일되었다. 프로이센의 빌헬름 1세가 초대 카이저(황제)가 되고, 비스마르크가 총리가 되었다.
- 1872~1874년 스페인에 내전이 일어났다.
- 1873년 아일랜드의 자치를 위해 자치법령 동맹이 세워졌다.
- 1873년 러시아, 독일, 오스트리아·헝가리가 동맹을 맺었다.
- 1874년 아이슬란드가 독립했다.
- 1877~1878년 러시아·터키 전쟁이 베를린 회의로 끝났다. 루마니아, 몬테네그로, 세르비아가 독립했다.
- 1878년 영국의 과학자 조지프 스완이 전구를 발명했다.

1879년

- 1879년 독일과 오스트리아·헝가리가 2국 동맹을 맺었다.

아프리카와 중동

- 1860년 프랑스가 서아프리카의 정착지를 늘려 나갔다.
- 1869년 남아프리카에 다이아몬드 채굴 경쟁이 시작되었다.
- 1869년 튀니지가 영국, 프랑스, 이탈리아의 지배를 받았다.
- 1869년 이집트의 수에즈 운하가 개통되었다.
- 1871년 동아프리카 우지지에서 신문 기자 헨리 스탠리 경이 오랫동안 실종 상태였던 탐험가 데이비드 리빙스턴을 만났다.

  스탠리가 리빙스턴을 만나는 모습

- 1872년 영국이 가나에 있는 황금해안의 네덜란드 요새를 장악했다.
- 1873~1874년 영국과 아샨티가 황금해안에서 전쟁을 벌였다.
- 1874~1877년 헨리 스탠리 경이 콩고강을 탐험했다.
- 1875년 영국 총리 디즈레일리가 수에즈 운하를 매입해 인도 항로를 지배했다.
- 1876년 영국과 프랑스가 이집트 재정을 지배했다.
- 1877년 영국이 트란스발을 합병했다.
- 1879년 영국과 프랑스가 이집트를 지배했다.
- 1879년 줄루인이 나탈의 이산들와나 전투에서 영국을 물리쳤지만, 울룬디에서 패배했다.

19세기 이탈리아, 프랑스, 영국, 독일의 국기

아프리카 쟁탈전

19세기 초 아프리카에는 서부 해안에 영국과 프랑스의 정착지 몇 곳이 있을 뿐, 대륙 대부분이 유럽인에게 미지의 땅이었다.

유럽의 식민지로 확정된 곳은 앙골라와 모잠비크(포르투갈), 케이프 식민국(1814년에 네덜란드에서 영국으로 지배권이 넘어갔다), 알제리(프랑스)뿐이었다. 하지만 1877년에서 1914년 사이에 유럽 열강은 아프리카 대부분을 식민지로 만들었는데, 이 일을 '아프리카 쟁탈전'이라고 부른다. 유럽 나라들이 아프리카 쟁탈에 나선 데는 이유가 있었다. 산업화가 계속되고 세계 무역이 확대되면서 새로운 시장과 원료가 필요해졌기 때문이다. 유럽 국가들은 탐험을 통해 새로운 땅을 발견하고 철로 개통을 통해 무역로를 확대하면서 개발의 범위를 넓혔다. 어떤 식민지는 그곳에 있던 정착민들이 단순히 땅을 취득한 결과로 생겨났다. 다이아몬드 광산회사 드비어스를 세운 세실 로즈의 경우가 이에 해당한다. 하지만 유럽 국가들의 경쟁이 식민지 형성의 주요 원인이었다. 아프리카는 이제 유럽인이 문호를 개방하게 할 마지막 대륙이었고, 독일, 이탈리아, 벨기에 같은 신생 국가들은 아프리카를 통해서 제국으로 발돋움하려는 계획을 꾀했다.

영국의 옛 금화는 금광이 있는 서아프리카 기니의 이름을 따서 '기니'로 불렸다.

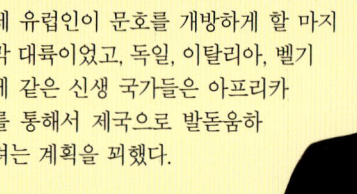

세실 로즈

19세기 1860년~1879년

아시아

1860년 영국과 프랑스의 군대가 베이징의 이화원을 공격했다. 이 과정에서 이화원이 화재로 무너졌다. 영국과 중국의 2차 아편 전쟁이 막을 내렸다. 중국이 베이징 조약을 통해 영국에게 주룽을 할양했다.

1861~1862년 프랑스가 코친·차이나(남베트남)와 전쟁을 벌이고 그 지역을 1867년까지 보호령으로 만들었다.

1862~1908년 서태후가 황제가 된 어린 아들을 대신해서 중국을 다스렸다.

서태후가 재건한 베이징의 이화원

1863년 프랑스가 캄보디아를 보호령으로 삼았다.

1865년 러시아가 중앙아시아로 세력을 확장해서 타슈켄트를 점령했다.

1868년 러시아가 중앙아시아의 부하라 한국을 차지했다.

1868년 일본의 큰 가문들이 도쿠가와 가문에 대항했다. 마지막 쇼군인 게이키가 쿠데타 이후 쇼군 자리에서 물러났다. 1868~1912년 메이지 유신 이후 들어선 새로운 정부 아래 천황이 권력을 되찾았다. 이 시기에 일본은 성장과 근대화를 이루었다.

쇼군에게서 권력을 넘겨받기 위해 에도로 돌아오는 젊은 천황

1873년 러시아가 중앙아시아의 여러 지방과 히바를 획득했다.

19세기 러시아의 중앙아시아 영토 확장을 보여 주는 지도

1874년 안남(오늘날 베트남의 일부)이 프랑스에 문호를 열고 무역을 허락했다. 1883년에 통킹이 프랑스의 보호령이 되었다.

1876년 일본이 강화도 조약을 통해 조선이 항구를 공식적으로 개방하도록 했다.

1877년 영국의 빅토리아 여왕이 인도의 여제로 선포되었다.

1878~1880년 영국과 아프가니스탄이 전쟁을 벌였다. 영국령 인도가 더 넓어졌고, 아프가니스탄에서 영국의 세력이 커졌다.

아메리카와 오스트랄라시아

1860년

아파치인의 창

1860년대~1870년대 식민지 개척민들과 전쟁이 계속되면서 북아메리카 원주민 인구가 크게 줄어들었다.

1860~1861년 영국의 탐험가 로버트 버크와 윌리엄 윌스가 오스트레일리아를 횡단했다.

1860~1864년 뉴질랜드에서 원주민인 마오리인과 식민지 개척민 사이에 전쟁이 벌어졌다.

미국 남북 전쟁

1860년에 노예 제도 폐지를 주장하는 에이브러햄 링컨이 미국 대통령에 당선되었다. 그러자 그 다음 해인 1861년에 노예의 노동에 경제를 의존하고 있던 남부의 주들이 연방을 탈퇴하고 '아메리카 연합 정부(남부 연합)'를 결성했다. 그 후 남부 연합과 연방을 유지하고자 하는 북부 연방 사이에 내전이 벌어졌다. 63만 5,000명이 사망하는 격렬한 전쟁 끝에 1865년 북부 연방이 남부 연합에 최종 승리를 거두었다.

에이브러햄 링컨

1863년 게티스버그 전투에서 북부 연방이 승리하고, 남부 연합의 장군 토머스 잭슨이 사망했다.

1863년 뉴질랜드에서 골드러시가 일어났다.

1864년 프랑스가 오스트리아의 막시밀리안 대공을 멕시코의 황제로 세웠다. 그는 1867년에 총에 맞아 사망했다.

1865년 미국에서 노예 제도가 철폐되었다. 링컨이 암살되었다.

1866년 최초의 대서양 횡단 케이블이 설치되었다.

1867년 미국이 알래스카를 러시아로부터 700만 달러에 매입했다.

1867년 캐나다가 자치령(자치하는 식민지)이 되었다.

1868년 아프리카계 미국인이 14차 수정 헌법으로 시민권을 얻었다.

1868~1878년 쿠바가 스페인과의 독립 전쟁에서 졌다.

1869년 최초의 미국 대륙 횡단 철도가 건설되었다.

1876년 아메리카 원주민 수인과 샤이엔인 전사들이 리틀빅혼 전투에서 조지 커스터 대령이 이끄는 미국 군대를 물리쳤다.

1876년 미국에서 알렉산더 G. 벨이 전화기 특허를 냈다.

G. 벨이 전화기를 사용하는 모습

1877년 미국의 발명가 토머스 에디슨이 축음기를 발명했다.

1877~1911년 멕시코의 독재자 포르피리오 디아스가 나라를 다스렸다. 그는 질서를 세우고 나라를 부강하게 했다.

1879년 미국의 토머스 에디슨이 전구를 발명했.

1879~1884년 칠레가 볼리비아 및 페루와 전쟁을 해서 영토를 넓혔다.

1879년

유럽

1880년

1880~1885년 아일랜드가 사회적으로 혼란을 겪었다.

1881년 러시아에서 알렉산드르 2세가 암살되고, 억압 정책이 뒤따랐다.

1883년 러시아에 마르크스주의 정당이 세워졌다. 사회 혼란이 계속되었다.

1884년 영국이 선거법 개정으로 21세 이상의 모든 남자에게 선거권을 주었다.

1885년 독일의 엔지니어 카를 벤츠가 최초의 자동차를 만들었다.

연료 탱크
엔진
최초의 벤츠 자동차

1886년 영국 글래드스턴이 제출한 1차 아일랜드 자치 법안이 부결되었다.

1888~1918년 독일에서 빌헬름 2세 카이저가 나라를 통치했다.

에펠 탑의 승강기

1889년 파리 박람회에 맞추어 에펠 탑이 건설되었다.

1890년 룩셈부르크가 네덜란드로부터 독립했다.

1890년대 유럽에서 아르누보 양식이 인기를 끌었다.

1891~1896년 독일의 엔지니어 오토 릴리엔탈이 글라이더를 타고 1,000번 이상의 비행을 기록했다.

1892~1903년 러시아가 재무장관 세르게이 비테의 지도 아래 근대화와 산업 성장을 이루었다.

1893년 영국에서 키어 하디가 독립노동당을 세웠다.

1893년 프랑스가 러시아와 동맹을 맺었다.

1894년 러시아의 차르에 니콜라이 2세가 올랐다.

1894년 프랑스에서 드레퓌스 사건이 일어났다. 유대인 장교 알프레드 드레퓌스가 반역죄로 추방되었다. 많은 사람이 그가 무죄라고 생각했고 그 일로 정치 투쟁이 벌어졌다. (드레퓌스는 결국 1906년에 무죄 판결을 받았다.)

1894~1897년 크레타가 오스만 제국에 맞서서 그리스와 연합했다.

1895년 이탈리아의 물리학자 굴리엘로 마르코니가 무선 전신을 발명했다.

1895년 오스트리아의 정신과 의사 지그문트 프로이트가 정신 분석에 대한 첫 책을 출간했다.

1895년 독일의 물리학자 빌헬름 뢴트겐이 엑스레이를 발견했다.

1895년 프랑스 파리에서 활동사진(영화)이 초연되었다.

1896년 그리스 아테네에서 제1회 근대 올림픽이 열렸다.

1898년 프랑스 과학자 피에르 퀴리와 마리 퀴리가 방사능을 관찰하고 라듐을 분리해 냈다.

피에르 퀴리와 마리 퀴리의 캐리커처

1899년

아프리카와 중동

1880~1881년 1차 영국·보어 전쟁 발발. 보어인이 마주바 고원에서 승리를 거두었고, 영국은 트란스발의 독립을 인정했다.

1880~1900년 프랑스가 사하라 지역에서 세력을 넓혔다.

프랑스령 사하라의 군인

1881~1882년 이집트에서 민족주의 반란이 일어났다. 영국 군대가 이집트와 수단을 점령해서 반유럽 봉기를 진압했다.

1881년 튀니지가 프랑스의 식민지가 되었다.

1884년 수단에서 종교 지도자(마흐디)가 영국 반대 봉기를 이끌었다. 고든 장군이 하르툼으로 파견되었다.

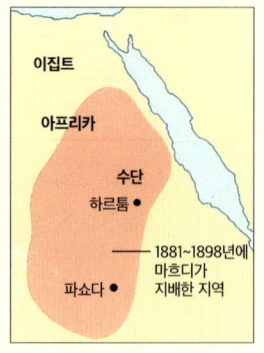
수단의 지도
고든 장군

1884년 영국이 영국령 소말릴란드를 점령했다. 독일이 서아프리카, 카메룬, 토고를 점령했다.

1885년 마흐디가 하르툼을 점령하고, 고든 장군을 죽였다.

1885년 영국이 베추아날란드(보츠와나)를, 독일이 탕가니카를, 이탈리아가 에리트레아를, 벨기에가 벨기에령 콩고를, 스페인이 리오데오로와 스페인령 기니를 점령했다.

1886년 영국의 왕립 나이저 회사가 나이지리아 내 영국 영토들을 통치하게 되었다. 라고스와 케냐가 영국의 식민지가 되었다.

1886년 트란스발에서 금이 발견되었다. 요하네스버그가 건설되었다.

1888~1889년 세실 로즈가 세운 영국 남아프리카 회사가 로디지아(짐바브웨)에 영국의 세력을 확장했다.

1889년 프랑스가 코트디부아르를 점령했다. 이탈리아가 이탈리아령 소말릴란드를 점령하고 에디오피아를 보호령으로 선포했다.

1890~1897년 아르메니아에서 터키에 반대하는 혁명 운동이 일어났다.

1891년 에티오피아의 메넬리크 황제가 이탈리아의 보호 통치를 거부했다. 이탈리아는 1895년에 군사 공격을 했지만, 결국 에티오피아의 독립을 인정했다.

1894년 프랑스가 다오메를 점령했다.

1895년 영국이 우간다를 점령했다.

1895~1896년 세실 로즈가 남아프리카의 트란스발을 되찾기 위해 제임슨을 습격했지만 실패했다.

1896년 프랑스가 마다가스카르를 합병했다.

1898년 파쇼다 사건 발생. 수단의 파쇼다에서 북쪽으로 진출하는 프랑스가 남쪽으로 진출하는 영국이 맞닥뜨렸다. 프랑스가 후퇴했다. 영국이 옴두르만 전투에서 수단을 물리쳤다.

1899년 영국 정부가 나이지리아 영토를 장악했다. 수단은 영국·이집트의 통치 아래 들어갔다.

1899~1902년 2차 영국·보어 전쟁 발발. 영국이 트란스발과 오라녜 자유국을 합병했다.

빅토리아 여왕의 남아프리카 메달. 보어 전쟁에서 싸운 영국 군인들에게 주었다.

19세기 1880년~1899년

아시아

1883년 인도차이나의 안남이 프랑스 보호령이 되었다.

1883~1884년 프랑스가 동남아시아에서 세력을 넓혔다.

1884년 러시아가 투르크메니스탄을 점령했다.

1884년 캄보디아가 프랑스에 합병되었다.

1885년 인도 국민 회의가 창립되어 독립 운동이 전개되었다.

인도 국민 회의의 상징인 물레바퀴

1885~1886년 영국이 버마의 아바를 침략해서 합병했다.

상버마에서 싸우는 인도 군대

1887년 프랑스가 인도차이나 연방을 만들었다.

1894~1895년 일본이 중국 청나라와 벌인 전쟁에서 이겨 타이완을 차지했다. 청나라는 시모노세키 조약을 통해 조선에 대한 종주권을 완전히 포기하게 되었다.

1896년 영국이 말레이 연합주를 세웠다.

1896년 필리핀이 스페인에 맞서 항쟁을 일으켰다.

1897년 영국·시암 협의에서 말레이·시암 국경이 정해졌다.

19세기 시암의 왕

1898년 스페인과 미국이 필리핀을 둘러싸고 전쟁을 벌였다. 스페인이 필리핀을 미국에 할양했다.

1898~1909년 중국 청나라의 서태후가 극도로 보수적이고 억압적인 정책을 펼쳤다. 진보적 개혁 시도는 모두 말살되었다.

아메리카와 오스트랄라시아

1880년 파나마 운하의 건설이 시작되었다.

1886년 미국 뉴욕에 자유의 여신상이 완성되었다.

자유의 여신상(아래)

1887년 독일 출신 미국인 에밀 베를리너(1851~1929년)가 축음기 '그래머폰'을 발명했다.

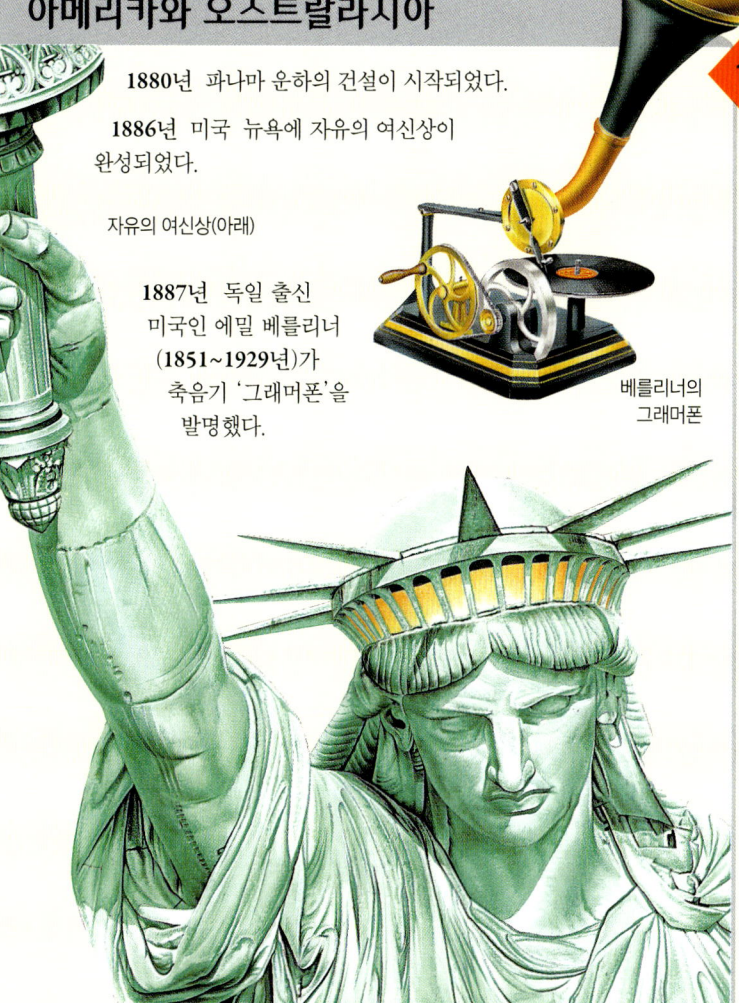

베를리너의 그래머폰

1888년 미국의 조지 이스트먼이 상자형 카메라의 대량 판매를 시작해서, 사진을 대중화하는 데 기여했다.

1889년 브라질에서 페드루 2세가 폐위되고 공화국이 세워졌다.

1890년 미국에서 수인이 마지막 원주민 항쟁을 일으켰다. 운디드니 전투에서 수인이 패배하고 무기를 빼앗겼다.

미국은 많은 원주민 부족들을 '보호 구역'이라는 제한된 구역 안에서 살게 했다.

많은 수인 전사가 '혼령이 깃든 옷'을 입고 그 옷이 식민지 정착민들의 총알을 막아 줄 거라고 믿었다.

1893년 하와이가 미국의 보호령이 되었다.

1893년 뉴질랜드에서 세계 최초로 여성에게 선거권을 주었다.

1898년 스페인·미국 전쟁에서 미국이 승리하여 쿠바가 스페인으로부터 독립하고 임시로 미국의 지배를 받게 되었다.

20세기

1900년 ~ 1999년

유럽

1900년

1901년 영국에서 빅토리아 여왕이 죽고 에드워드 7세가 왕위에 올랐다.

빅토리아 여왕

1902년 영국이 일본과 동맹을 맺었다. 일본은 오랜 고립을 깨고 세계 무대에 나왔다.

1903년 세르비아의 왕과 왕비가 암살 당했다.

1903년 프랑스 장관 델카세가 런던을 방문했다. 영국과 프랑스가 우호 관계를 쌓았다.

1904년 영국과 프랑스가 평화 협정을 맺었다. 이를 '앙탕트 코르디알'이라고 한다.

1905년 상트페테르부르크를 비롯한 여러 러시아 도시에서 반란이 일었다. 상트페테르부르크에서 군대가 시위대에 총을 쏘았다.

1905년 노르웨이가 스웨덴으로부터 독립했다.

1905년 스위스의 알베르트 아인슈타인이 특수 상대성 이론을 발표했다.

알베르트 아인슈타인

1908년 오스트리아·헝가리가 헤르체고비나와 보스니아 등 오스만 제국 영토를 점령했고, 발칸 반도에 긴장이 높아졌다. 불가리아가 오스만 제국으로부터 독립했다.

1908년 포르투갈에서 왕과 왕위 계승자가 암살 당했지만 혁명은 실패했다.

1910년 포르투갈에서 혁명이 성공했다. 왕이 폐위되고 1911년에 공화국이 선포되었다.

1911년 뉴질랜드와 영국의 물리학자 어니스트 러더퍼드가 원자에 핵이 있다는 것을 찾아 냈다.

러더퍼드의 원자 모형

1912년 1차 발칸 전쟁 발발. 불가리아, 그리스, 세르비아, 몬테네그로가 연합해서 터키를 물리쳤다.

1913년 2차 발칸 전쟁 발발. 터키, 루마니아, 세르비아, 그리스가 불가리아를 물리쳤다.

아프리카와 중동

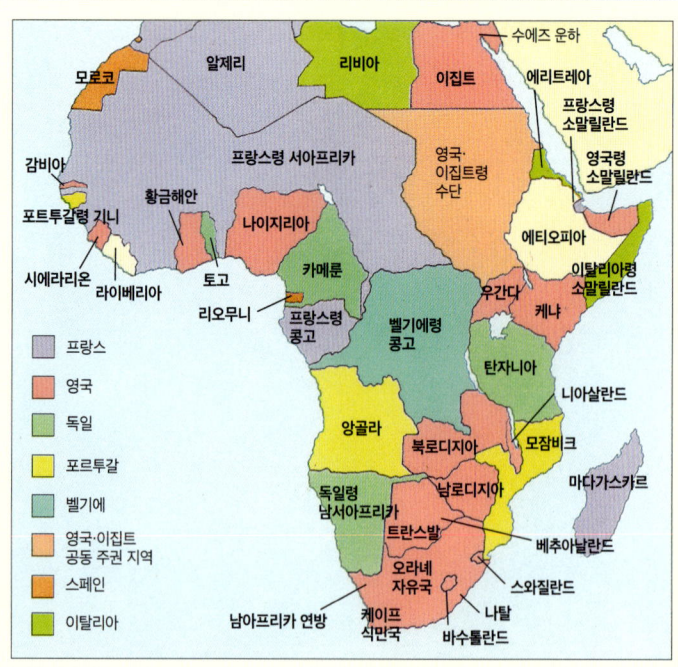

유럽 각국의 아프리카 식민지 영토 지도

1900년 영국이 남아프리카에서 트란스발과 오라녜 자유국을 합병했다. 영국·보어 전쟁이 페레이니힝 평화 조약(1902년)으로 끝났다.

1901년 영국이 아샨티 왕국을 황금해안 식민지에 합병했다.

1909년 페르시아 황제 무함메드 알리가 폐위되자 동생 아흐메드 샤가 11세의 나이로 권력을 잡았다.

1908년 벨기에가 왕 레오폴에게서 콩고 식민지를 넘겨받았다.

1908~1909년 터키에서 무스타파 케말을 비롯한 군대 장교 집단인 청년 투르크당이 혁명을 일으켜 술탄을 퇴위시켰다.

1910년 남아프리카 연방이 영국 자치령이 되었다. 프랑스령 콩고가 이름을 프랑스령 적도아프리카로 바꾸었다.

1911년 아가디르 사건 발생. 독일이 모로코의 아가디르로 군함을 보내서 프랑스와 긴장이 고조되었다.

1911~1912년 이탈리아가 터키와 싸워 리비아를 점령했다.

1914~1915년 독일이 여러 식민지를 영국과 프랑스에 빼앗겼다.

1914~1922년 이집트가 영국의 보호령이 되었다.

1차 세계 대전

20세기 초에 유럽 국가들은 힘이 아주 팽팽히 맞서서 한 나라가 공격을 받으면 동맹을 맺고 가담해서 전쟁을 벌였다. 1914년 6월에 오스트리아의 왕위 계승자 프란츠 페르디난트 대공이 사라예보에서 세르비아 민족주의자에게 암살되었다. 오스트리아는 세르비아에 전쟁을 선포했고, 몇 주 안에 독일과 오스트리아(동맹국)와 러시아, 프랑스, 영국(연합국) 사이에 전쟁이 터졌다. 1차 세계 대전(1914~1918년)은 유럽의 전쟁으로 주로 유럽과 서아시아에서 벌어졌고, 특히 프랑스 북부에서 많은 전투가 펼쳐졌다. 양편은 적군의 진격을 막기 위해 전투 지역에 참호를 팠다. 곧이어 다른 나라들(특히 식민지와 미국)도 전쟁에 참여했다. 1차 세계 대전은 4년 동안 이어지면서 1,700만 명의 사망자를 냈다. 역사상 그 어떤 전쟁보다 많은 희생자를 낸 전쟁이었다.

전쟁을 기억하는 의미의 꽃 양귀비

1914년

1차 세계 대전 당시에 가장 강력한 배였던 드레드노트 호

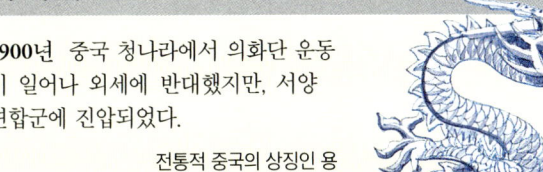

20세기   1900년~1914년

아시아

1900년 중국 청나라에서 의화단 운동이 일어나 외세에 반대했지만, 서양 연합군에 진압되었다.

전통적 중국의 상징인 용

1904~1905년 러시아와 일본이 만주와 한반도에서 전쟁을 벌였다(러일 전쟁).

1905년 일본이 쓰시마에서 러시아 함대를 물리쳤다. 일본은 포츠담 조약으로 조선을 보호령으로 삼고, 중국의 영토도 일부 얻었다.

러시아가 쓰시마섬에서 패전하는 모습을 담은 일본 그림

1905년 인도 라호르에 지진이 나서 1만 명이 사망했다.

1909년 시암이 영국·시암 조약을 통해 말레이 국가들에 대한 영국의 지배를 인정했다.

1909년 중국 청나라가 티베트를 점령했다. 티베트의 지도자 달라이 라마가 인도로 망명했다.

1910년 말레이의 두 국가 트렝가누와 페를리스가 영국의 보호령이 되었다.

1910년 중국 윈난성에서 봉기가 일었다.

1910년 버마에서 불교 승려들이 민족주의 운동을 이끌었다.

1910~1945년 한반도가 일본의 식민지가 되었다.

티베트 불교 승려가 축제에서 나팔을 불고 있다.

일본의 욱일기 (일본 군국주의를 상징하는 일본의 군기)

1911년 중국에서 쑨원이 신해혁명을 이끌고, 난징에 중화민국 임시 정부를 세웠다.

1912년 중국에서 청나라 왕조가 무너지고 공화국인 중화민국이 세워졌다. 이후 군벌들이 지방을 장악하며 엄청난 사회 혼란이 이어졌다.

아메리카와 오스트랄라시아

1900년

1900년 뉴질랜드가 쿡 제도를 점령했다. 파푸아에 대한 지배권이 영국에서 오스트레일리아로 넘어갔다. 영국이 통가를 합병했다.

1901년 오스트레일리아 연방이 수립되었다.

1901년 이탈리아의 발명가 굴리엘모 마르코니가 미국에서 영국으로 첫 무선 통신을 보냈다.

1902년 오스트레일리아에서 여성이 선거권을 얻었다.

1903년 파나마가 콜롬비아로부터 독립해서 미국의 보호령이 되었다.

1903년 미국의 오빌 라이트와 윌버 라이트 형제가 최초로 동력 제어 비행에 성공했다.

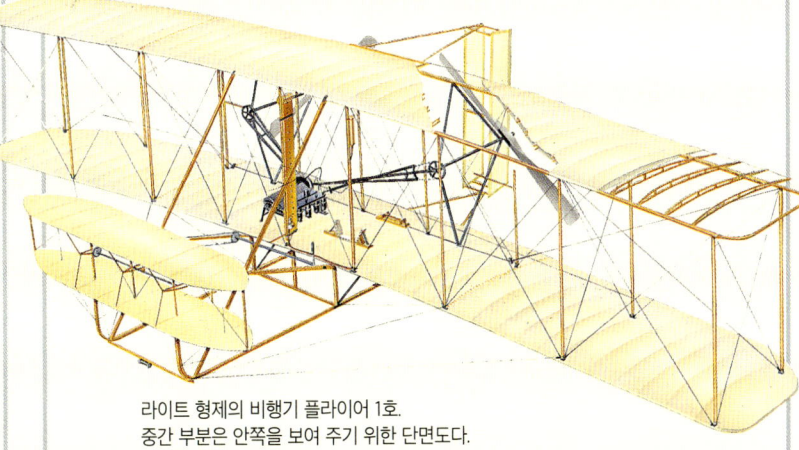

라이트 형제의 비행기 플라이어 1호. 중간 부분은 안쪽을 보여 주기 위한 단면도다.

1906년 미국 샌프란시스코에서 지진과 화재가 연달아 일어나서 도시 대부분이 파괴되었다.

1907년 뉴질랜드가 대영 제국 내 자치령의 지위를 얻었다.

1908~1918년 아이티에 사회 혼란이 계속되었다.

1909년 미국 해군의 로버트 E. 피어리와 매슈 헨슨이 북극에 이르렀다고 보고했다.

북극의 물범들

1910~1911년 멕시코에서 혁명이 일어나 포르피리오 디아스의 독재 정권을 무너뜨렸다. 그러나 이후 권력 투쟁으로 사회 혼란이 이어지고 독재자들이 다시 나타났다.

1912년 대양 항해선 타이타닉 호가 뉴펀들랜드 근처의 바다에서 침몰했다.

1912년 노르웨이 탐험가 로알 아문센이 최초로 남극에 이르렀다.

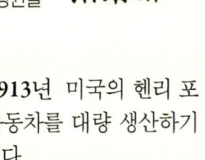

남극의 펭귄들

1912~1913년 미국의 헨리 포드가 자동차를 대량 생산하기 시작했다.

1914년 파나마 운하가 개통되었다.

최초의 대량 생산 자동차인 포드 사의 모델 T

1914년

91

유럽

1915년

1916년 아일랜드 더블린에서 영국에 맞서는 부활절 봉기가 일었다.

러시아 혁명

1900년에 러시아는 유럽에서 가장 개발이 더딘 나라에 속했다. 대부분의 러시아 국민은 차르의 억압적 전제 정치 아래 가난에 시달렸다. 1차 세계 대전으로 많은 사람들이 굶주리고 목숨을 잃게 되자 국민의 불만이 더욱 커졌다. 공산주의 볼셰비키당의 지도자 블라디미르 일리치 울리아노프(레닌)이 1917년 4월에 망명을 마치고 러시아로 돌아왔다. 그의 세력은 빠르게 불어났고, 10월에 상트페테르부르크의 궁전을 습격해서 권력을 잡았다. 새 정부는 소비에트 의회를 통해서 나라를 통치했다. 그들은 토지를 국유화하고, 차르와 그 가족을 처형했으며, '적색 공포'라는 공포 정치를 통해 권력을 유지했다. 이윽고 당파 간에 내전(1918~1920년)이 벌어졌고, 혁명의 확산을 막으려는 외국 열강들이 혁명 정부에 맞서는 백위군을 지원했다. 하지만 결국 레닌이 이끄는 혁명 세력이 승리했고, 러시아는 1922년에 소비에트 사회주의 공화국 연방, 즉 소련이 되었다.

니콜라이 차르와 알렉산드라와 자녀들

1918년 러시아와 독일이 브레스트·리토프스크 평화 조약을 맺었다.

1918~1919년 독일 베를린에서 혁명이 일어나 카이저가 망명했다. 1919년에 독일 바이마르 공화국이 세워졌다.

1918년 영국에서 30세 이상의 여성이 선거권을 얻었다.

1918~1919년 오스트리아·헝가리의 황제가 퇴위했다. 라트비아, 에스토니아, 리투아니아, 체코슬로바키아, 유고슬라비아 등 독립 공화국이 생겨났다.

1919년 독일과 연합국이 베르사유 평화 조약을 맺었다.

1919년 이탈리아에서 베니토 무솔리니가 파시즘 운동을 이끌었다.

1919년 영국의 물리학자 어니스터 러더퍼드가 원자를 분열시켰다.

1919년 일식(아래 참고)으로 아인슈타인의 이론이 확인되었다.

1919년 핀란드가 공화국이 되었다.

1920년 아일랜드 북부의 6개 주가 벨파스트에 의회를 세웠다. 아일랜드 자유국(남부의 주)은 1921년부터 영국 자치령이 되었다.

1922년 로마 이탈리아에서 베니토 무솔리니가 파시즘 정부를 세웠다.

1923년 스페인에서 데 리베라가 독재자가 되었다.

1926년 영국에서 9일간의 총파업이 일어났다.

1928년 알렉산더 플레밍이 최초의 항생제 페니실린을 발견했다.

1924~1953년 스탈린이 소련을 이끌었다.

1924년 그리스가 공화국이 되었다.

1924년 알바니아에서 아흐메드 조구가 정권을 잡았다.

1926~1935년 폴란드에서 피우수츠키가 독재를 했다.

1928년 소련에서 5개년 계획을 시작해서 빠른 속도로 경제 성장과 산업화를 이루었다.

1929년

아프리카와 중동

1916년 아랍 민족주의자들이 사우디 아라비아의 헤자즈에 모여서 오스만 제국에 항거를 일으켰다. 항쟁은 계속 이어졌다.

1916년 영국 대령 T. E. 로런스가 사우디 아라비아의 헤자즈 지역을 탐험했다.

T.E. 로런스 대령

1917년 영국이 밸푸어 선언을 통해 유대인이 아랍의 권리를 존중한다는 전제로 유대인의 팔레스타인 복귀를 지지할 것을 밝혔다.

예루살렘의 바위 사원

1918년 시리아가 독립을 선언했다. 프랑스나 영국은 이를 인정하지 않았다. 프랑스 군대가 1919년에 지배권을 잡았다.

1918년 오스만 제국이 무너졌다. 이듬해 연합국이 수도 이스탄불의 통치를 맡았다.

1919년 영국과 아프가니스탄이 전쟁을 시작했다.

1919년 국제 연맹이 연합국에 독일령 아프리카 식민지에 대한 통치를 맡겼다.

1919년 이집트에서 영국의 통치에 반대하는 민족주의 항쟁이 일었다. 영국은 1922년에 이집트의 독립을 인정했다.

1920년 시리아에서 트랜스요르단이 분리되었다.

1920~1921년 이라크에서 항쟁이 일었다. 영국이 파이살 왕이 이끄는 아랍 자치 정부를 세웠다. 파이살은 요르단 왕 압둘라의 동생이자 하심 왕조의 일원이었다.

1921년 모로코의 베르베르인이 아누알에서 스페인을 물리쳤다.

1922년 무스타파 케말 아타튀르크가 터키의 권력을 잡았다. 그리스 군대가 쫓겨나고 오스만 황제가 폐위되었다. 공화국이 선언되고 개혁과 근대화가 이어졌다.

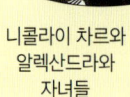

터키 국기와 무스타파 케말 아타튀르크

1922년 국제 연맹이 프랑스에 시리아 통치권을 위임했다.

1923년 에티오피아가 국제 연맹에 가입했다.

1923년 남로디지아(짐바브웨)가 정식으로 영국 식민지가 되었다.

1924~1925년 페르시아에서 레자 칸이 샤(황제)가 되었다.

1924년 모로코 독립 운동이 거세졌지만, 1926년에 스페인과 프랑스 군대에게 패했다.

베니토 무솔리니와 파시즘의 상징인, 잔가지로 감싼 도끼 자루

1926년 이븐 사우드가 헤자즈와 네지드(나중에 사우디 아라비아)의 왕이 되었다.

1926년 레바논이 공화국이 되었다.

1927년 영국이 이븐 사우드를 사우디 아라비아의 통치자로 인정했다.

20세기 1915년~1929년

아시아

1919년 인도에서 영국 군대가 다이어 장군의 명령에 따라 암리차르의 평화 시위대에 총을 쏘았다. 이 일로 인도에서 민족주의가 일어나게 되었고, 다이어 장군은 해고되었다.

1920년 모한다스(마하트마) 간디가 인도 국민 회의를 통해 비폭력 독립 운동을 이끌었다. 1921년에 최초의 인도 국회가 열렸다.

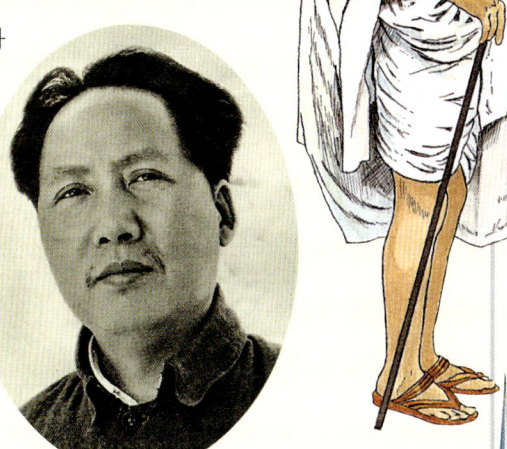
간디

1921년 마오쩌둥과 리다자오가 베이징에서 중국 공산당을 세웠다.

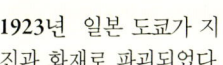
마오쩌둥

1923년 일본 도쿄가 지진과 화재로 파괴되었다.

지진 후의 도쿄

1925년 중국의 쑨원이 사망했다. 그의 뒤를 이은 장제스가 군벌들을 토벌했다.

1926년 일본에서 히로히토가 천황이 되었다.

1927년 국민당 당수 장제스가 공산당과 결별하면서 내전이 벌어졌다. 공산당은 외딴 지역들에 기지를 세웠다.

1928년 장제스가 중국의 주석이 되었다.

1929년 간디가 인도의 독립을 요구하며 시민 불복종 운동을 시작했다.

아메리카와 오스트랄라시아

1915년

1917년 독일의 '유보트(잠수함)'가 미국 여객선을 여러 척 공격해 침몰시켰다. 미국이 독일에 전쟁을 선포했고, 남아메리카의 일부 국가와 쿠바가 미국에 합류했다.

1918년 인플루엔자 대유행으로 전 세계 2,000만 명이 사망했다. 미국에서만 50만 명이 사망했다.

1919년 세계 평화와 안전을 유지하기 위해 국제 연맹이 창립되었다.

1920년 미국 상원 의회가 국제 연맹에 가입하지 않기로 표결했다. 미국에서 금주법과 여성 선거권이 도입되었다.

1923년 미국의 천문학자 에드윈 허블이 외계 은하의 존재를 증명했다.

허블 망원경

1927년 캔버라가 오스트레일리아 연방의 수도가 되었다.

1927년 최초의 유성 영화 중 하나인 『재즈 싱어』가 만들어졌다.

1927년 미국의 비행사 찰스 린드버그가 최초로 대서양을 단독 횡단했다.

1929년 미국의 천문학자 허블이 은하들이 점점 멀어진다는 것을 찾아냈다. 이는 빅뱅 이론의 출발점이 되었다.

1929년 미국 주식 시장인 월스트리트가 무너지면서 대공황이 시작되었다.

대공황

1929년부터 1930년대 중반까지 세계 대부분의 나라가 대공황이라는 경제 위기를 겪었다. 생산과 수입이 급감했으며, 대량 실업이 발생했다. 미국, 독일, 동유럽과 아프리카, 아시아, 라틴아메리카의 여러 나라가 대공황 때문에 가장 큰 어려움을 겪었다.

무료 급식소 앞에 줄선 실직자들

뉴욕의 크라이슬러 빌딩은 1928~1930년에 건설되었다.

1929년

유럽

1930년

1930년 소련에서 스탈린이 농업 집단화 정책을 실행했다. 수백만 명의 쿨라크(스탈린의 농업 정책에 반대하고 토지를 소유한 농민)가 억압되고 살해되었다. 1932년에 기근이 닥쳤다.

1931년 스페인의 왕 알폰소 13세가 망명을 했고 공화국이 세워졌다.

1931년 영국에서 웨스트민스터 헌장을 발표해 영국 자치령의 권리를 규정했다. 이는 영연방을 세우는 중요한 초석이 되었다.

1932~1968년 포르투갈에서 안토니우 살라자르가 총리이자 사실상의 독재자가 되었다.

1933년 독일의 베를린 의회(제국 의회) 의사당이 화재로 무너졌다. 파시즘 정당인 나치당의 지도자 아돌프 히틀러가 수상이 되었다. 그는 1934년에 '퓌어러(총통)'의 지위에 올랐다.

1934~1939년 스탈린이 소련 내의 반대 세력들을 말살했다.

1935년 독일이 군사력을 키웠다.

1935년 독일이 뉘른베르크 법으로 유대인의 권리를 박탈했다.

독일의 유대인은 다윗의 별(위) 배지를 착용해야 했다. 아래는 나치 장교의 배지다.

1936년 영국의 에드워드 8세가 이혼 경력이 있는 심슨 부인과 결혼하기 위해 왕위에서 물러났다.

1936년 독일이 라인란트를 점령했다.

1936년 독일과 이탈리아가 '추축 동맹'을 맺었다.

1936~1939년 스페인 내전 발발. 민족주의 지도자 프랑코 장군이 공화주의 정부에 반란을 일으켰다. 독일과 이탈리아가 그에게 군사력을 지원하고, 소련은 공화파를 지원했다. 프랑코가 독재자가 되어 1975년까지 스페인을 종신 통치했다.

1937년 남아일랜드가 주권국 '에이레'가 되었다.

1938년 히틀러가 오스트리아를 점령하고 (안슐루스) 뮌헨 회의에서 영토를 더 요구하지 않는 조건으로 '주데텐란트(체코의 독일어 사용 지역)'를 받았다.

1938년 나치가 유대인 상점과 회당 수천 곳을 공격했다. ('수정의 밤' 사건)

1939년 독일의 과학자 한과 슈트라스만이 핵분열을 발견했다.

1939년 무솔리니가 알바니아를 점령했다.

아프리카와 중동

1930년 에티오피아에 혁명이 일었다. 라스 타파리(1892~1975년)가 '하일레 셀라시에'라는 이름의 황제가 되었다.

하일레 셀라시에 황제

1932년 이븐 사우드가 사우디 아라비아 왕국을 세웠다.

1932년 영국의 탐험가 해리 필비가 유럽인 최초로 아라비아의 룹알할리 사막(텅빈 땅)을 횡단한 것으로 추정된다.

1933년 아랍인이 유대인의 팔레스타인 이주에 반대하는 폭동을 일으켰다. 영국은 사회 혼란을 막기 위해 이민자 수를 제한했다.

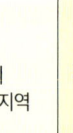

유대교의 상징인 아홉 개 가지를 가진 촛대

1935년 이탈리아가 국제 연맹의 규정을 깨고 에티오피아를 침공했다.

1935년 페르시아가 이름을 이란으로 바꾸었다.

1935년 터키 여성이 선거권을 얻었다.

1936년 영국이 이집트에 대한 보호령 통치를 끝냈지만, 수에즈 운하에 대한 권리는 20년 동안 갖기로 했다. 영국군이 수에즈 운하 지역에 배치되었다.

1936년 이탈리아 군대가 에티오피아의 수도 아디스아바바를 점령했다. 하일레 셀라시에 황제가 국제 연맹에 지원을 호소했다. 영국과 프랑스가 이탈리아에 제한된 제재 조치를 내렸다.

1936년 팔레스타인의 아랍인들이 이스라엘 건국을 막기 위해 유대인 이민자에 대항하는 폭동을 일으켰다.

1938년 이탈리아 무솔리니가 리비아를 영토로 선포했다.

서아시아의 위임 통치 지역

2차 세계 대전

1939년

1939년 9월에 히틀러가 폴란드를 침략하자, 영국과 프랑스(연합국)가 독일에 전쟁을 선포했다. 1940년 6월에 독일은 북부 유럽 대부분을 점령했다. 독일은 '블리츠 크리크(번개 전쟁)'라는 전술로 탱크와 비행기를 빠른 속도로 이동시켰다.

1940~1941년에는 독일 공군 '루프트바페'가 영국의 공항, 공장, 도시를 공격했다(대공습). 1941년에는 '바르바로사' 작전을 개시했다. 그것은 지난날의 동맹 소련에 대한 대규모 침공이었다. 하지만 그것은 큰 실수였고, 독일은 엄청난 자원을 소진한 끝에 후퇴했다. 1942년에 독일의 새로운 동맹국인 일본이 하와이의 진주만을 공격하자 미국이 연합국에 합류했다. 일본은 동남아시아와 태평양의 많은 지역을 장악했다. 하지만 연합국은 1942년부터 태평양, 북아프리카에서 승리를 이루었고, 1944년 6월에는 '디 데이' 작전을 통해 노르망디에 상륙했다. 그동안 소련은 독일을 계속 서쪽으로 밀고, 1945년 4월 베를린에서 연합국을 만났다. 패전이 다가오자 히틀러는 자살했다. 독일은 1945년 5월에 항복했고(VE 데이), 이어 9월에 일본이 최종적으로 항복에 서명했다(VJ 데이).

20세기 1930년~1939년

아시아

1931년 모한다스 간디가 영국의 세금에 항의해서 380킬로미터를 행진하며 시위했다.

1931년 마오쩌둥이 장시성에서 중화 소비에트 공화국을 선포했다.

1931년 일본이 만주를 점령했다. 1932년에는 청나라의 옛 황제 푸이를 집정관으로 삼아 만주국을 세웠다.

간디

일본의 중국 침략 경로 지도

1934년 일본이 빠른 속도로 군사를 재무장하기 시작했다.

1934~1935년 마오쩌둥의 중국 공산당이 중국 북부로 '대장정'을 떠났다. 장제스가 그들의 근거지인 장시를 공격하자, 공산당원들은 중국 북서부의 산악 지역 옌안까지 8,000킬로미터를 옮겨 갔다. 그들은 정부를 수립하고, 중국을 차지할 계획을 세웠다.

마오쩌둥이 이끄는 중국 공산당의 대장정 (1934~1935년)

1937년 버마가 영국령 인도에서 분리되어 개별 식민지로 통치를 받았다.

1937~1945년 일본이 중국을 침공해서 상하이와 난징(1937년), 광둥과 항커우(1938년)를 점령했다.

아메리카와 오스트랄라시아

1930년

1930년 영국의 비행사 에이미 존슨이 런던에서 오스트레일리아의 다윈까지 최초의 여성 단독 세계 일주를 했다.

에이미 존슨의 비행기

1930년 브라질에서 제툴리우 바르가스가 권력을 잡고 대통령이 되었다.

페루의 직물과 그릇

1932년 페루와 콜롬비아가 전쟁을 벌였다.

1932년 오스트레일리아 시드니에 하버 브리지가 세워졌다.

1932년 미국 뉴욕에 세계에서 가장 높은 건물인 엠파이어 스테이트 빌딩이 완공되었다.

1932~1935년 파라과이와 볼리비아가 차코 지역을 둘러싸고 전쟁을 벌였다.

1933년 페루에서 산체스 체로가 대통령으로 뽑혔지만 반대 세력에게 암살 당했다.

1932~1945년 미국 대통령 F. D. 루스벨트가 대공황을 극복하기 위해 뉴딜 정책을 실시했다. 금주법이 폐지되었다.

1930년대 중반 미국 평원에 계속된 강풍으로 많은 농장과 자연이 파괴되었다. 이 지역과 시기는 '더스트 볼(먼지 구덩이)'이라고 불리게 되었다.

1935년 캐나다에서 매킨지 킹이 총리가 되었다.

1936년 아프리카계 미국인 제시 오언스가 베를린 올림픽 육상 종목에서 4개의 금메달을 땄다.

올림픽에서 사용한 미국 국기와 독일 나치 깃발, 스톱 워치

1938년 나치 당원들이 칠레와 브라질에서 음모를 꾸몄지만 실패했다.

1938~1845년 브라질에서 게틀리우 바르가스가 독재를 했다.

1939년 러시아 태생 미국인 이고르 시코르스키가 최초의 현대적 헬리콥터를 설계했다.

1939년

유럽

1940년

1940년 영국 전투 발발. 영국이 독일과 벌인 공중전에서 승리했다.

1940년 독일이 프랑스를 점령했다. 드골이 자유 프랑스군을 만들어 이에 맞서 싸웠다.

영국 전투기

1940~1945년 영국에서 윈스턴 처칠이 연립 정부를 이끌었다.

1941년 독일이 바르바로사 작전을 실행해 소련을 침략했다.

1941년 항공 제트 엔진을 발명한 프랭크 휘틀이 영국 최초로 제트 비행기로 비행했다.

1941~1945년 나치가 독일의 점령국들에 수용소를 건설하고 1,200만 명이 넘는 사람을 죽였다. 동성애자, 정신 질환자, 집시와 600만 명 이상의 유대인이 그 대상이었다. 이 사건을 '홀로코스트'라고 한다.

1942년 독일 과학자 베르너 폰 브라운이 최초의 장거리 제트 로켓 V-2를 발사했다.

1943년 영국에서 최초의 전자 컴퓨터 '콜로서스 I'을 개발했다.

1943년 이탈리아가 항복했다. 독일이 이탈리아 북부와 로마를 점령했다.

1944년 연합국이 모든 전선에서 승리했다. 6월 6일(디 데이)에 프랑스가 해방되었다. 드골이 8월에 파리에 정부를 세웠다.

1944~1949년 그리스에 내전이 벌어졌다.

1945년 프랑스에서 여성이 처음으로 선거권을 얻었다.

1945년 히틀러가 자살했다. 독일이 5월 8일에 항복하고(VE 데이) 프랑스, 영국, 미국, 소련에 분할 통치되었다.

처칠(영국), 루스벨트(미국), 스탈린(소련)이 전후 문제 해결을 위해 흑해 연안의 얄타에서 만나 회담을 했다.

1945~1946년 독일 뉘른베르크에서 나치 지도자들에 대한 재판이 열렸다.

1946년 헝가리, 알바니아, 불가리아가 공화국이 되었다.

1946년 이탈리아에서 왕이 물러나고 공화국이 선포되었다. 이탈리아 여성이 처음으로 선거권을 얻었다.

1947년 벨기에, 네덜란드, 룩셈부르크가 관세 동맹을 맺었다. 이것이 유럽 통합 운동의 첫걸음이 되었다.

1947년 루마니아가 공화국이 되었다.

1948년 체코슬로바키아, 헝가리, 루마니아, 불가리아, 폴란드에 공산주의 정권이 들어섰다.

1947~1958년 프랑스에 제4 공화국이 들어섰다.

1948년 유럽 경제 협력 기구(OEEC)가 세워졌다.

1948~1949년 소련이 베를린이 동구권에 합류하도록 베를린 봉쇄를 통해서 베를린의 교통로를 차단했다. 하지만 영국과 미국이 생필품을 비행기로 공수해서 봉쇄가 실패했다. 독일은 동독과 서독으로 분리되었다.

1949년 영국 노동당 정부가 국유화 정책을 시작했다.

1949년

1949년 에이레가 영연방을 떠나 독립했다.

아일랜드 국기

아프리카와 중동

1940년 이탈리아가 이집트를 침공했다가 영국에 밀려 퇴각했다. 영국은 리비아를 점령했다.

1940년 프랑스의 많은 아프리카 식민지가 드골의 프랑스 자유군을 지원했다.

1941년 독일군을 이끄는 에르빈 롬멜 장군이 북아프리카에서 연합국에 반격했다.

1941년 이탈리아가 소말리아, 에리트레아, 에티오피아에서 밀려났다.

전쟁 동안 양대 세력으로 나뉜 유럽, 북아프리카, 서아시아의 지도

1942년 독일 롬멜 장군이 이집트 엘알라메인에서 영국의 몽고메리 장군에게 패배했다.

1941년에 포로로 잡힌 롬멜 장군의 군인들

1943년 독일이 튀니지에서 항복했다. 독일이 아프리카에서 벌인 전투를 끝냈다.

1945년 카이로에서 아랍 연맹이 만들어졌다.

1945년 알제리에서 프랑스에 맞서 항쟁이 일어났다.

1946년 트란스요르단이 압둘라 왕 체제로 독립을 이루고 이름을 요르단으로 바꾸었다.

이스라엘과 팔레스타인의 영토 (1947~1948년)

1947년 팔레스타인을 아랍과 유대인의 나라로 분리하는 것에 국제연합(UN)은 동의했지만 아랍 국가들은 반발했다. 영국이 물러가자 전쟁이 터졌다.

1948년 남아프리카에서 국민당이 '아파르트헤이트(인종 분리 정책)'을 내걸고 정권을 잡았다. 1949년에 아파르트헤이트가 도입되었다.

1948~1949년 아랍 연맹이 이스라엘과 제1차 중동 전쟁을 했지만, 이스라엘의 건국을 막지 못했다.

이스라엘을 떠나는 팔레스타인 난민

20세기 1940년~1949년

아시아

1940년 시암과 일본이 우호 조약을 맺었다.

1941년 소련과 일본이 중립 조약을 맺었다.

1941~1942년 일본이 동남아시아 여러 지역과 태평양의 많은 섬을 점령했다.

1942년 미국이 미드웨이 전투에서 일본의 팽창을 막았다.

1944년 미국이 베트남의 사이공을 점령하고, 일본에 폭격을 시작했다.

1945년 미국이 오키나와에서 일본 함대를 격파하고 일본에 원자 폭탄을 투하했다. 히로시마와 나가사키는 완전히 파괴되었다. 일본은 그해 8월 14일에 항복했다.

일본 나가사키에 '팻보이(뚱뚱한 소년)'라는 이름의 원자 폭탄이 투하되었다.

폭탄 안에는 '플루토늄'이라는 물질이 들어 있었다. 폭탄이 표적에 맞자, 플루토늄의 모든 원자가 분열해서 엄청난 위력의 폭발이 일어났다.

1945년 미국과 소련이 한국을 공동으로 점령했다.

1945년 베트남 하노이에 호치민이 정부를 세웠다. 프랑스가 다시 인도차이나를 지배하려고 하자 독립 전쟁이 일어났다(1946~1954년).

1945~1951년 연합국이 일본을 점령하고 통치했다.

1946~1949년 중국에서 국민당과 공산당이 내전을 벌여서 공산당이 승리했다. 국민당은 타이완에 중화민국을 세웠다.

1947년 인도가 독립한 뒤, 힌두교인 인도와 이슬람교인 파키스탄으로 갈라졌다. 인도의 각기 다른 지역으로 사람들이 이동하는 동안 학살이 여러 차례 일어났다.

인도의 다른 지역으로 이주하는 사람들

1948년 인도의 마하트마 간디가 암살되었다.

1948년 말레이에 테러가 일어나서 나라가 비상 사태에 들어갔다.

1948년 한국이 공산주의를 표방하는 북한과 민주 공화국인 남한 두 나라로 갈라졌다.

1948년 버마와 실론이 영국으로부터 독립했다.

1949년 시암이 타이로 이름을 바꾸었다.

1949년 미국이 일본의 경제 개발 계획을 시작했다.

1949년 중국 공산당의 마오쩌둥 의장이 중화인민공화국의 출범을 공식적으로 선언했다.

아메리카와 오스트랄라시아

1941년 일본이 하와이의 진주만에 있는 미국 해군 기지를 공격했다. 미국이 제2차 세계 대전에 참전했다.

일본의 진주만 공격

1942년 이탈리아 출신 물리학자 엔리코 페르미가 미국에서 최초의 핵반응기를 만들었다.

1942년 멕시코와 브라질이 독일과 일본에 전쟁을 선포했다.

1943년 아르헨티나에서 혁명이 일어나서 후안 페론이 사실상 군사 독재를 펼쳤다. 그는 1946년에 대통령이 되었다.

1945년 미국이 뉴멕시코에서 최초의 원자 폭탄을 폭발시켰다.

1945년 미국 샌프란시스코에 국제 연합(UN)이 평화를 지키고 인권을 보호하려는 목적으로 세워졌다.

유엔의 상징

1946년 미국의 존 모클리와 존 에커트가 현대식 컴퓨터의 조상인 '에니악(ENIAC)'을 개발했다.

1946년 미국이 태평양 비키니 환초에서 최초의 수중 핵폭발 실험을 했다.

1947년 미국이 공산주의가 아닌 국가들에게 경제적 지원을 하는 마셜 플랜을 실시했다.

마셜 플랜을 광고하는 독일 포스터

1947년 미국 대통령 해리 트루먼이 공산주의에 대항하는 집단에게 지원할 것을 약속했다.

냉전 시대

제2차 세계 대전 후에 양대 강대국인 미국과 소련은 정치적 차이와 서로를 향한 의혹 때문에 서로 갈라서게 되었다. 두 나라는 핵무기를 만들고 상대국에 선전과 위협을 퍼부었다. 양국은 직접적으로 전쟁하지는 않았지만, 세계의 다른 나라와 지역에서 벌어지는 공산주의 대 비공산주의의 무력 대결에 지원했다. 이런 적대 상태를 '냉전'이라고 부르며, 냉전은 **1948년**부터 소련이 해체한 **1991년**까지 이어졌다.

1948년 트랜지스터가 발명되면서 전자회로가 소형화되었다.

1949년 서유럽 국가와 미국, 캐나다 등이 공산주의에 대항하기 위해 북대서양 조약 기구(NATO, 나토)라는 군사 동맹을 맺었다.

유럽

1950년

1951년 소련이 최초의 원자 폭탄을 폭발시켰다.

1951년 벨기에, 프랑스, 네덜란드, 이탈리아, 룩셈부르크, 서독이 유럽 석탄 철강 조약을 맺었다.

1952년 영국에서 엘리자베스 2세가 여왕이 되었다.

1953년 영국의 프랜시스 크릭과 미국의 제임스 왓슨이 DNA 구조를 발견했다.

DNA 분자의 이중 나선 구조

1953년 소련의 스탈린이 사망했다. 니키타 흐루쇼프가 기원후장이 되었다가 총리(1958~1964년)가 되었다.

1953년 헝가리의 개혁적 공산당 지도자인 임레 너지가 개혁을 도입했다.

1953년 유고슬라비아에서 요시프 브로즈(일명 티토)가 대통령에 당선되었다.

1953년 동베를린에서 공산주의 반대 봉기가 일자 탱크를 앞세운 소련이 이를 진압했다.

1954년 영국의 로저 배니스터가 처음으로 1.6킬로미터를 4분 안에 달렸다.

1954년 키프로스에서 '에오카(EOKA) 운동'이 일어나 그리스와 통합을 추진했다. 영국에 반대하는 시위가 **1959년**까지 계속되었다.

1955년 동유럽 공산주의 국가들 간의 군사 조약이자 동맹인 바르샤바 조약이 체결되었다.

분열된 유럽의 지도

1956년 헝가리에서 공산주의 반대 봉기가 소련에 의해 진압되었다. 임레 너지가 **1958년**에 처형되었다.

소련의 탱크가 1956년 헝가리의 반 공산주의 항쟁을 진압하는 모습

1957년 소련이 최초의 인공 위성 '스푸트니크 1호'를 발사했다. 지구 생명체 최초로 '라이카'라는 개가 우주 공간으로 나아갔다.

1957년 로마 조약으로 유럽 경제 공동체(EEC)가 만들어졌다. 회원국은 프랑스, 독일, 이탈리아, 벨기에, 네덜란드, 룩셈부르크였다.

1958년 프랑스에서 드골이 총리가 되었고, 제5 공화국이 들어섰다. 드골은 **1959년**에 프랑스의 대통령이 되어 **1969년**까지 자리를 유지했다.

1959년 영국의 크리스토퍼 코커릴이 설계한 최초의 공기 부양선(ACV)이 처음으로 바다를 횡단했다.

1959년 마카리오스 대주교가 신생 공화국 키프로스의 초대 대통령이 되었다.

1959년

아프리카와 중동

1951년 리비아가 아프리카 식민지 가운데 최초로 독립을 얻었다.

1951년 요르단의 압둘라 왕이 암살되었다. 후세인 왕세자가 요르단의 왕이 되었다.

1952년 이집트에 혁명이 일어나서 파루크 왕이 물러났다. **1953년**에 이집트 공화국이 선포되었다.

1952~1955년 케냐에서 영국 통치에 반대하는 비밀 조직 마우마우가 봉기를 일으켜 비상 사태가 발생했다.

케냐의 방패

1953년 남북로디지아와 니아살란드 연방이 설립되었다.

1954년 이집트에서 가말 압델 나세르가 정권을 잡았다. 그는 **1956~1970년**에 대통령 자리에 있었다.

1954~1962년 알제리 민족주의자들과 프랑스 정착민들이 격렬한 내전을 벌인 끝에 알제리가 독립을 이루었다.

1956년 제2차 중동 전쟁이 일어났다.

1956년 나이지리아에서 석유가 발견되었다.

1956년 수단과 모로코가 독립국이 되었다.

1956년 수에즈 전쟁 발발. 이집트의 나세르 대통령이 수에즈를 국유화하자 영국과 프랑스가 이에 반대했다. 이스라엘이 이집트를 침략했고, 영국과 프랑스가 운하 지역을 점령했지만 미국 등 세계의 반대로 물러났다.

1957년 튀니지가 공화국이 되었다.

1957년 이라크의 페이살 2세 왕과 총리가 군사 쿠데타로 암살되었다. 이후 이라크 공화국이 선포되었다.

1957년 가나가 콰메 은크루마의 지도 아래 독립국이 되었다. 이 사건은 아프리카가 식민지에서 해방되는 시대로 나아가는 중대한 첫걸음이었다.

가나의 국기

1958년 이집트와 시리아가 통일 아랍 공화국을 이루었고, 나중에 예멘이 이에 합류했다. 시리아가 **1960년**에 탈퇴했다.

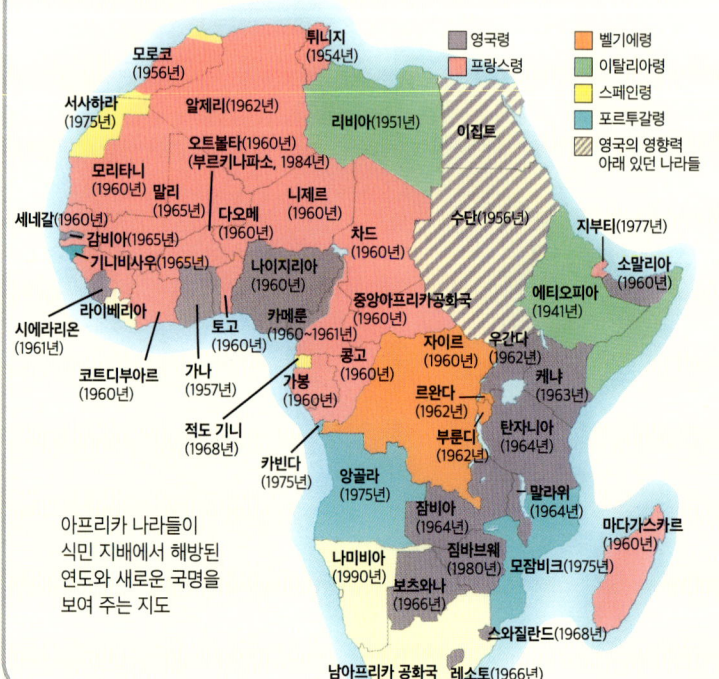

아프리카 나라들이 식민 지배에서 해방된 연도와 새로운 국명을 보여 주는 지도

20세기 1950년~1959년

아시아

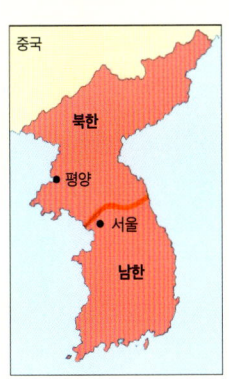
1953년 한국의 지도

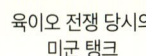
육이오 전쟁 당시의 미군 탱크

1950~1953년 6·25 전쟁 발발. 소련의 지원을 받는 북한이 남한을 침공했다. 미국이 주축이 된 유엔군이 남한을 지원했고, 중국이 북한을 지원했다. 처음에는 공산군이 우세했지만, 1951년에 유엔군이 반격에 성공했다. 판문점에서 휴전 조약(1953년)이 체결되면서 북한과 남한의 국경이 확정되었다.

1950년 중국이 티베트를 침략했다.

1951년 이란의 총리 무사데크가 영국·이란 석유 회사를 국영화했다. 이란과 영국의 갈등이 불거졌다.

1951~1952년 일본이 전후 평화 조약에 따라 미 군정에서 벗어나 완전히 독립했다. 일본의 경제가 빠르게 성장하기 시작했다.

1953년 뉴질랜드의 에드먼드 힐러리와 셰르파 텐징이 세계에서 가장 높은 산인 에베레스트 정상에 올랐다.

세계에서 가장 높은 산들
알프스산맥 몽블랑산 / 일본 후지산 / 알래스카산맥 매킨리산 / 히말라야산맥 에베레스트산 8,848미터 / 동아프리카 킬리만자로산 / 히말라야산맥 K2 / 안데스산맥 아콩카과산

1954년 동남아시아 조약 기구(SEATO)가 공산주의의 확산을 막기 위해 설립되었다. 오스트레일리아, 프랑스, 뉴질랜드, 영국, 파키스탄, 필리핀, 타이, 미국이 이 기구에 참여했다.

1957년 말레이가 영국으로부터 독립했다.

베트남 전쟁

인도차이나 지도(1953년)

1954년에 프랑스가 디엔비엔푸에서 패배하면서 인도차이나의 독립 투쟁이 끝났다. 그 뒤 독립된 공산국가인 북베트남이 하노이를 수도로 삼아 건국되었다. 같은 해에 제네바 회의에서 캄보디아, 라오스, 남베트남이 독립 국가로 인정되었다. 하지만 북베트남은 베트남의 분단을 인정하지 않으면서 내전과 베트남 전쟁(1954~1973년)이 벌어졌다. 북베트남이 '베트콩(북베트남에 우호적인 남베트남의 반란 세력)'을 지원하는 한편, 미국은 남베트남 정부를 지원했다. 1961년부터 미국은 전쟁에 적극 개입해서 1965년부터 베트남 북부를 폭격하고 1968년까지 50만 명의 대규모 병력을 투입했다. 하지만 정글 전투에 능숙한 베트콩의 위세에 미국 군인들은 사기를 잃었고 국내에서 반전 여론이 높아졌다. 결국 1973년에 미국은 베트남에서 철수했다. 1975년에 베트콩은 남부의 수도 사이공(오늘날의 호치민 시)을 점령하고 남북을 통일했다.

1958년 중국에서 마오쩌둥이 산업의 고속 성장을 위한 대약진 운동을 선언했다.

1959년 티베트에서 중국에 맞서 항쟁을 일으켰으나 실패했다. 티베트의 지도자 달라이 라마가 인도로 망명했다.

아메리카와 오스트랄라시아

1950년 아르헨티나의 대통령 후안 페론의 아내로서 국민에게 높은 인기를 얻었던 에바 페론이 사망했다.

1950년 미국 대통령 트루먼이 수소 폭탄의 개발을 허용했다.

1950~1954년 미국 상원 의원 매카시가 미국에서 공산주의 반대 운동을 이끌었다.

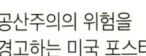
공산주의의 위험을 경고하는 미국 포스터

1951년 오스트레일리아, 뉴질랜드, 미국이 앤저스 조약(ANZUS)을 맺었다.

1952년 쿠바에 내전이 일어났다. 바티스타 장군이 권력을 잡았지만, 피델 카스트로가 이끄는 공산주의자들이 그에게 반발했다.

1954년 미국에서 소아마비 예방 접종이 실시되었다.

1955년 아르헨티나에서 혁명이 일어나 후안 페론 정권이 무너졌다.

1955년 미국의 마틴 루터 킹이 인종 분리 정책에 항의해서 앨라배마주에서 버스 보이콧 운동을 이끌었다.

1958년 미국 텍사스 인스트루먼츠 사의 잭 킬비가 집적 회로를 선보였다.

실리콘 칩(오른쪽)이 전자 회로를 소형화했다.

★ **1958년** 알래스카가 미국의 49번째 주가 되었다.

1958~1967년 미국에서 아프리카계 미국인의 시민권을 요구하는 목소리가 점점 커졌다.

1959년 미국 중앙 정보국(CIA)이 훈련시킨 쿠바 난민들이 쿠바 침략을 시도했지만 실패했다.

1959년 하와이가 미국의 50번째 주가 되었다.

 미국 국기 성조기에 새겨진 별의 수는 미국의 주의 수를 가리킨다.

1959년 쿠바에서 피델 카스트로가 체 게바라의 도움을 받아 바티스타 대통령 정권을 무너뜨렸다. 체 게바라는 유격전에 능한 아르헨티나의 마르크스주의자였다.

체 게바라의 이미지는 전세계에서 혁명의 상징이 되었다.

유럽

1960년

1960년 키프로스가 독립국이 되었다.

1961년 소련의 유리 가가린이 최초의 유인 우주 비행에 성공했다. 그는 보스토크 1호를 타고 지구의 궤도를 완전히 돌았다.

1961년 동베를린 주변에 베를린 장벽이 세워졌다. 동독인들의 탈출을 막기 위한 것이었다.

브란덴부르크 문 앞의 베를린 장벽

국경 지역을 순찰하는 소련의 탱크(아래)

1961년 국제 사면 위원회(앰네스티 인터내셔널)가 인권 탄압에 맞서기 위한 목적으로 런던에 설립되었다.

1962년 영국의 유럽 경제 공동체(EEC) 가입 신청이 거부되었다.

1963년 소련의 발렌티나 테레시코바가 최초의 여성 우주인이 되었다.

보스토크 6호의 사령선에 탄 발렌티나 테레시코바

1963년 소련, 영국, 미국이 핵 실험 금지 조약을 맺었다.

1964년 키프로스에서 그리스와 터키가 전쟁을 벌였다.

1964년 소련에서 흐루쇼프를 이어 레오니트 브레즈네프가 지도자가 되었다.

1965년 세계 대전 시기에 영국의 총리였던 윈스턴 처칠이 사망했다.

1965년 소련의 알렉세이 레오노프가 인류 최초로 '우주 유영'을 했다.

1967년 그리스에서 군주제가 폐지되었다.

1968년 5월 혁명

1968년 5월에 프랑스 파리의 대학생들이 학교 문제와 사회 문제들(미국의 베트남 전쟁 참전 포함)에 반대하며 시위를 벌였고, 시위는 프랑스의 다른 지역으로도 빠르게 퍼졌다. 시위를 진압하려는 경찰과 3만 명에 이르는 학생이 격렬하게 충돌하면서 혁명의 긴장감이 높아졌다. 이윽고 노동자들도 시위에 합류해서 드골 대통령의 정책에 반대하는 총파업을 벌였다. 결국 드골은 1969년에 대통령직에서 내려왔다.

1968년 10월에 소련군이 체코슬로바키아를 침공해서 '프라하의 봄'을 진압했다. 프라하의 봄은 총리 알렉산데르 둡체크가 이끈 체코 공산당 내의 민주 자유화 운동이다.

1968~1969년 북아일랜드에서 시민권 반란이 일어났다. 이후 여러 해 동안 '통합주의자(영국에 남아 있기를 원하는 사람)'들과 '공화주의자(영국 본토와 분리를 원하는 사람)'들 사이에 격렬한 충돌이 이어졌다.

1969년

아프리카와 중동

1960년대 대부분의 아프리카 국가가 독립국이 되었다.

우간다(1962), 보츠와나(1966), 가나(1957), 스와질란드(1968), 토고(1960)의 국기

1960년 석유 수출국 기구(OPEC)가 이라크의 바그다드에서 결성되었다.

1960년 남아프리카 연방의 샤프빌에서 군대가 시위대에게 총을 쏘아서 67명의 흑인이 사망했다.

1960~1965년 콩고가 벨기에로부터 독립한 뒤 내전이 일어났다. 모부투가 쿠데타로 권력을 잡았다. 카탕가 지방이 독립을 선언했다.

1961년 남아프리카가 영연방을 탈퇴했다.

1962년 예멘에 혁명이 일어나서 군주제가 폐지되었다.

1963년 아프리카 연합 기구(OAU)가 아프리카 30개 나라에 의해 에티오피아의 아디스아바바에서 결성되었다.

1963년 케냐가 독립했고, 조모 케냐타가 총리에 올랐다. 1964년에 케냐가 공화국이 되었다.

1964년 탕가니카와 잔지바르가 합쳐져 탄자니아를 이루었다.

1964년 모잠비크에서 포르투갈에 반대하는 항쟁이 일어났다.

1964년 마지막 프랑스 군대가 알제리에서 퇴각했다.

1965년 로디지아 전선당의 지도자 이안 스미스가 남로디지아의 독립을 인정하되, 정부를 소수인 백인으로 구성하겠다고 선언했다. 이 사건을 '일방적 독립 선언'이라고 한다. 영국은 로디지아 정부의 선언을 인정하지 않고 로디지아에 제재를 가했다. 흑인 세력들이 분열되어 권력 투쟁을 하면서 오랜 내전이 이어졌다.

1966년 장 보카사가 중앙아프리카 공화국의 권력을 잡았다.

장 보카사의 겉옷에 있는 문장

1966년 우간다에서 밀턴 오보테가 권력을 잡았다.

1966년 가나의 대통령 은크루마가 군사 쿠데타로 물러났다.

1966년 남아프리카 공화국의 총리 페르부르트가 암살되었다.

1966년 나이지리아에서 혁명이 일어났다.

1967년 이스라엘과 아랍 국가들이 6일 전쟁을 벌였다. 이스라엘이 시나이를 점령했다.

1967년 남아프리카 공화국에서 크리스티안 버나드 박사가 최초로 심장 이식 수술에 성공했다.

1967~1970년 나이지리아에 내전이 일었고, 나이지리아 동부가 비아프라로 독립을 선언했다.

1969년 리비아 혁명으로 이드리스 1세 왕이 물러나고 카다피 대령이 정권을 잡았다.

1969년 이스라엘에서 골다 메이어가 총리에 올랐다.

20세기 1960년~1969년

아시아

1960년 중국과 인도가 국경을 두고 전쟁을 벌였다.

1960년 중국과 소련의 관계가 점점 나빠졌다.

1960년 스리랑카에서 반다라나이케가 최초의 여성 총리로 선출되었다.

1961년 미국이 공산주의 북베트남을 물리치려는 목적으로 남베트남에 군대를 지원하기 시작했다. 1965년부터 미국이 북베트남 폭격을 시작했다.

1964년 인도의 총리였던 자와할랄 네루가 사망했다. 그는 1947년 인도의 독립 이후 국민에게 많은 신임을 얻었던 지도자다.

1964년 말레이가 인도네시아 게릴라 저항군의 공격을 받아서 비상 사태에 들어갔다.

1965년 미국이 베트남에 최초로 지상군을 보냈다.

1965년 인도와 파키스탄이 국경에 접한 카슈미르 지방을 두고 전쟁을 벌였다.

1965년 싱가포르가 말레이로부터 독립했다.

1965년 필리핀에서 페르디난드 마르코스가 대통령이 되었다.

1966년 인도에서 인디라 간디가 총리가 되었다.

문화 대혁명

1966년에 중국의 지도자 마오쩌둥은 문화 대혁명을 시작했고, 순수한 공산주의를 실현하자는 목적 아래 자본주의 세력을 몰아내는 공포 정치를 펼쳤다. 많은 젊은이가 홍위병이 되어 염탐, 폭력, 협박을 통해 반혁명 세력들을 찾아냈다. 이러한 정책은 1976년에 마오쩌둥이 죽을 무렵까지 계속되었고, 그동안 수백만 명이 붙잡혀 죽거나 옥에 갇혔다.

중국 국기

문화 대혁명 시대에 마오쩌둥을 지지하는 시위대

1967년 중국이 중국 최초의 수소 폭탄을 터뜨렸다.

1968년 북베트남이 남베트남에 '구정 대공세'라는 대규모 공격을 펼쳤다. 이를 계기로 미국과 북베트남의 정전 협상이 시작되었다.

베트남 마을 위를 날아가는 미국 헬리콥터

아메리카와 오스트랄라시아

1960년 브라질에서 신도시 브라질리아가 새 수도로 정해졌다.

1961년 쿠바 출신 망명자들이 미국의 도움으로 쿠바의 피그스만을 침공해서 피델 카스트로를 무너뜨리려고 했지만 실패했다.

1962년 자메이카와 트리니다드 토바고가 독립했다.

1962년 미국이 최초로 TV 생중계와 전화가 가능한 통신 위성 '텔스타 1호'를 발사했다.

텔스타 위성

쿠바 미사일 위기

냉전 시대가 진행되던 1962년, 세계는 핵전쟁이라는 가장 큰 위기를 겪을 위험에 닥쳤다. 미국은 소련이 쿠바에 핵미사일 기지를 건설했다는 사실을 알고 이 일을 국가 위기로 판단해 쿠바 섬에 해군을 보냈다. 미국은 쿠바섬을 봉쇄한 다음, 소련에 기지를 철거하지 않으면 전쟁을 하겠다고 위협했다. 이에 소련이 물러나면서 전쟁 위기를 피했다.

1963년 미국의 케네디 대통령이 텍사스주 댈러스에서 암살되었다.

1963년 북아메리카에서 크리스토퍼 콜럼버스보다 500년 앞선 시대의 바이킹 유적이 발견되었다.

1964년 미국의 존슨 대통령이 시민권법에 서명해서 인종 차별 행위를 불법으로 규정했다.

1965년 미국 최초의 우주선이 달에 착륙했다.

1965년 아프리카계 미국인 운동가 말콤 엑스가 뉴욕에서 암살되었다.

1966년 영국령 기아나(가이아나)와 바베이도스가 독립국이 되었다.

1967년 볼리비아 게릴라의 지도자 체 게바라가 암살되었다.

1968년 아프리카계 미국인 민권 운동가 마틴 루터 킹이 암살되었다.

1968년 캐나다의 피에르 트뤼도가 총리가 되었다.

1968년 미국 상원 의원 로버트 E. 케네디가 암살되었다.

1969년 미국에서 베트남 전쟁 반대 시위가 점점 커졌다.

반전 포스터

1969년 미국 우드스탁의 락페스티발에 50만 명이 참가했다.

1969년 7월 21일, 미국의 우주 비행사 닐 암스트롱이 인류 최초로 달에 발을 디뎠다.

닐 암스트롱의 '작은 한 걸음'

유럽

1970년

1970년 최초의 점보 제트기가 뉴욕에서 런던까지 비행했다.

1970년 영국이 북해에서 석유를 발견했다.

바다의 석유 굴착 시설

1970년 프랑스의 드골 대통령이 사망했다.

1970년 스페인에서 바스크 분리주의자(스페인에서 분리되기 원하는 바스크 지방 사람들)들이 테러를 일으켰다.

1971년 소련의 옛 지도자 니키타 흐루쇼프가 사망했다.

1971년 영국에서 십진법 통화가 채택되었다. 이전까지 영국은 화폐 단위가 12펜스=1실링, 20실링=1파운드로 복잡했다. 하지만 이제 100펜스=1파운드가 되고 실링은 없어졌다.

1971년 스위스에서 여성이 선거권을 얻었다.

1971년 소련이 세계 최초의 우주 정거장 '살류트 1호'를 발사했다.

올림픽 로고

1972년 뮌헨 올림픽에서 아랍 테러 조직 '검은 9월단'이 이스라엘 선수들을 살해했다.

1972년 북아일랜드에서 '피의 일요일' 사건 발생. 영국 군대가 북아일랜드계 시위대에게 총을 쏴아 14명이 사망했다. 영국이 북아일랜드를 직접 통치하기 시작했다.

1973년 에이레, 덴마크, 영국이 유럽 경제 공동체(EEC)에 가입했다.

1973년 그리스가 공화국이 되었다. 파파도풀로스 대통령이 군사 쿠데타로 권력을 잃었다.

1974년 터키가 키프로스를 침략해서 섬을 북쪽 터키 구역과 남쪽 그리스 구역으로 나누었다.

1974년 포르투갈에서 혁명이 일어나 군부 독재 대신 민주주의가 들어섰다.

1975년 스페인의 프랑코 장군이 사망했다. 군주제가 부활해서 후안 카를로스가 왕이 되었다.

1975년 서독에서 바더·마인호프 테러단의 재판이 열렸다.

콩코드기는 음속을 통과할 때 초음속 폭음을 냈다.

1976년 헬싱키 인권 협약이 채택되었다.

1976년 독일과 프랑스에서 세계 최초의 초음속(소리보다 빠른 속도) 여객기인 '콩코드기'를 만들어서 대서양 횡단 서비스를 시작했다.

1977년 스페인의 후안 카를로스 왕이 민주주의를 되살렸다.

1977년 체코의 극작가 바츨라프 하벨의 주도로 인권 기구 '헌장 77'이 설립되었다.

1978년 영국에서 최초의 시험관 아기 루이즈 브라운이 태어났다.

1978년 세계 최악의 석유 누출 사고 발생. 유조선 아모코 카디즈 호가 프랑스 해안에 좌초해 약 22만 톤의 석유가 바다에 유출되었다.

1979년 엘리자베스 2세 여왕의 사촌인 마운트배튼 경이 아일랜드 독립 투쟁 단체 아일랜드 공화국군(IRA)의 폭탄을 맞고 사망했다.

1979년

1979년 영국 최초의 여성 총리로 마거릿 대처가 선출되었다.

아프리카와 중동

1970년 요르단의 후세인 왕과 팔레스타인 해방 기구(PLO)의 야세르 아라파트가 요르단에서 정전 협정에 서명해서 전쟁을 끝냈다.

1970년 우간다에 군사 쿠데타가 일어나서 이디 아민이 권력을 잡았다.

1970년 이스라엘과 이집트가 시나이를 두고 전쟁을 벌였다.

이스라엘의 F4E 전투기

1971년 이집트에 아스완 댐이 건설되었다.

1972년 우간다의 독재자 이디 아민이 아시아인 4만 명을 추방했다.

1973년 이스라엘과 아랍 국가들이 욤키푸르 전쟁을 벌였다. 이집트와 시리아가 이스라엘을 공격하고 골란 고원을 점령했다. 석유 수출국 기구(OPEC)가 석유 공급을 제한하면서 석유 값이 폭등하고, 전 세계 경제가 위기를 겪었다.

이 '초대형 유조선'은 길이가 몹시 길어서 선원들이 양끝을 오가려면 전동 자전거를 타야 했다.

1974년 에티오피아의 왕 하일레 셀라시에가 폐위되고 마르크스주의 정부가 들어섰다.

1974년 레바논에서 기독교, 이슬람교, 정치 집단 간 내전이 시작되었다.

1975년 앙골라와 모잠비크가 독립했고 앙골라에서 내전이 시작되었다.

1975년 사우디 아라비아의 파이살 왕이 암살되었다.

1976년 요하네스버그 인근 소웨토에서 격렬한 폭동이 일어났다.

1976년 엔테베 공항 사건 발생. 이스라엘 특공대가 팔레스타인 테러리스트들이 우간다 엔테베에 잡아둔 인질 백 명을 구출했다.

1977년 중앙아프리카 제국에서 장 보카사가 스스로 황제가 되었다.

1977년 이집트의 사다트 대통령이 이스라엘을 방문해서 평화 회담을 했다.

레바논 지도. 각 지역의 주요 종교 집단을 보여 준다.

- 수니파(이슬람교)
- 시아파(이슬람교)
- 드루즈파(이슬람교)
- 기독교
- 이스라엘 안전 지대

1978년 유엔 평화군이 이스라엘, 레바논 국경으로 파견되었다.

1979년 이스라엘과 이집트가 평화 조약을 맺고 시나이에서 물러가기로 했다.

1979년 이란에서 왕정이 무너지고, 아야톨라 호메이니가 이끄는 이슬람 공화국이 들어섰다.

1979년 우간다에서 내전과 탄자니아의 침공으로 이디 아민 정권이 무너졌다.

1979년 런던에서 랭커스터 하우스 회담이 열려 이 자리에서 로디지아(오늘날의 짐바브웨)의 헌법 초안이 작성되었다.

짐바브웨의 국기

20세기 1970년~1979년

아시아

1970년 캄보디아에서 군사 쿠데타가 일어나 시아누크 왕자의 정부가 무너졌다. 캄보디아의 론 놀이 크메르 공화국을 세웠다.

1971년 파키스탄이 인도를 침공했지만 패전했다.

1971년 파키스탄이 동파키스탄을 포기했다. 동파키스탄은 독립해서 방글라데시가 되었다.

방글라데시 국기

1972년 실론의 이름이 스리랑카로 바뀌었다.

1972년 미국의 대통령 닉슨이 20년 동안 단절되었던 중국과의 관계를 풀기 위해 8일 동안 중국을 방문하고 마오쩌둥을 만났다.

1973년 베트남 전쟁이 끝나고, 마지막 미군이 돌아갔다.

1973년 아프가니스탄의 왕이 군사 쿠데타로 쫓겨났다. 왕족 무함마드 다우드가 권력을 잡았다.

1974년 세계 최대의 무덤인 진나라 시황제의 무덤이 발견되었다.

시황제의 무덤에는 흙을 구워 빚은 7,500명 이상의 군인과 말과 전차들의 모형이 들어 있었다.

1975년 북베트남과 남베트남이 공산주의 국가로 통일되었다.

1975년 캄보디아와 라오스에 공산주의 정권이 들어섰다. 캄보디아의 공산주의 조직인 '크메르 루주'는 폴포트의 통치 아래 수백만 명을 학살했다.

1976년 중국의 마오쩌둥이 사망했다. 마오의 아내가 포함된, '4인방'이라는 측근 집단이 권력을 잃었다.

1977년 수천 명의 베트남 사람들이 남베트남의 공산주의 정권을 피해 배를 타고 나라를 떠났다.(보트 피플)

1977년 파키스탄에서 지아 울 하크 장군이 쿠데타를 일으켰다. 이 사건으로 총리였던 부토가 물러났고 나중에 교수형을 당했다.

1978년 베트남이 크메르 루주 정부에 대항하는 세력을 돕기 위해 캄보디아를 침공했다. 캄보디아에 친베트남 정부가 세워졌다.

1979년 아프가니스탄에서 친소련 정권에 반대하는 내전이 벌어졌다. 소련이 정부군을 돕기 위해 침공했고, 유격전이 이어졌다.

1979년 캄보디아에서 폴포트 정권이 학살을 저지른 증거인 대규모의 무덤이 발견되면서, 캄보디아에서 벌어진 대학살 '킬링필드' 사건이 세상에 알려졌다.

아메리카와 오스트랄라시아

1970년 미국 주 방위군이 오하이오주 켄트 주립 대학의 시위 학생들에게 총을 쏘아서 네 명이 사망했다.

1971년 아이티에서 1957년부터 대통령 자리에 있던 프랑수아 뒤발리에(파파 독)가 사망했다. 아들 장 클로드(베이비 독)가 뒤를 이어 아이티의 대통령이 되었다.

1972년 미국과 소련이 미사일 수를 줄이기 위해 전략 무기 제한 협정(SALT)을 맺었다.

1973년 오스트레일리아 시드니에 오페라 하우스가 건설되었다.

1973년 칠레에서 피노체트 장군이 주도하고 미국이 지원한 군사 쿠데타가 일어나서, 마르크스주의자였던 대통령 아옌데가 피살되었다.

칠레의 국기

1973년 아르헨티나에서 후안 페론이 다시 대통령이 되었다.

1973년 니카라과에서 1933년부터 소모사 가문이 지배한 정부와 '산디니스타(민족주의와 공산주의 게릴라 집단)' 사이에 내전이 일었다.

1974년 아르헨티나의 후안 페론이 사망하자 그의 아내 이사벨 페론이 대통령이 되었다. 하지만 그는 1976년에 자리에서 쫓겨났다.

1973~1974년 미국 워터게이트 사건 발생. 민주당 선거 운동 본부에서 도청 장치가 발견되었다. 의회의 탄핵 직전에 닉슨 대통령이 물러났다.

1975년 미국에서 최초의 개인용 컴퓨터인 '알테어'가 판매되었다.

1975년 우주 최초의 국제 만남 성사. 소련과 미국의 우주선이 도킹해서 두 나라 우주비행사들이 해치를 통해 악수했다.

1975년 오스트레일리아에서 노동당 총리 고프 휘틀럼이 해임된 뒤 헌정 중단 사태가 발생했다.

1977년 재사용 가능한 최초의 우주선인 우주 왕복선이 시험 비행을 했다.

최초의 우주 왕복선 '엔터프라이즈 호'. 인기 TV 드라마 『스타 트랙』에 나오는 우주선의 이름을 딴 것이었다.

1978년 이스라엘과 이집트가 캠프 데이비드 협정을 맺었다.

1978년 미국이 중국과 외교 관계를 맺었다.

1978년 가이아나에서 900명이 넘는 사이비 종교 신도가 집단 자살했다.

1979년 니카라과에서 소모사 정권이 무너지고 산디니스타 정부가 권력을 잡았다.

1979년 스리마일섬에서 미국 역사상 최악의 방사능 누출 사고가 일어났다.

방사능 표시

103

유럽

1980년

1980년 유고슬라비아를 1945년부터 통치한 티토 대통령이 사망했다.

연대 노조 로고

1980년 폴란드에서 사회 혼란이 계속되는 가운데 레흐 바웬사가 이끄는 독립 노조 '솔리다르노시치(연대)'가 국민들의 지지를 얻었다. 그러자 정부가 계엄령을 선포하고 연대 노조를 금지했으며, 연대 노조의 많은 지도자를 감옥에 넣었다.

1980년 이탈리아의 볼로냐 역에서 폭탄 테러가 일어나 84명이 사망했다.

1981년 프랑스에서 프랑수아 미테랑이 최초의 사회당 출신 대통령이 되었다.

1981년 영국 왕세자 찰스가 다이애나와 결혼했다.

1981년 그리스가 유럽 경제 공동체(EEC)에 가입했다.

1982년 프랑스에서 에이즈 바이러스가 확인되었다.

에이즈 바이러스 모형

1984년 영국 보수당 회의장에서 아일랜드 공화국군(IRA)이 폭탄 테러를 일으켰다.

1984~1985년 아일랜드 가수 밥 겔도프가 '밴드 에이드'와 '라이브 에이드'를 꾸려서 에티오피아에 기부할 수백만 파운드의 돈을 모았다.

1985년 소련에서 미하일 고르바초프가 지도자가 되었다.

1985년 제네바에서 레이건과 고르바초프가 회담을 열었다.

1986년 레이건과 고르바초프의 레이캬비크 회담이 실패로 끝났다.

1986년 소련의 체르노빌에서 대형 방사능 누출 사고가 일어났다.

1986년 스페인과 포르투갈이 유럽 경제 공동체(EEC)에 가입했다.

1987년 허리케인이 영국과 프랑스 북부를 강타했다.

1987년 소련에서 고르바초프가 '글라스노스트(개방)'와 '페레스트로이카(개혁)'를 도입했다.

1988년 스코틀랜드 로커비의 상공을 지나던 비행기가 기내 폭탄 테러로 추락해서 259명의 승객과 승무원이 사망했다.

1988년 체코슬로바키아에서 평화적 민주화 시위가 이어져서 공산주의 정권이 물러났다. 바츨라프 하벨이 대통령으로 선출되었다.

1988년 폴란드 노조의 파업으로 산업이 멈추자 정부가 대화를 시도했다.

1989년 이슬람 시아파 정치 지도자인 아야톨라 호메이니가 『악마의 시』를 쓴 영국의 작가 살만 루슈디의 처형을 요구했다.

1989년 영국의 과학자 팀 버너스 리가 '월드 와이드 웹(WWW)'을 발명했다.

1989년 헝가리가 오스트리아와의 국경을 개방해서 동유럽과 서유럽 사람들이 처음으로 자유롭게 왕래할 수 있게 되었다.

1989년 독일 전 지역에서 민주화 시위가 일어났다. 정부가 시위 세력에 굴복했고, 베를린 장벽이 무너졌다.

베를린 장벽이 무너진 것을 기뻐하는 시민들

1989년 루마니아에서 내전이 일어나 차우셰스쿠가 처형되었다.

1989년 폴란드에서 연대 노조가 정권을 잡았고, 타데우시 마조비에츠키가 총리로 당선되었다.

1989년

아프리카와 중동

1980년 로디지아가 짐바브웨라는 이름의 독립국이 되었고 로버트 무가베가 총리가 되었다.

1980년 이란과 이라크 사이에 전쟁이 일어났다.

1981년 이집트의 사다트 대통령이 암살되었다. 호스니 무바라크가 대통령에 당선되었다.

1982년 이스라엘이 팔레스타인 해방 기구(PLO)를 몰아내고 베이루트에 강력한 기독교 정부를 설립하기 위해 레바논을 침공했다. 시리아가 이스라엘에 반대했다. 내전이 뒤를 이었다. 수백 명의 팔레스타인인이 샤브라와 샤틸라 난민 수용소에서 학살되었다.

PLO 포스터

1984~1985년 10년 동안의 가뭄과 내전으로 에티오피아, 수단, 차드에 기근이 찾아왔다. 수천 명이 사망했다.

1985년 이란과 이라크의 전쟁이 격심해졌다.

이란(위)과 이라크(아래)의 국기

1985년 이스라엘 군대가 레바논에서 철수했다.

1985년 남아프리카 이스턴 케이프에서 폭동이 일어났다.

1986년 남아프리카에 비상 사태가 선포되었다. 경찰의 과잉 진압으로 폭동이 격렬해지고 수백 명이 사망했다.

1986년 남아프리카 케이프타운에서 데스몬드 투투가 최초의 흑인 대주교가 되었다.

1986년 리비아가 유럽에서 여러 차례 테러를 저지르자 미국이 리비아를 폭격했다.

1986년 영국과 미국이 남아프리카에 경제 제재를 가하기로 합의했다.

1986년 에티오피아가 새 헌법을 채택했다. 멩기스투 마리암 대령이 초대 대통령이 되었다.

1987년 소말리아에서 모함메드 바레가 대통령에 재선되었다.

1988년 수단 난민들이 에티오피아로 밀려들었다.

1988년 남아프리카가 앙골라 및 쿠바와 평화 협정을 맺었다.

1988년 부룬디에서 대량 학살이 일어난 뒤 난민들이 르완다로 밀려들었다.

1988년 팔레스타인 해방 기구(PLO)의 지도자 야세르 아라파트가 테러를 포기하고 이스라엘의 존재를 인정했다.

1989년 남아프리카의 대통령으로 F.W. 데 클레르크가 선출되었다.

1989년 이란의 이슬람 정치 지도자 아야톨라 호메이니가 사망했다.

호메이니의 장례 행렬

20세기 1980년~1989년

아시아

컴팩트 디스크

1982년 일본의 회사 소니와 네덜란드의 회사 필립스가 최초의 컴팩트 디스크(CD)를 선보였다.

1983년 스리랑카에서 타밀 분리주의자들과 국민의 다수를 차지하는 신할라인 사이에 폭력 사태가 발생했다.

1983년 한국의 여객기 대한항공 007편이 소련 전투기에게 격추되어 승객과 승무원 269명이 사망했다.

1983년 필리핀 야당의 지도자 베니그노 아키노가 암살되었다.

1984년 영국과 중국이 홍콩을 중국에 넘겨주는 데 합의했다.

1984년 인도에서 시크교 극단주의자들이 독립 국가를 요구하며 암리차르의 황금 사원을 점령했다. 인도 경찰이 사원을 습격해서 전투가 일었고 수백 명이 사망했다. 몇 달 뒤 인도의 총리 인디라 간디가 시크교인 경호원에게 암살 당했다. 인디라 간디의 아들 라지브가 총리 자리를 이어받았다.

1984년 인도 보팔의 한 공장에서 화학 약품이 누출되어 3,500명 이상의 목숨을 앗아갔다.

1986년 필리핀에서 20년 동안 대통령 자리에 있던 마르코스가 쫓겨났다. 코라손 아키노가 그 뒤를 이었다.

1987년 인도가 스리랑카에 군대를 스리랑카의 보내서 타밀 반군을 제압했다.

1987년 중국의 덩샤오핑 의장이 중화 인민 공화국 중앙 위원회 주석 자리를 제외한 모든 직위에서 물러났다.

1988년 파키스탄의 군사 독재자 지아 울 하크 대통령이 타고 가던 비행기 폭발로 사망했다. 파키스탄의 첫 여성 총리로 베나지르 부토가 선출되었다.

1988년 일본의 혼슈와 홋카이도섬을 잇는, 세계에서 가장 긴 터널이 건설되었다.

1988년 방글라데시에서 홍수가 일어나 1,000명 이상이 사망했다.

1988년 아르메니아에 큰 지진이 닥쳐 10만 명이 사망했다.

1988년 버마의 대통령이 폭동과 반정부 시위로 물러났다.

1989년 아프가니스탄에서 소련 군이 완전히 철수했다.

1989년 일본의 히로히토 천황이 사망했다. 그는 당시 세계에서 가장 오래 재임한 군주였다.

1989년 중국의 군대가 베이징 톈안먼(천안문) 광장에서 평화롭게 민주화 시위를 하던 시민들을 학살했다(아래 참고).

아메리카와 오스트랄라시아

1980년

1980년 엘살바도르에서 로메로 대주교가 미사 중에 피살 당했다.

1980년 뉴욕에서 팝 그룹 '비틀즈'의 전 멤버였던 존 레논이 총에 맞아 피살되었다.

1981년 미국의 제조 회사 IBM에서 최초의 개인용 컴퓨터(PC)를 만들었다.

1981년 미국에서 로널드 레이건이 대통령으로 선출되었다.

1981년 우주 왕복선이 최초로 우주 비행을 했다.

1982년 영국령 온두라스가 독립국 벨리즈가 되었다.

1982년 아르헨티나가 영국령 포클랜드 제도를 침공해 포클랜드 전쟁이 벌어졌다. 영국 해군 특수 임무 부대가 그곳을 탈환했다.

1982년 과학자들이 남극 하늘의 오존층에 구멍이 뚫린 것을 발견했다.

1983년 그레나다의 좌익 쿠데타가 미국의 개입으로 진압되었다.

1983년 아르헨티나가 군부 정권을 무너뜨리고 민주주의를 되찾았다.

1985년 브라질과 우루과이가 민주주의를 되찾았다.

1985년 미국이 니카라과의 콘트라 반군을 지원했다.

1985년 콜롬비아의 화산이 폭발했다.

1985년 프랑스가 그린피스의 배 레인보우 워리어 호를 폭파해 침몰시켰다. 당시 그린피스는 프랑스의 태평양 핵실험에 항의하는 시위를 전개하고 있었다.

1986년 미국의 탐사선 보이저 2호가 천왕성의 사진을 찍어 지구에 전송했다.

레인보우 워리어 호, 그리고 그린피스가 보호하고자 하는 멸종 위기 종인 흰긴수염고래

1986년 우주 왕복선 챌린저 호가 이륙하는 동시에 폭발해 우주 비행사 7명이 모두 사망했다.

1986년 미국이 이란·콘트라 스캔들에 휘말렸다.

1987년 미국과 소련이 워싱턴에서 조약을 맺어 중거리 핵미사일을 없앴다.

1987년 뉴욕에서 주식 시장 붕괴가 시작되었다.

1988년 오스트레일리아가 첫 영국 이주민 정착 200주년을 맞았다.

1989년 미국 공군과 회사 노스롭이 스텔스 폭격기 B-2를 개발했다.

1989년 미국이 파나마를 침공했다. 파나마의 독재자 노리에가가 권력을 잃었다.

1989년 미국의 유조선 엑손 발데스 호가 알래스카 앞바다에 좌초해서 수천만 리터의 원유가 누출되었다.

원유 누출로 피해를 입은 바닷새

1989년

유럽

1990년

1990년 독일이 다시 통일되었다.

1990년 폴란드에서 연대 노조가 정권을 잡고, 타데우시 마조비에츠키가 총리가 되었다. 전 연대노조 지도자인 레흐 바웬사는 대통령이 되었다.

1990년 보리스 옐친이 러시아 공화국의 대통령으로 선출되었다.

1990년 라트비아, 리투아니아, 에스토니아가 독립을 선언했다.

1990년 헝가리가 자유 선거를 치렀고, 공산주의 정당이 아닌 민주 광장이 승리를 거두었다.

1990년 루마니아가 선거를 실시해서 연립 정부를 구성했다.

1990년 영국의 총리였던 마거릿 대처가 자리에서 물러났다.

1990년 메리 로빈슨이 에이레 최초의 여성 대통령이 되었다.

1991년 소련 국가 보안 위원회(KGB) 지도자들이 군사 쿠데타를 일으켜서 대통령 고르바초프를 몰아냈다. 고르바초프는 복귀했지만 나중에 사임했다. 소련이 해체되어 이름이 독립 국가 연합(CIS)으로 바뀌었다.

1991년 라트비아, 리투아니아, 에스토니아가 독립국이 되었다.

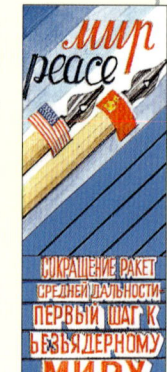

소련의 평화 포스터

옛날 소련의 국기와 새로운 독립 국가 연합(러시아)의 국기

1991년 유고슬라비아, 크로아티아, 마케도니아에서 내전이 터졌고, 슬로베니아가 독립을 선언했다.

1992년 보스니아 헤르체고비나가 독립국이 되었다.

1993년 체코슬로바키아가 체코와 슬로바키아 공화국으로 갈라졌다.

1993년 단일 유럽 시장이 만들어졌다.

1993년 영국과 아일랜드 총리가 북아일랜드의 평화를 위해 노력한다는 다우닝 가 선언을 했다.

1994년 영국과 프랑스를 잇는 채널 터널이 개통되었다(왼쪽 참고).

1994~1996년 아일랜드 공화국군(IRA)이 영국에 휴전을 선언했다.

1994년 발트해에서 여객선 에스토니아 호가 침몰해 900명 이상이 사망했다.

1994년 러시아 탱크가 독립을 요구하는 체첸을 침공했다.

1995년 보스니아에서 보스니아계 세르비아인과 정부군 사이의 내전이 끝났다.

1995년 제네바의 과학자들이 최초로 반물질을 만들었다.

1995년 오스트리아, 핀란드, 스웨덴이 유럽 연합(EU)에 가입했다.

1995년 자크 시라크가 프랑스 대통령에 당선되었다.

1995년 런던 베어링스 은행의 직원 닉 리슨이 싱가포르에서 엄청난 손실을 보아 은행이 파산했다.

1995년

아프리카와 중동

1990년 르완다가 투치족 반군의 침략을 받았다. 침공이 저지되는 가운데 다당제 민주주의가 확립되었다.

1990년 나미비아가 남아프리카 공화국으로부터 독립했다.

1990년 코끼리의 멸종을 막기 위해 전 세계에 상아 무역이 금지되었다.

1990년 이라크의 지도자 사담 후세인이 쿠웨이트를 침공했다. 전 세계가 이를 비난했고, 석유 가격이 올랐다.

1990년 아프리카 민족 회의(ANC)가 남아프리카 공화국에 취한 제재를 풀었다. 아파르트헤이트가 해체되기 시작했다. 넬슨 만델라가 27년 만에 석방되었다.

1990~1991년 걸프 전쟁 발발. 이라크는 유엔의 '사막의 폭풍' 작전으로 쿠웨이트에서 물러났다. 이라크 군은 페르시아만에 3억 리터의 석유를 누출해서 역사상 최악의 석유 오염을 일으켰다.

1991년 소말리아의 수도 모가디슈가 반군 세력에게 점령되고, 바레 대통령 정권이 무너졌다.

1991년 수단에 대기근이 닥쳤다.

1992~1995년 유엔 평화 유지군이 소말리아를 안정하는 데 실패했다.

1992년 알제리에서 내전이 일어나 이슬람 근본주의 단체인 이슬람 구국 전선이 지방 정부를 장악했다.

1993년 팔레스타인 해방 기구(PLO)의 지도자 야세르 아라파트와 이스라엘의 총리 아즈하크 라빈이 평화 협정을 맺었다. 가자 지구와 요르단강 서안의 팔레스타인인에게 약간의 자치가 허용되었다.

1993년 에티오피아가 에리트레아의 독립을 인정했다.

1994년 남아프리카에서 넬슨 만델라가 최초의 다인종 선거를 통해 남아프리카 최초의 흑인 대통령이 되었다.

남아프리카의 새 국기

넬슨 만델라

1994년 르완다에서 후투족 정부와 투치족 사이에 내전이 벌어져서 수천 명이 사망했다.

1995년 나이지리아의 군사 정부가 반정부 작가 켄 사로 위아와 8명의 환경 운동가를 처형했다.

1995년 이스라엘의 총리 이츠하크 라빈이 유대인 극단주의자에게 암살당했다.

20세기 1990년~1995년

아시아

1990년 파키스탄의 대통령이 총리 베나지르 부토를 부패를 이유로 해임했다. 부토는 1993년에 재임에 성공했다.

1991년 인도의 총리 라지브 간디가 마드라스 근처에서 선거 운동을 하던 중 자살 폭탄 테러로 피살되었다.

1991년 타이에서 최고 사령관 순톤 콩솜퐁이 권력을 잡고 군사 독재 정부를 세웠다.

1991년 방글라데시에 태풍이 강타해서 12만 5,000명이 사망하고, 1,000만 명이 집을 잃었다.

방글라데시의 한 마을이 물에 잠긴 모습

1991년 버마의 야당 지도자 아웅산 수치가 가택 연금 상태로 노벨 평화상을 받았다.

아웅산 수치

1994년 북한의 김일성이 사망했다. 그는 20세기 독재자 가운데 최장 기간인 46년을 통치했다.

1995년 아시아 태평양 경제 협력체(APEC) 회의에서 회원국들이 2020년까지 서로 시장을 개방하기로 합의했다.

1995년 일본 고베에서 대지진이 일어났다.

1995년 일본 도쿄에서 종교 집단이 독가스를 뿌려서 10명이 사망했다.

1995~1996년 프랑스가 남태평양 무루로아 환초에서 핵실험을 했다.

아메리카와 오스트랄라시아

1990년 미국 케이프커내버럴에서 먼 우주를 탐사하기 위해 허블 우주 망원경을 발사했다.

1990년 니카라과의 선거에서 산디니스타 정부가 미국이 후원하는 연합 세력에게 졌다.

1991년 오스트레일리아의 총리에 폴 키팅이 선출되었다.

1992년 미국에서 길먼 루이가 가상 현실을 개발했다.

1992년 제6대 유엔 사무 총장에 이집트의 부트로스 부트로스 갈리가 선출되었다.

1992년 브라질에서 대기 오염과 지구 온난화를 막기 위한 첫 유엔 환경 정상 회의가 열렸다.

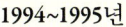

열대 우림의 야생 동물들

1992년 로스앤젤레스에서 백인 경찰 네 명이 흑인 운전자를 때리고도 무죄로 풀려나자 대규모 폭동이 일어났다.

1993년 미국에서 빌 클린턴이 대통령으로 선출되었다.

1993년 뉴욕의 세계 무역 센터에 폭탄 테러가 발생했다.

1993년 텍사스 주 와코에서 51일 동안 인질극을 벌이던 사이비 종교 신도 80명이 집단 자살을 했다.

1993년 이스라엘 총리 이츠하크 라빈과 팔레스타인 해방 기구(PLO) 지도자 야세르 아라파트가 워싱턴 시에서 평화 협정에 서명했다.

1993년 오스트레일리아에서 원주민 재산권 보호법이 통과되었다. 원주민 애버리진이 토지 소유권을 되찾을 수 있는 재판소가 설치되었다.

애버리진의 타악기 콜랩스틱

1994~1995년 미식축구 선수 O. J. 심슨이 전처를 살해한 혐의로 재판을 받았다. 수백만 명이 여러 달 동안 그의 재판을 TV 중계로 지켜보았다.

1994년 미군이 아이티를 점령하고, 민주적으로 선출되었다가 쿠데타로 권력을 잃은 대통령 아리스티드에게 권력을 되찾아 주었다.

1995년 미국 오클라호마시티에서 폭탄 테러가 발생해서 168명이 사망했다.

1995년 퀘벡이 투표를 통해 캐나다에서 분리하지 않기로 결정했다.

퀘벡 기

유럽

1996년

1996년 영국에서 광우병이 발생해서 세계적인 우려를 낳았다. 많은 나라가 영국 소고기 수입을 금지했다.

1996년 체첸 반군과 러시아 군대가 평화 협정을 체결하고 휴전했다.

1997년 스코틀랜드에서 어른 양의 세포를 사용한 최초의 복제 양 돌리가 태어났다.

연구실에서 복제된 양

1997년 알바니아에서 경제가 붕괴하면서 국민 봉기가 일어났고, 정권이 몰락했다.

1997년 영국의 총선에서 노동당이 압승해서 토니 블레어가 18년간의 보수당 통치를 끝내고 총리가 되었다.

토니 블레어, 셰리 블레어와 아이들이 1997년 총선 승리 후에 영국 총리 공관 앞에 서 있다.

1997년 영국의 전 왕세자비 다이애나가 파리에서 교통사고로 사망했다.

1998년 칠레의 전 독재자 피노체트가 인권 침해 혐의로 런던에서 체포되었다.

1998년 북아일랜드에서 프로테스탄트 교인 친영국파와 가톨릭 독립파가 '성금요일 협정'을 맺어 불안한 평화를 이루었다.

1998년 러시아 경제가 붕괴했다.

1998년 유럽 연합이 단일 화폐 유로화를 사용하기로 결정했다.

1998년 유고슬라비아의 코소보 지역에서 세르비아인과 소수 알바니아인 사이에 내전이 일었다.

1999년 북아일랜드가 영국의 자치 지역이 되었다.

1999년 체코 공화국, 폴란드, 헝가리가 나토에 가입했다.

1999년 나토가 코소보의 전쟁을 끝내기 위해 세르비아를 폭격했다.

1999년 터키에 지진이 나서 약 1만 7,000명의 사망자와 약 60만 명의 이재민이 발생했다.

아프리카와 서아시아

1996년 이스라엘에서 강경파 베냐민 네타냐후가 총리가 되었다. 중동 평화 협상이 위기를 맞았다.

1996년 이라크 군대가 이라크 내 쿠르드인의 피난처로 지정된 장소를 침공하자 미국이 이라크 남부를 폭격했다.

1996년 에티오피아 군대가 소말리아 북부의 이슬람 근본주의 시민군을 공격했다.

1996년 자이르 동부에서 22만 5,000명의 후투인이 르완다로 피신했다.

1997년 자이르에서 모부투 대통령 정부가 무너지고 반군 지도자 로랑 카빌라가 대통령이 되었다. 나라 이름이 콩고 민주 공화국으로 바뀌었다.

1997년 이스라엘이 팔레스타인인에게 헤브론을 비롯한 약간의 땅을 돌려주었지만, 아랍인이 거주하는 예루살렘 동부에 유대인 거주지를 만들었다. 중동 평화 협상이 교착 상태에 빠졌다.

1997년 알제리에서 반정부 군대의 소행으로 추정되는 가혹 행위가 벌어졌다.

1997년 이집트 룩소르 근처에서 이슬람 극단주의자들의 소행으로 추정되는 테러가 일어나서 60명이 넘는 관광객이 학살되었다.

학살 현장 근처에 있는 하트셉수트 여왕의 무덤

1998년 테러리스트들이 케냐와 탄자니아의 미국 대사관에 폭탄 공격을 했다. 미국이 수단과 아프가니스탄에 미사일 공격을 했다.

1998년 이스라엘의 총리 네타냐후와 팔레스타인 해방 기구(PLO)의 지도자 야세르 아라파트가 와이밀스 협정을 맺었다.

1998년 이라크가 유엔의 무기 조사를 거부하자 미국과 영국이 이라크를 공습했다.

1999년 요르단의 후세인 왕과 모로코의 하산 2세 왕이 사망했다.

1999년 이스라엘의 새 총리 에후드 바라크와 야세르 아라파트가 평화 협정을 맺었다.

1999년 넬슨 만델라가 대통령에서 물러나 타보 음베키가 뒤를 이었다.

2000년

20세기 1996년~1999년

아시아

1996년 스리랑카에서 반군 단체 '타밀 타이거즈'가 도시를 폭격해 비상 사태가 연장되었다.

1996년 이슬람 근본주의자들인 탈레반이 아프가니스탄의 카불을 장악했다.

1997년 중국의 지도자를 지냈던 덩샤오핑이 사망했다.

1997년 한국 전역에서 노동법 개정에 반대하는 총파업이 일어났다.

1997년 인도네시아에서 삼림 벌채 작업 중 발생한 산불이 걷잡을 수 없이 번져서 동남아시아 곳곳의 대기를 오염시켰다.

1997년 일본이 소비세를 올리고 타이가 변동 환율제를 채택하면서 아시아에 경제 위기가 닥쳤다.

홍콩의 거리 모습

1997년 홍콩이 6월 30일에 99년간의 영국 조차지 시대를 끝냈다. 영국이 7월 1일에 홍콩을 중국으로 반환했다.

1998년 인도와 파키스탄이 각각 원자 폭탄 실험을 했다.

1998년 아프가니스탄에서 지진으로 수천 명이 사망했다.

1998년 인도네시아에 경제 문제가 닥쳐 독재자 수하르토가 사임했다.

1999년 인도네시아에서 1955년 이후 처음 자유선거를 실시해 강경파 압둘라흐만 와히드가 대통령에 당선되었다. 동티모르가 인도네시아로부터 독립하는 투표를 하자 인도네시아 측 군대의 학살과 폭력이 뒤따랐다. 유엔 평화 유지군이 개입하면서 인도네시아의 동티모르 지배가 끝났다.

1999년 러시아가 다게스탄과 체첸에 지상군을 보내서 격렬한 전투를 벌였다. 옐친 대통령이 물러났지만 그의 후계자 블라디미르 푸틴이 뒤를 이었다.

1999년 파키스탄 정부가 군사 쿠데타로 무너졌다. 파키스탄의 총리 베나지르 부토는 뇌물을 받았다는 죄로 감옥에 갇혔다.

1999년 일본 도카이 촌에서 원자력 사고가 일어나 수십 명이 방사능에 피폭되었다.

아메리카와 오스트랄라시아

1996년 미국의 과학자들이 지구 온난화가 기록적인 수준에 이르렀으며, 새로운 질병들이 발생할 가능성이 있다는 사실을 경고했다.

1997년 잉카 제국의 황제였던 투팍 아마루의 게릴라들이 페루의 일본 대사관을 습격해서 넉 달 동안 수백 명을 인질로 잡았다.

1997년 남아메리카와 미국 남부에서 엘니뇨 현상에 따른 기후변화로 대규모 피해가 발생했다.

허리케인 세기의 바람이 남아메리카와 중앙아메리카에 큰 피해를 입혔다.

1997년 미국 항공 우주국(NASA)의 무인 우주선 두 대가 화성에 착륙했다.

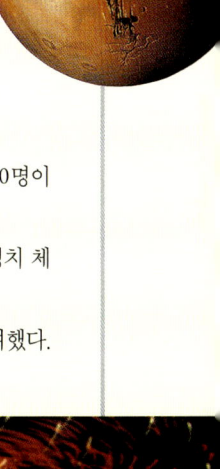

태양계의 네 번째 행성 화성

1997년 미국에서 담배 회사들에게 폐질환 환자들에게 수십억 달러를 지불할 것을 지시하는 기념비적 판결이 내려졌다.

1998년 미국의 클린턴 대통령이 하원 의회에서 탄핵되었다. 그 이유는 그가 모니카 르윈스키와의 관계에 대해 의회에서 거짓말을 했기 때문이었다. 1999년에 클린턴 대통령의 탄핵이 풀렸다.

1998년 카리브해와 중앙아메리카에 허리케인 미치가 덮쳐서 9,000명이 사망했다.

1999년 오스트레일리아의 국민 투표에 영국 여왕이 국가 수반인 정치 체제를 유지하기로 결정되었다.

1999년 12월 31일 새천년 축제에 전 세계 수백만 명의 사람이 참여했다. 미국 뉴욕에서는 불꽃놀이(아래 참고)가 펼쳐졌다.

낱말 풀이

가신 다른 사람이나 나라에 종속된 위치에 있는 사람이나 나라.

게릴라 비정규적인 방식으로 전투 행위를 하는 사람으로, 대개 반정부 활동을 하는 경우가 많다. 전쟁을 뜻하는 스페인어 '게라'에서 유래한 낱말이다.

계몽주의 16~18세기에 유럽 전역에 일어난 혁신적 사상. 교회의 권위에 바탕을 둔 기존의 사상과 제도에 반대하고, 인간의 합리적인 이성의 중요성을 강조했다.

계엄령 민간 정부가 위기에 처했을 때 군인들이 나라를 통치하는 권한을 넘겨받는 일.

공관 정부의 고위 관리가 공적으로 쓰는 저택. 외교 관계를 맺은 외국의 외교관이 쓰는 기관도 공관에 속한다.

공산주의 마르크스와 레닌이 발표한 이론에 입각한 사상. 사회 계급이나 개인 소유를 없애야 하며, 그러기 위해서 공장이나 사업체 등 생산 수단을 국가가 소유해야 한다는 주장이 담겨 있다. 20세기에 소련과 동유럽의 여러 나라가 공산주의 국가가 되었고, 중국과 쿠바는 오늘날 공산주의 국가로 남아 있다.

공화국 왕 없이 국민이 뽑은 대표가 다스리는 나라. 최초의 공화국은 고대 로마였다.

교황 가톨릭교의 최고 지도자이자 로마의 대주교. 전 교황의 서거 혹은 사임 후 추기경에 의해 비밀 투표로 선출된다.

국민 투표 국민들이 나라에 관한 특별히 중요한 문제를 결정하기 위해 행하는 투표. 대개 국가의 분리 또는 통일과 같은 문제를 두고 진행된다.

귀족 가문이나 신분에 따라 정치적, 사회적 특권을 가진 계층이나 사람.

급진파 극단적이거나 근본주의적인 사회, 정치, 경제 변화를 추구하는 집단.

기독교 나사렛에서 태어난 예수 그리스도가 팔레스타인에서 세운 종교.

농노 자유가 없고 토지에 묶인 사람. 중세 유럽과 혁명 이전의 러시아에 살았다.

도시 국가 하나의 도시와 그 주변 지역으로 이루어진 나라. 고대 그리스와 르네상스 시대 이탈리아의 나라들이 그 예이다.

독재자 무력으로 한 나라를 통치하는 사람.

독점 무역을 할 때 특정 상품이나 지역을 독차지하는 일.

마르크스주의 카를 마르크스의 사상. 인류의 행동과 제도는 경제에 의해 규정되고, 사회 계급 간의 투쟁이 변화의 수단이며, 자본주의는 결국 공산주의에 의해 무너진다고 주장했다.

무오류성 오류가 있을 수 없다는 뜻. 교황의 특정 선언들에 이 원칙이 적용된다.

민족주의 민족(인종이나 언어 같은 문화적 특징을 공유하는 집단)의 단결을 중요하게 여기는 사상. 민족주의는 많은 독립운동이나 분리주의 운동의 사상적 배경이 된다.

민주주의 고대 그리스에서 기원한 이념으로 '국민의 통치'라는 뜻이다.

반투인 적도와 희망봉 사이에 사는 여러 아프리카 인종.

보호령 더 강한 나라의 통치를 받지만 그 나라에 합병되지는 않은 나라.

분리주의자 큰 집단에 소속된 작은 집단이 큰 집단으로부터 분리되기를 원하는 사람이나 조직.

비무장 특정 지역에서 군인과 무기 등을 없애는 일.

비상사태 정부가 위기 때 임시로 국민의 일상적 권리와 자유를 제한하는 일.

사면 정부가 범죄 행위를 한꺼번에 용서해 주는 것. 때로는 내전을 벌이는 양측이 합의를 위해 사면을 행하는 경우도 있다.

사회주의 수입과 부의 평등, 생산 수단의 공공(국가) 소유를 강조하는 이념.

서프러제트 선거권을 얻기 위해 투쟁한 여성들. 특히 20세기 초에 영국에서 참정권 운동을 벌인 여성 운동가들을 가리킨다.

섭정 왕이 어리거나 병에 걸리는 등 나라를 직접 통치하는 것이 어려울 경우 왕을 대신해서 나라를 통치하는 일. 또는 그런 사람.

세례 기독교인이 되는 의식에서 물속에 신체 일부를 담그는 일.

세속 '세상의 일'이라는 뜻으로, 종교적인 일에 반대되는 의미로 쓰이곤 한다.

소수 지배 한 집단에서 정치적, 인종적으로 소수인 집단이 다수 집단을 다스리는 일.

속국 다른 나라에 종속된 나라. 종주국과 지리적으로 인접하지 않은 경우가 많다.

술탄 오스만 제국과 같은 이슬람 국가의 최고 지도자.

시민권 사회적, 경제적, 정치적으로 평등을 누릴 권리.

시성 어떤 사람을 성인으로 선언하는 일.

식민지 모국에서 떨어진 곳에 만드는 정착지. 왕령 식민지는 왕이 직접 통치하는 식민지를 말한다.

아파르트헤이트 남아프리카에서 인종을 차별하던 정책.

약탈 군인이나 군중이 어떤 장소를 파괴하고 물건을 훔치는 일.

연립 정부 서로 다른 집단이나 정당이 임시로 연합해서 꾸리는 정부.

연방 정부 여러 지방 정부가 모여서 이룬 상위 개념의 정부. 지방 정부와 권력을 나누어 갖는다.

영연방 한때 대영제국을 이루었던 나라들이 상호 협력과 지원을 위해 꾸린 조직.

왕위 주장자 자신이 왕위에 올라야 한다고 주장하는 사람.

유대교 유대인의 종교로 『구약 성경』과 『탈무드』를 토대로 유일신인 하나님을 믿는다.

유목민 사는 장소를 계속 옮겨 다니며 가축을 길러 살아가는 민족.

위임 통치 국제연맹이 1920년에서 1946년까지 행한 정책으로, 한 나라의 통치를 다른 나라에 맡기는 일.

의회 국민이 뽑은 의원들로 이루어져서 나라의 일을 의논하는 집단. 의회를 상원과 하원으로 나누는 나라도 많다.

의회 민주주의 현대적 형태의 민주주의. 국민들이 뽑은 의원들이 국민을 대신해서 결정을 내린다.

이슬람 경전 『코란』의 가르침을 따라 이 세상의 유일신은 알라뿐이며 무함마드는 그의 예언자라는 것을 믿는 종교.

일당 국가 정당이 하나밖에 허락되지 않는 나라.

자본주의 공장, 회사 등 생산 수단을 소유한 비교적 적은 수의 사람들이 이익을 얻기 위해 큰 돈을 투자하여 생산하도록 보장하는 사회 경제 체제.

자유주의 개인의 자유를 중요시하고 정부는 사람들의 삶에 최대한 개입하지 않아야 한다고 믿는 정치 이념.

자치 다른 나라의 지배를 받는 나라나 집단이 스스로 통치하는 일. 흔히 여러 제한이 따른다.

자치령 예전에 식민지 가운데 스스로 통치하는 권리가 있던 영토. 영국의 식민지였던 캐나다가 그 예이다.

전제 정치 한 사람의 지도자가 반대를 허용하지 않고 권력을 제한 없이 행사하며 통치하는 일.

제3세계 비교적 산업화가 덜 된 국가들을 한때 가리키던 용어. 자본주의 진영인 서구권(제1세계), 사회주의 진영인 동구권(제2세계)과 구별하는 의미로 쓰였다.

조공 한 나라가 자신보다 강한 나라에게 복종을 인정하는 의미로 예물을 바치던 일. 또는 그 예물.

종주국 종속국에 지배력을 행사하는 나라.

좌익 사회주의나 공산주의와 가까운 이념, 또는 그런 단체를 가리키는 말.

주권 주권자 또는 국가가 갖는 최고의 권위 또는 권력.

중세 유럽 역사에서 500~1600년 무렵의 시대를 가리키는 말.

집단화 공장, 농장 등 생산 수단을 개인이 아니라 집단이 소유하게 하는 일.

최후통첩 정부나 정당이 마지막으로 상대방에게 특정 조건을 강력하게 요구하고 제안을 하는 일.

칼리프 이슬람 국가를 다스리는 무함마드의 후계자(이슬람 교단의 지배자)들이 받는 칭호.

쿠데타 소수 집단, 대개 장교 출신의 군인 세력이 기존 정부를 갑자기 무너뜨리는 일.

테러리스트 폭파, 암살 등 테러를 정치적 수단으로 사용하는 사람.

특허 정부가 특정한 권리를 주는 일.

파문 어떤 사람을 가톨릭 교회에서 쫓아내는 일. 파문은 교황이 행한다.

파시즘 무솔리니가 처음 발전시킨 정치 이념으로, 정당간의 경쟁을 인정하지 않고 국민의 삶을 엄격하게 통제하는 정부. 독일의 나치당이 파시즘 정당에 속한다.

평등주의 사람들의 평등을 추구하는 이념.

폭군 절대적 권력을 가지고 부당하게 나라를 통치하는 지도자.

폭정 전제적 지도자가 억압적이고 부정한 통치를 행하는 일.

할양 영토를 포기하거나 넘겨주는 일. 대개 전쟁이 끝난 뒤 평화 조약 체결에 따라 이루어진다.

합병 정복이나 점령을 통해서 한 영토에 다른 영토를 합치는 일.

허가 정부가 특정 개인이나 집단에게 일정한 권리를 주는 것. 예를 들면 식민지를 세울 권리가 이에 속한다.

헤게모니 연맹, 연방 등 여러 집단이나 국가 사이에서 한 집단이나 국가가 갖는 주도권.

세계 주요 국가의 대통령 또는 총리

영국의 총리

정당별 약자는 다음과 같다. 보수당(보), 노동당(노), 자유당(자), 연립내각(연), 국민정부(국), 토리당(토), 휘그당(휘)

1721~1742년 (휘) 로버트 월폴 경	1834년 (휘) 멜버른 자작	1916~1922년 (연) 데이비드 로이드 조지
1742~1743년 (휘) 윌밍턴 백작	1834~1835년 (보) 로버트 필 경	1922~1923년 (보) 앤드루 보너 로
1743~1754년 (휘) 헨리 펠럼	1835~1841년 (휘) 멜버른 자작	1923~1924년 (보) 스탠리 볼드윈
1754~1756년 (휘) 뉴캐슬 공작	1841~1846년 (보) 로버트 필 경	1924년 (노) J. 램지 맥도널드
1756~1757년 (휘) 데번셔 공작	1846~1852년 (휘) 러셀 백작	1924~1929년 (보) 스탠리 볼드윈
1757~1762년 (휘) 뉴캐슬 공작	1852년 (보) 더비 백작	1929~1931년 (노) J. 램지 맥도널드
1762~1763년 (토) 뷰트 백작	1852~1855년 (보) 애버딘 백작	1931~1935년 (국) J. 램지 맥도널드
1763~1765년 (휘) 조지 그렌빌	1855~1858년 (휘) 파머스턴 자작	1935~1937년 (국) 스탠리 볼드윈
1765~1766년 (휘) 로킹엄 후작	1858~1859년 (보) 더비 백작	1937~1940년 (국) 네빌 체임벌린
1766~1768년 (휘) 채텀 백작	1859~1865년 (자) 파머스턴 자작	1940~1945년 (연) 윈스턴 처칠
1768~1770년 (휘) 그래프턴 공작	1865~1866년 (자) 러셀 백작	1945~1951년 (노) 클레멘트 애틀리
1770~1782년 (토) 노스 경	1866~1868년 (보) 더비 백작	1951~1955년 (보) 윈스턴 처칠 경
1782년 (휘) 로킹엄 후작	1868년 (보) 벤저민 디즈레일리	1955~1957년 (보) 앤서니 이든 경
1782~1783년 (휘) 셸번 백작	1868~1874년 (자) 윌리엄 글래드스턴	1957~1963년 (보) 해럴드 맥밀런
1783년 (연) 포틀랜드 공작	1874~1880년 (보) 벤저민 디즈레일리	1963~1964년 (보) 알렉 더글러스흄 경
1783~1801년 (토) 윌리엄 피트(아들)	1880~1885년 (자) 윌리엄 글래드스턴	1964~1970년 (노) 해럴드 윌슨
1801~1804년 (토) 헨리 애딩턴	1885~1886년 (보) 솔즈베리 후작	1970~1974년 (보) 에드워드 히스
1804~1806년 (토) 윌리엄 피트(아들)	1886년 (자) 윌리엄 글래드스턴	1974~1976년 (노) 해럴드 윌슨
1806~1807년 (휘) 그렌빌 경	1886~1892년 (보) 솔즈베리 후작	1976~1979년 (노) 제임스 캘러헌
1807~1809년 (토) 포틀랜드 공작	1892~1894년 (자) 윌리엄 글래드스턴	1979~1990년 (보) 마거릿 대처
1809~1812년 (토) 스펜서 퍼시벌	1894~1895년 (자) 로즈베리 백작	1990~1997년 (보) 존 메이저
1812~1827년 (토) 리버풀 백작	1895~1902년 (보) 솔즈베리 후작	1997~2007년 (노) 토니 블레어
1827년 (토) 조지 캐닝	1902~1905년 (보) 아서 제임스 밸푸어	2007~2010년 (노) 고든 브라운
1827~1828년 (토) 고드리치 자작	1905~1908년 (자) 헨리 캠벨 배너먼 경	2010~2016년 (보) 데이비드 캐머런
1828~1830년 (토) 웰링턴 공작 1세	1908~1915년 (자) 허버트 헨리 애스퀴스	2016년~ (보) 테레사 메이
1830~1834년 (휘) 그레이 백작	1915~1916년 (연) 허버트 헨리 애스퀴스	

미국의 대통령

취임 연도, 정당 이름, 인물 이름, 인물의 생몰 연도가 차례로 표시되었다. 정당별 약자는 다음과 같다. 연방당(연), 공화당(공), 민주당(민), 휘그당(휘)

1789년 (연) 조지 워싱턴 1732~1799년	1865년 (공) 앤드루 존슨 1808~1875년	1945년 (민) 해리 S. 트루먼 1884~1972년
1797년 (연) 존 애덤스 1735~1826년	1869년 (공) 율리시스 S. 그랜트 1822~1885년	1953년 (공) 드와이트 아이젠하워 1890~1969년
1801년 (공) 토머스 제퍼슨 1743~1826년	1877년 (공) 러더퍼드 B. 헤이스 1822~1893년	1961년 (민) 존 F. 케네디 1917~1963년
1809년 (공) 제임스 매디슨 1751~1836년	1881년 (공) 제임스 가필드 1831~1881년	1963년 (민) 린든 B. 존슨 1908~1973년
1817년 (공) 제임스 먼로 1758~1831년	1881년 (공) 체스터 아서 1830~1886년	1969년 (공) 리처드 닉슨 1913~1994년
1825년 (공) 존 퀸시 애덤스 1767~1848년	1885년 (민) 그로버 클리블랜드 1837~1908년	1974년 (공) 제럴드 포드 1913~2006년
1829년 (민) 앤드루 잭슨 1767~1845년	1889년 (공) 벤저민 해리슨 1833~1901년	1977년 (민) 지미 카터 1924년~
1837년 (민) 마틴 밴 뷰런 1782~1862년	1893년 (민) 그로버 클리블랜드 1837~1908년	1981년 (공) 로널드 레이건 1911~2004년
1841년 (휘) 윌리엄 해리슨 1773~1841년	1897년 (공) 윌리엄 매킨리 1843~1901년	1989년 (공) 조지 부시 1924년~
1841년 (휘) 존 타일러 1790~1862년	1901년 (공) 시어도어 루스벨트 1858~1919년	1993년 (민) 빌 클린턴 1946년~
1845년 (민) 제임스 K. 포크 1795~1849년	1909년 (공) 윌리엄 태프트 1857~1930년	2001년 (공) 조지 W. 부시 1946년~
1849년 (휘) 재커리 테일러 1784~1850년	1913년 (민) 우드로 윌슨 1856~1924년	2009년 (민) 버락 오바마 1961년~
1850년 (휘) 밀러드 필모어 1800~1874년	1921년 (공) 워런 하딩 1865~1923년	2017년 (공) 도널드 트럼프 1946년~
1853년 (민) 프랭클린 피어스 1804~1869년	1923년 (공) 캘빈 쿨리지 1872~1933년	
1857년 (민) 제임스 뷰캐넌 1791~1868년	1929년 (공) 허버트 후버 1874~1964년	
1861년 (공) 에이브러햄 링컨 1809~1865년	1933년 (민) 프랭클린 루스벨트 1882~1945년	

캐나다의 총리

영국의 식민지였던 캐나다는 1867년에 로어 캐나다(퀘벡), 어퍼 캐나다(온타리오), 노바스코샤, 뉴브런스윅이 통일해서 캐나다 자치령으로 독립했다.
정당별 약자는 다음과 같다. 보수당(보), 진보보수당(진), 자유당(자), 통합당(통)

연도	정당	이름
1867~1873년	(보)	존 A. 맥도널드 경
1873~1878년	(자)	알렉산더 매킨지
1878~1891년	(보)	존 A. 맥도널드 경
1891~1892년	(보)	존 A. 애벗 경
1892~1894년	(보)	존 S. D. 톰슨 경
1894~1896년	(보)	매킨지 보얼 경
1896년	(보)	찰스 터퍼 경
1896~1911년	(자)	윌프리드 로리어 경
1911~1920년	(보/통)	로버트 L. 보든 경
1920~1921년	(통)	아서 미언
1921~1926년	(자)	W. L. 매킨지 킹
1926년	(보)	아서 미언
1926~1930년	(자)	W. L. 매킨지 킹
1930~1935년	(보)	리처드 베드퍼드 베닛
1935~1948년	(자)	W. L. 매킨지 킹
1948~1957년	(자)	루이 생로랑
1957~1963년	(진)	존 G. 디펜베이커
1963~1968년	(자)	레스터 B. 피어슨
1968~1979년	(자)	피에르 엘리엇 트뤼도
1979~1980년	(진)	조 클라크
1980~1984년	(자)	피에르 엘리엇 트뤼도
1984년	(자)	존 터너
1984~1993년	(진)	브라이언 멀로니
1993년	(진)	킴 캠벨
1993~2003년	(자)	장 크레티앵
2003~2006년	(자)	폴 마틴
2006~2015년	(보)	스티븐 하퍼
2015년~	(자)	쥐스탱 트뤼도

아일랜드(에이레)의 대통령

정당별 약자는 다음과 같다. 피어너팔당(팔), 피너게일당(게), 노동당(노), 통일아일랜드당(통)

연도	정당	이름
1938~1945년	(무소속)	더글러스 하이드
1945~1959년	(팔)	션 오켈리
1959~1973년	(팔)	에이먼 드 발레라
1973~1974년	(팔)	어스킨 칠더스
1974~1976년	(팔)	서벌 오달러
1976~1989년	(팔)	패트릭 존 힐러리
1989~1997년	(노)	메리 로빈슨
1997~2011년	(팔)	메리 매컬리스
2011년~	(노)	마이클 D. 히긴스

아일랜드의 총리

연도	정당	이름
1922~1932년	(통)	윌리엄 코즈그레이브
1932~1948년	(팔)	이몬 데 발레라
1948~1951년	(게)	존 알로이시어스 코스텔로
1951~1954년	(팔)	이몬 데 발레라
1954~1957년	(게)	존 알로이시어스 코스텔로
1957~1959년	(팔)	이몬 데 발레라
1959~1966년	(팔)	션 레마스
1966~1973년	(팔)	잭 린치
1973~1977년	(게)	리엄 코즈그레이브
1977~1979년	(팔)	잭 린치
1979~1981년	(팔)	찰스 호이
1981~1982년	(게)	가렛 피츠제럴드
1982년	(팔)	찰스 호이
1982~1987년	(게)	가렛 피츠제럴드
1987~1992년	(팔)	찰스 호이
1992~1994년	(팔)	알버트 레이놀즈
1994~1997년	(게)	존 브루톤
1997~2008년	(팔)	버티 아헌
2008~2011년	(팔)	브라이언 코웬
2011~2017년	(게)	엔다 케니
2017년~	(게)	레오 버라드커

뉴질랜드의 총리

뉴질랜드는 1856~1907년 동안 자치를 실행하다 1907년에 영국의 자치령이 되었다.
정당별 약자는 다음과 같다. 자유당(자), 노동당(노), 개혁당(혁), 통합미래당(통), 국민당(국)

연도	정당	이름
1906~1912년	(자)	조지프 G. 워드 경
1912년	(자)	토머스 매킨지
1921~1925년	(혁)	윌리엄 F. 매시
1925년	(혁)	프랜시스 벨 경
1925~1928년	(혁)	조지프 G. 코츠
1928~1930년	(통)	조지프 G. 워드 경
1930~1935년	(통)	조지 W. 포브스
1935~1940년	(노)	마이클 J. 새비지
1940~1949년	(노)	피터 프레이저
1949~1957년	(국)	시드니 G. 홀랜드 경
1957년	(국)	키스 J. 홀리오크 경
1957~1960년	(노)	월터 내시 경
1960~1972년	(국)	키스 J. 홀리오크 경
1972년	(국)	존 로스 마셜
1972~1974년	(노)	노먼 E. 커크
1974년	(노)	휴 와트 (부총리가 권한 대행)
1974~1975년	(노)	월러스 롤링 경
1975~1984년	(국)	로버트 D. 멀둔
1984~1989년	(노)	데이비드 R. 롱이
1989~1990년	(노)	제프리 파머
1990년	(노)	마이크 무어
1990~1997년	(국)	짐 볼저
1997~1999년	(국)	제니 시플리
1999~2008년	(노)	헬렌 클라크
2008~2016년	(국)	존 키
2016~2017년	(국)	빌 잉글리시
2017년~	(노)	재신다 아던

오스트레일리아의 총리

오스트레일리아는 1901년에 기존의 개별 식민지들이 합해서 중앙 정부를 꾸리며 세워진 연방국가이다.
정당별 약자는 다음과 같다. 자유무역당(무), 보호무역당(보), 노동당(노), 자유당(자), 통일오스트레일리아당(통), 통일국가당(통국), 국민당(국), 민족국가당(민), 국가당(가)

연도	정당	이름
1901~1903년	(보)	에드먼드 바턴
1903~1904년	(보)	앨프레드 디킨
1904년	(노)	존 크리스찬 왓슨
1904~1905년	(무/보)	조지 H. 레이드 경
1905~1908년	(보)	앨프레드 디킨
1908~1909년	(노)	앤드루 피셔
1909~1910년	(보)	앨프레드 디킨
1910~1913년	(노)	앤드루 피셔
1913~1914년	(자)	조지프 쿡
1914~1915년	(노)	앤드루 피셔
1915~1923년	(노/국)	윌리엄 M. 휴즈
1923~1929년	(국/가)	스탠리 M. 브루스
1929~1932년	(노)	제임스 헨리 스컬린
1932~1939년	(통/가)	조지프 A. 라이언스
1939년	(4월 동안)(통국)	얼 페이지 경
1939~1941년	(통)	로버트 G. 멘지스 경
1941년	(가)	아서 W. 패든 경
1941~1945년	(노)	존 조지프 커틴
1945년	(노)	프랜시스 마이클 포드
1945~1949년	(노)	조지프 B. 치플리
1949~1966년	(자)	로버트 G. 멘지스
1966~1967년	(자)	해럴드 E. 홀트
1967~1968년	(가)	존 매큐언
1968~1971년	(자)	존 그레이 고턴 경
1971~1972년	(자)	윌리엄 맥마헌 경
1972~1975년	(자)	고프 휘틀럼
1975~1983년	(자)	존 맬컴 프레이저
1983~1991년	(노)	밥 호크
1991~1996년	(노)	폴 키팅
1996~2007년	(자)	존 하워드
2007~2010년	(노)	케빈 러드
2010~2013년	(노)	줄리아 길라드
2013년	(노)	케빈 러드
2013~2015년	(자)	토니 애벗
2015년~	(자)	맬컴 턴불

유럽 국가의 황제 또는 왕

유럽 역사에서 가장 중요한 왕조와 군주들의 통치 연대를 나라별로 정리했어요.

잉글랜드의 왕과 여왕

앵글로 색슨인 왕조	500년 무렵~1066년
노르만 왕조	1066~1154년
플랜태저닛 왕조	1154~1399년
랭커스터 왕조	1399~1461년
요크 왕조	1461~1485년
튜더 왕조	1485~1603년
스튜어트 왕조	1603~1714년
하노버 왕조	1714~1910년
윈저 왕조	1910년~

500~802년 무렵	7개 왕국의 각 통치자들
802~839년	에그버트
839~858년	에델울프
858~860년	에델볼드
860~866년	에델버트
866~871년	에델레드 1세
871~899년	앨프레드 대왕
899~925년	에드워드 선대왕
925~939년	애델스탄
939~946년	에드먼드 1세
946~955년	에드레드
955~959년	에드위그
959~975년	에드가
975~978년	에드워드(순교왕)
978~1016년	에설레드 2세
1016년	에드먼드 2세(용맹왕)
1016~1035년	크누트 1세
1037~1040년	해럴드 1세
1040~1042년	하다크누트
1042~1066년	에드워드(참회왕)
1066~1087년	해럴드 2세
1066년	윌리엄 1세(정복왕)
1087~1100년	윌리엄 2세
1100~1135년	헨리 1세
1135~1154년	스티븐 왕
1135년	마틸다가 여왕으로 선언됨
1154~1189년	헨리 2세
1189~1199년	리처드 1세
1199~1216년	존 왕
1216~1272년	헨리 3세
1272~1307년	에드워드 1세
1307~1327년	에드워드 2세
1327~1377년	에드워드 3세
1377~1399년	리처드 2세
1399~1413년	헨리 4세
1413~1422년	헨리 5세
1422~1461년	헨리 6세
1461~1470년	에드워드 4세
1470~1471년	헨리 6세가 다시 왕위에 오름
1471~1483년	에드워드 4세가 다시 왕위에 오름
1483년	에드워드 5세
1483~1485년	리처드 3세
1485~1509년	헨리 7세
1509~1547년	헨리 8세
1547~1553년	에드워드 6세
1553년	제인 그레이
1553~1558년	메리 1세
1558~1603년	엘리자베스 1세

잉글랜드와 스코틀랜드의 왕과 여왕

1603~1625년	제임스 1세(스코틀랜드의 제임스 6세)
1625~1649년	찰스 1세
1649~1660년	공화국 시대(1653~1658년에 올리버 크롬웰이 호국경으로 영국을 통치했다.)
1660~1685년	찰스 2세
1685~1688년	제임스 2세
1689~1694년	윌리엄 3세와 메리 2세
1694~1702년	윌리엄 3세의 단독 통치
1702~1714년	앤 여왕

영국의 왕과 여왕

1714~1727년	조지 1세
1727~1760년	조지 2세
1760~1820년	조지 3세
1820~1830년	조지 4세
1830~1837년	윌리엄 4세
1837~1901년	빅토리아 여왕
1901~1910년	에드워드 7세
1910~1936년	조지 5세
1936년	에드워드 8세
1936~1952년	조지 6세
1952년~	엘리자베스 2세 여왕

스코틀랜드의 왕과 여왕

843~860년	케네스 1세
1005~1034년	맬컴 2세
1057~1093년	맬컴 3세
1124~1153년	데이비드 1세
1153~1165년	맬컴 4세
1214~1249년	알렉산더 2세
1249~1286년	알렉산더 3세
1286~1290년	노르웨이의 마거릿
1292~1296년	존 왕(잉글랜드의 에드워드 1세에 의해 폐위되었다.)
1306~1329년	로버트 1세(더 브루스)
1329~1371년	데이비드 2세
1371~1390년	로버트 2세
1390~1406년	로버트 3세
1406~1437년	제임스 1세
1437~1460년	제임스 2세
1460~1488년	제임스 3세
1488~1513년	제임스 4세
1513~1542년	제임스 5세
1542~1567년	메리 여왕
1567~1603년	제임스 6세(잉글랜드와 스코틀랜드, 아일랜드의 통합 후 제임스 1세가 되었다.)

프랑크 왕국의 왕
(프랑스 일부, 독일, 이탈리아)

메로빙거 왕조	447~751년
카롤링거 왕조	751~987년

447~458년	메로베크
458~481년	킬데리크 1세
481~511년	클로비스 1세

(클로비스의 왕국은 세 나라로 나뉘었다. 그 중 주요 왕들은 다음과 같다.)

511~558년	킬데베르트 1세
558~562년	클로테르 1세
562~566년	카리베르트
566~584년	킬페리크
584~628년	클로테르 2세
628~637년	다고베르트 1세
637~655년	클로비스 2세
655~668년	클로테르 3세
668~674년	킬데리크 2세
674~691년	티에리 3세
691~695년	클로비스 3세
695~711년	킬데베르트 2세
711~716년	다고베르트 3세
716~721년	킬페리크 2세
721~737년	티에리 4세
737~743년	공위기. 총독 카를 마르텔이 714~741년에 통치함.
743~751년	킬데리크 3세
751~768년	페팽(단신왕)
768~814년	샤를마뉴(신성 로마 제국 황제 800~814년)
814~840년	루이 1세
840~877년	샤를 1세(대머리왕)
877~879년	루이 2세(말더듬이왕)
879~882년	루이 3세
882~884년	카를로만
884~888년	샤를 2세(비만왕)
888~898년	오도(파리 백작)
898~929년	샤를 3세(단순왕)
929~936년	공위기
936~954년	루이 4세(해외왕)

954~986년   로테르
986~987년   루이 5세

프랑스의 왕

카페 왕조   987~1328년
발루아 왕조   1328~1589년
부르봉 왕조   1589~1883년(또는 루이 필리프 1세의 통치가 끝나는 1848년)

987~996년   위그 카페
996~1031년   로베르 2세(경건왕)
1031~1060년 앙리 1세
1060~1108년 필리프 1세
1108~1137년 루이 6세(확장왕)
1137~1180년 루이 7세(연소왕)
1180~1223년 필리프 2세(존엄왕)
1223~1226년 루이 8세(사자왕)
1226~1270년 루이 9세(성자왕)
1270~1285년 필리프 3세(용맹왕)
1285~1314년 필리프 4세(미남왕)
1314~1316년 루이 10세
1316년   장 1세
1316~1322년 필리프 5세(장신왕)
1322~1328년 샤를 4세(미남왕)
1328~1350년 필리프 6세
1350~1364년 장 2세(선량왕)
1364~1380년 샤를 5세(현명왕)
1380~1422년 샤를 6세(광인왕)
1422~1461년 샤를 7세(승리왕)
1461~1483년 루이 11세(거미왕)
1483~1498년 샤를 8세
1498~1515년 루이 12세
1515~1547년 프랑수아 1세
1547~1559년 앙리 2세
1559~1560년 프랑수아 2세
1560~1574년 샤를 9세
1574~1589년 앙리 3세
1589~1610년 앙리 4세
1610~1643년 루이 13세
1643~1715년 루이 14세(태양왕)
1715~1774년 루이 15세
1774~1792년 루이 16세

1789~1804년 프랑스의 혁명 시기. 국민의회, 국민공회, 총재정부, 통령정부, 그리고 제1 공화국이 나라를 다스림.

1804~1815년 나폴레옹 1세(황제)
1815~1824년 루이 18세
1824~1830년 샤를 10세
1830~1848년 루이 필리프 1세
1848~1852년 제2 공화국
1852~1870년 나폴레옹 3세(황제)
1870~1940년 제3 공화국
1940~1944년 비시 정부(친독일 정부)

1944~1946년 프랑스 공화국 임시 정부
1946~1958년 제4 공화국
1958년~   제5 공화국

신성 로마 제국의 황제

오토 1세가 '게르만 민족의 신성 로마 제국' 황제가 되면서 중세의 사고에 새로운 단계가 열렸다. 황제들은 자신들이 유럽의 기독교 제국뿐 아니라 로마 제국도 잇는다고 생각하게 되었다. 신성 로마 제국 영토의 크기는 시대에 따라 달라졌지만, 대체로 독일과 오스트리아 및 이탈리아 일부를 포함했다.

962~973년   오토 1세(대제)
973~983년   오토 2세
983~1002년   오토 3세
1002~1024년 하인리히 2세(성자왕)
1024~1039년 콘라트 2세
1039~1056년 하인리히 3세(경건왕)
1056~1106년 하인리히 4세
1106~1125년 하인리히 5세
1125~1137년 룩셈부르크의 로타르 3세
1138~1152년 콘라트 3세
1152~1190년 프리드리히 1세 바르바로사
1190~1197년 하인리히 6세
1198~1208년 슈바벤의 필립
1198~1215년 오토 4세
1220~1250년 프리드리히 2세
1250~1254년 콘라트 4세
1254~1273년 대공위 시기
1273~1291년 합스부르크의 루돌프 1세
1292~1298년 나사우의 아돌프
1298~1308년 합스부르크의 알베르트 1세
1308~1313년 룩셈부르크의 하인리히 7세
1314~1346년 바이에른의 루트비히 4세
1314~1330년 프리드리히 미남왕(공동 섭정)
1346~1378년 룩셈부르크의 카를 4세
1378~1400년 바츨라프 4세(나태왕)
1400~1410년 팔츠의 루프레히트
1410~1437년 룩셈부르크의 지기스문트
1438~1439년 합스부르크의 알브레히트 2세
1440~1493년 프리드리히 3세
1493~1519년 막시밀리안 1세
1519~1556년 카를 5세
1558~1564년 페르디난트 1세
1564~1576년 막시밀리안 2세
1576~1612년 루돌프 2세
1612~1619년 마티아스
1619~1637년 페르디난트 2세
1637~1657년 페르디난트 3세
1657~1705년 레오폴트 1세
1705~1711년 요제프 1세
1711~1740년 카를 6세
1740~1745년 바이에른의 카를 7세
1745~1765년 마리아 테레지아와 프란츠 1세

1765~1790년 요제프 2세
1790~1792년 레오폴트 2세
1792~1806년 프란츠 2세

(나폴레옹이 1806년에 신성 로마 제국을 없앴고, 프란츠 2세가 오스트리아 황제가 되었다.)

오스트리아의 황제

1806~1835년 프란츠 2세
1835~1848년 페르디난트 1세
1848~1916년 프란츠 요제프 1세

(오스트리아 제국은 1867년에 오스트리아-헝가리 제국으로 바뀌어 1918년까지 지속되었다.)

1916~1918년 카를 1세
1918~1938년 오스트리아 제1 공화국
1939~1945년 독일의 오스트리아 합병(안슐루스)
1945년~   오스트리아 제2 공화국

독일의 통치자

신성 로마 제국   962~1806년
독일 연방(39개국) 1815~1866년
북독일 연방   1867~1870년
독일 제국   1871~1918년

1871~1888년 빌헬름 1세
1888년   프리드리히 3세
1888~1918년 빌헬름 2세
1919~1933년 바이마르 공화국
1933~1945년 제3 제국
1945~1990년 독일의 동서 분단
1990년   독일의 통일

포르투갈의 왕과 여왕

1085~1139년	엔리케(포르투갈의 건국자)
1139~1185년	아폰수 1세(초대 왕)
1185~1211년	산슈 1세
1211~1223년	아폰수 2세
1223~1246년	산슈 2세
1248~1279년	아폰수 3세(용맹왕)
1279~1325년	디니슈(농민왕)
1325~1357년	아폰수 4세
1357~1367년	페드루 1세
1367~1383년	페르난두 1세
1383~1433년	주앙 1세
1433~1438년	두아르트 1세
1438~1481년	아폰수 5세
1481~1495년	주앙 2세
1495~1521년	마누엘 1세
1521~1557년	주앙 3세
1557~1578년	세바스티앙
1578~1580년	엔리케 추기경
1580~1598년	펠리페 1세(스페인의 펠리페 2세)
1598~1621년	펠리페 2세(스페인의 펠리페 3세)
1621~1640년	펠리페 3세(스페인의 펠리페 4세)
1640~1656년	주앙 4세
1656~1667년	아폰수 6세
1667~1706년	페드루 2세
1706~1750년	주앙 5세
1750~1777년	주제 1세(실권은 세바스티앙 주제 드 카르발류 이 멜루에게 있었다.)
1777~1816년	마리아 1세
1816~1826년	주앙 6세(마리아 1세가 정신 질환에 걸리자, 1792년부터 마리아 1세의 이름으로 통치했고, 1799년에 섭정이 되었다.)
1826~1834년	논란의 왕위 계승
1834~1853년	마리아 2세(1837년부터 그의 남편 페르디난두 2세가 통치했다.)
1853~1861년	페드루 5세
1861~1889년	루이스 1세
1989~1908년	카를루스 1세
1908~1910년	마누엘 2세
1910년~	포르투갈 공화국

이탈리아의 왕

1861~1878년	비토리오 에마누엘레 2세
1878~1900년	움베르토 1세
1900~1946년	비토리오 에마누엘레 3세
1925~1943년	무솔리니의 독재
1946년	움베르토 2세
1946년~	이탈리아 공화국

스페인의 왕과 여왕

1492~1516년	카스티야의 이사벨 1세와 아라곤의 페르난도 2세
1516~1556년	카를로스 1세
1556~1598년	펠리페 2세
1598~1621년	펠리페 3세
1621~1665년	펠리페 4세
1665~1700년	카를로스 2세
1700~1724년	펠리페 5세
1724년	루이스 1세
1724~1746년	펠리페 5세
1746~1759년	페르난도 6세
1759~1788년	카를로스 3세
1788~1808년	카를로스 4세
1808년	페르난도 7세
1808~1813년	호세 1세
1813~1833년	페르디난드 7세
1833~1868년	이사벨 2세
1668~1873년	논란의 왕위계승
1873~1875년	제1 공화국
1875~1885년	알폰소 12세
1885~1931년	알폰소 13세(왕정이 무너졌다.)
1931~1939년	제2 공화국(내전이 발발했다.)
1939~1975년	프랑코의 독재
1975년	군주제 부활
1975~2014년	후안 카를로스 1세(아들에게 왕위를 물려주고 자리에서 물러났다.)
2014년~	펠리페 6세

러시아의 차르

1462~1505년	이반 3세(대제)
1505~1533년	바실리 3세
1533~1584년	이반 4세(뇌제)
1584~1598년	표도르 1세
1598~1606년	보리스 고두노프(섭정)
1603년	표도르 2세
1603~1606년	그리고리 오트레피에프가 이반 4세의 아들 드미트리 1세라고 행세해 차르가 되었다.
1606~1610년	바실리 4세(제위를 찬탈했다.)
1610~1613년	브와디스와프 4세(대관식은 하지 않았다.)

로마노프 왕조의 왕

1613~1645년	미하일 로마노프(차르로 선출되었다.)
1645~1676년	알렉세이
1676~1682년	표도르 3세
1682~1696년	이반 5세와 표트르 1세(공동 통치)
1682~1725년	표트르 1세(1921년부터 '황제'로 불렸다.)
1725~1727년	예카테리나 1세
1727~1730년	표트르 2세
1730~1740년	안나
1740~1741년	이반 6세(어머니 안나 대신 섭정했다.)
1741~1762년	엘리자베타
1762년	표트르 3세(그의 사후 아내 예카테리나가 왕위를 차지했다.)
1762~1796년	예카테리나 2세(대제)
1796~1801년	파벨 1세
1801~1825년	알렉산드르 1세
1825~1855년	니콜라이 1세
1855~1881년	알렉산드르 2세
1881~1894년	알렉산드르 3세
1894~1917년	니콜라이 2세
1917년	러시아 혁명
1922~1991년	소련(소비에트 연방)
1991년~	러시아 연방. 소련이 15개의 나라로 갈라짐.

한반도 통일 국가의 왕, 대한민국의 대통령

고려의 왕

연도	왕	대수
918~943년	태조	1대
943~945년	혜종	2대
945~949년	정종	3대
949~975년	광종	4대
975~981년	경종	5대
981~997년	성종	6대
997~1009년	목종	7대
1009~1031년	현종	8대
1031~1034년	덕종	9대
1034~1046년	정종	10대
1046~1083년	문종	11대
1083~1083년	순종	12대
1083~1094년	선종	13대
1094~1095년	헌종	14대
1095~1105년	숙종	15대
1105~1122년	예종	16대
1122~1146년	인종	17대
1146~1170년	의종	18대
1170~1197년	명종	19대
1197~1204년	신종	20대
1204~1211년	희종	21대
1211~1213년	강종	22대
1213~1259년	고종	23대
1259~1274년	원종	24대
1274~1298년	충렬왕	25대
1298~1298년	충선왕	26대
1298~1308년	충렬왕	25대
1308~1313년	충선왕	26대
1313~1330년	충숙왕	27대
1330~1332년	충혜왕	28대
1332~1339년	충숙왕	27대
1339~1344년	충혜왕	28대
1344~1348년	충목왕	29대
1349~1351년	충정왕	30대
1351~1374년	공민왕	31대
1374~1388년	우왕	32대
1388~1389년	창왕	33대
1389~1392년	공양왕	34대

조선의 왕

연도	왕	대수
1392~1398년	태조	1대
1398~1400년	정종	2대
1400~1418년	태종	3대
1418~1450년	세종	4대
1450~1452년	문종	5대
1452~1455년	단종	6대
1455~1468년	세조	7대
1468~1469년	예종	8대
1469~1494년	성종	9대
1494~1506년	연산군	10대
1506~1544년	중종	11대
1544~1545년	인종	12대
1545~1567년	명종	13대
1567~1608년	선조	14대
1608~1623년	광해군	15대
1623~1649년	인조	16대
1649~1659년	효종	17대
1659~1674년	현종	18대
1674~1720년	숙종	19대
1720~1724년	경종	20대
1724~1776년	영조	21대
1776~1800년	정조	22대
1800~1834년	순조	23대
1834~1849년	헌종	24대
1849~1863년	철종	25대
1863~1907년	고종	26대
1907~1910년	순종	27대

대한민국의 대통령

1948~1952년	이승만 1대
1952~1956년	이승만 2대
1956~1960년	이승만 3대 (4대 선거에 재출마해 부정 선거로 당선되었으나 4·19 혁명으로 하야했다.)
1960~1962년	윤보선 4대
1963~1967년	박정희 5대 (5·16 군사 정변을 일으키고 개헌 및 국민 직접 투표를 실시해 당선되었다.)
1967~1971년	박정희 6대
1971~1972년	박정희 7대
1972~1978년	박정희 8대
1978~1979년	박정희 9대
1979~1980년	최규하 10대 (대통령 권한 대행이었으나 간접 선거로 대통령으로 선출되었다. 전두환 등 신군부의 12·12 사태로 자리에서 물러났다.)
1980~1981년	전두환 11대 (간접 선거를 통해 대통령에 당선되었다. 1980년에 대통령 임기를 7년으로 늘리고 간선제를 통해 대통령을 선출하는 헌법 개정안을 공포했다.)
1981~1988년	전두환 12대 (1987년 '6월 민주 항쟁'으로 대통령의 임기를 5년으로 제한하고 직선제로 대통령을 선출하도록 헌법이 개정되었다.)
1988~1993년	노태우 13대 (직선제로 대통령에 당선되었다.)
1993~1998년	김영삼 14대
1998~2003년	김대중 15대
2003~2008년	노무현 16대
2008~2013년	이명박 17대
2013~2017년	박근혜 18대 (헌법재판소의 탄핵 소추안 인용에 따라 임기 도중에 대통령에서 물러났다.)
2017년~	문재인 19대

찾아보기

본문에서 따로 용어 설명한 낱말은 페이지 숫자를 두꺼운 글자로 나타냈어요.

ㄱ

가나 17, 23, 27, 31, 41, 55, 57, 98, 100, 황금 해안 참고
가나안 8
가마쿠라 막부 시대(일본) 29
가말 압델 나세르 98
가봉 98
가브리엘 파렌하이트 66
가상 현실 107
가스코뉴(프랑스) 30
가이아나 95, 101, 103
가이 포크스 54
가자(이집트) 106
가잔(페르시아 통치자) 35
가톨릭 24, 26, 28, 36, 44, 46, 48, 50, 54, 56, 57, 58, 60, 62
간다라(인도) 11
갈라티아 12, 14
갈리폴리(터키) 36, 38
갈릴레오 갈릴레이 50, 54, 56
감리교 68
감비아 69, 78, 90, 98
갑골 문자 9
강희제(중국 황제) 61, 67
개인용 컴퓨터(PC) 103, 105
갠지스강 9
거란 왕국 25
거석 6
건륭제(중국 황제) 69
걸프 전쟁 106
검은 전쟁 81
검은 9월단 102
게르만 14, 16, 24, 70
게릴라 101, 103, 109 테러리스트 참고
게이키(일본 쇼군) 85
게저 1세(헝가리 왕) 24
게티스버그 전투(미국) 85
겨울 궁전(상트페테르부르크) 62
경기병 여단의 돌격(크림 전쟁) 82
계몽 주의 70
고그라(인도) 47
고다이고(일본 천황) 35
고대 그리스 6, 8, 10, 12, 14, 15, 38
고대 이집트 6, 7, 8, 9, 11, 13, 14, 15, 16
고든 장군 86
고딕 양식 28, 30
고려 25
고베(일본) 107

고아(인도) 45, 47
고전 시대(그리스) **12**
고타마 싯다르타 11
고트인 14, 16
곤살로 히메네스 데 케사다 47
골다 메이어 100
골드 러시 83, 85
골란 고원(이스라엘) 102
골인 12
공기 부양선(ACV) 98
공산당 선언 82
공산주의 92, 96, 97, 98, 99, 100, 101, 103, 104, 106
공자 11
공포 정치(프랑스) 74
과테말라 7, 81, 95
관세 동맹 96
광둥(중국) 45, 57, 63 67, 69, 71, 81, 95
광우병 108
교토(일본) 37
교황령 84
교회의 대분열 26, **36**
구루 나나크(시크교 창립자) 41
구르의 무함무드 29
구빈법(영국) 48
구석기인 6
구스타프 1세(스웨덴 왕) 44
구스타프 아돌프 2세(스웨덴 왕) 54, 56
구스타브 3세(스웨덴 왕) 72, 74
구엘프 30
구정 대공세 101
구지라트(인도) 47, 49
구텐베르크 성서 40
국민 공회(프랑스) 74
국민당 93
국민 의회(프랑스) 74
국부론 72
국사 조칙 68
국제 사면 위원회 100
국제연맹 92, 93, 94
국제 연합(유엔) 96, 97, 99, 102, 106, 107, 108
굴리엘모 마르코니 86, 91
굽타 제국 17, 21
권리장전 62
그란콜롬비아 79
그레고르 멘델 84
그레고리우스 교황 20
그레고리우스 달력 50
그레고리우스 9세 교황 30
그레고리우스 13세 교황 50
그레나다(서인도 제도) 59, 73, 105
그레이트 짐바브웨 37, 39
그리고리 오르테피에프(러시아 왕위 요구자) 54
그리스 38, 48, 80, 86, 90, 92, 96, 98, 102, 104
그리스 독립 전쟁 **80**
그리스 문자 22

그리스어 20
그리스인 80, 92, 100
그리스 정교회 20, 38, 정교회 참고
그린란드 25, 27, 32
그린피스 105
글라루스(스위스) 32
글라스노스트 104
글라이더 86
글렌코(스코틀랜드) 62
금나라 29
금인칙서 30
금주법 93, 95
기근
 아프리카 104, 106
 아일랜드 82
 소련 94
기니 45, 84
기니비사우 98
기니 회사 61
기독교 16, 17, 20, 21, 22, 24, 26, 30, 44, 45, 47, 67
기독교인 24, 27, 29, 33, 36, 45, 47, 57, 72, 82, 102, 104
기벨린 30
기옌(프랑스) 30
기자(이집트) 7
기즈의 앙리 50
기하학 56
김일성 107

ㄴ

나가사키(일본) 49, 57, 59
나디르 칸 69
나라(일본) 23
나라이(시암 왕) 61, 63
나르바 전투 66
나미비아 98, 106, 남서 아프리카 참고
나바레(스페인) 30, 44
나바리노 전투 80
나바테아인 10, 12, 14, 16
나보폴라사르(바빌론의 왕) 10
나스카(페루) 15
나스카인 15
나와브(인도 뱅골) 71
나이메헨 평화 조약 60
나이아가라 폭포 61
나이저강 75, 78
나이저강 상류 61, 67
나이지리아 13, 35, 63, 86, 90, 98, 100, 106
나이지리아 내전 100
나이지리아 동부(비아프라) 100
나일강 7, 82
나일강 전투 75
나치 당 94, 95, 96
나탈(남아프리카) 80, 82, 84
나폴레옹 법전 78

나폴레옹 보나파르트 74, 75, **78**, 80
나폴레옹 3세 82
나폴리(이탈리아) 38, 40, 44, 68, 84
난징(중국) 29, 91, 95
난징 조약 81
남극 91, 105
남극 해안 83
남로디지아 90, 로디지아, 짐바브웨 참고
남베트남 99, 101
남부 연합(미국) 85
남송 왕조 29
남아프리카 39, 41, 78, 80, 82, 84, 86, 90, 96, 98, 100, 104, 106
남아프리카 최초 다인종 선거 106
남해 거품 사건 68
남해 회사 68
냉전 **97**, 101
네덜란드 44, 48, 50, 54, 60, 68, 72, 74, 86, 96, 98, 네덜란드 공화국 참고
네덜란드령 기아나 57, 79
네덜란드 공화국 58
네덜란드 독립 전쟁 **48**, 55, 58
네바강 전투 30
네부카드네자르 2세(바빌론 왕) 10
네지드(아라비아) 92
넬슨 만델라 106, 108
넬슨 제독 78
노(일본 가면극) 35
노르만인 24, 26, 28
노르망디(프랑스) 22, 24, 30
노르망디 상륙 94
노르웨이 22, 24, 26, 32, 56, 90
노리에가 장군 105
노바스코샤(캐나다) 55, 67, 71
노바티아 21
노브고로드(러시아) 22, 40
노섬브리아(잉글랜드) 22
노스 캐롤라이나(미국) 63, 69
노예 45, 49, 69, 78, 80
노예 무역 49, **67**
노예 반란 75
노예 왕조(델리) 31
노예 제도 47, 72, 74, 78, 80, 85
노예 제도 폐지 63, 69, 74, 78, 80
노예 폐지 협회 80
노자 11
노크 문명 13
농경 **6**, 7
농노 74, 84
농노 제도 58
뇌르들링겐 전투 56
누네즈 데 발보아 45

누미디아 15
누미디아의 유구르타 15
누벨 프랑스(캐나다) 55, 67, 71
누비아 9, 13, 17, 21, 45
누에바 그라나다 79
누에바 에스파냐(남아메리카) 79
뉘른베르크(독일) 46
뉘른베르크 법 94
뉘른베르크 재판 96
뉴기니 67
뉴네덜란드 61
뉴딜 95
뉴멕시코(미국) 55, 97
뉴사우스웨일스(오스트레일리아) 75
뉴암스테르담 57
뉴앨비언 51
뉴올리언스(미국) 67
뉴욕(미국) 57, 61, 69, 71, 87, 93, 95, 101, 102, 105, 107
뉴잉글랜드 57, 61
뉴저지(미국) 61
뉴질랜드 23, 27, 59, 73, 83, 85, 87, 91, 99, 105
뉴커먼 토머스 66
뉴펀들랜드(캐나다) 27, 41, 45, 51, 55, 67, 71, 91
뉴햄프셔(미국) 59
뉴헤브리디스 제도 73
뉴헤이븐(코네티컷) 67
니네베(아시리아) 6, 8, 10
니슈타트 평화 조약 68
니아살란드 90, 98, 말라위 참고
니제르 51, 98
니제르 회사 86
니카라과 81, 95, 103, 105, 107
니케아 기독교 공의회(아나톨리아) 16, 22
니콜라이 2세(러시아 차르) 86, 92
니콜로 마키아벨리 44
니키타 흐루시초프 98, 100, 102
닉 리슨 106
닐 암스트롱 101

ㄷ

다게스탄(중앙아시아) 109
다곤(양곤) 71
다뉴브강 6
다닐(모스크바 공) 32
다르다넬스 해협 82
다리우스 1세(페르시아 왕) 12
다마스쿠스(시리아) 21, 25, 27, 28, 35, 39
다오메 71, 86, 98
다우닝 가 선언 106
다윈(오스트레일리아) 95
다이라 가문 29

다이아몬드 84
다이애나 왕세자비 104, 108
다이어 장군 93
단일 유럽 시장 106
단테 알리기에리 32, 38
단치히(폴란드, 프로이센) 34, 74
달라이 라마 91, 99
담배 48, 55, 63, 109
당나라 21, 25, 39
대공위 시기 32
대공황 **93**, 95
대서양 37, 59, 78, 85, 93, 102
대약진 운동 99
대운하(중국) 21
대장정 95
대한항공 007편 105
대화(갈릴레이의 책) 56
댈러스(텍사스) 101
더블린(아일랜드) 28, 92
더스트 볼 95
던시네인(스코틀랜드) 26
덧셈 기계 58
덩샤오핑 105, 109
덩컨(스코틀랜드 왕) 26
데 리베라 92
데스몬드 투투 104
데이비드 리빙스턴 82, 84
데인겔드 24
데인로 22, 24
데인인 22, 24 덴마크 참고
데주뇨프(카자크 탐험가) 59
데칸(인도) 33, 35, 47, 51, 57, 59, 63, 69, 79
덴마크 24, 26, 30, 34, 36, 40, 44, 48, 54, 56, 58, 60, 66, 68, 80, 102
델라웨어(미국) 67
델카세(프랑스 장관) 90
델리(인도) 31, 33, 35, 37, 41, 47, 63
델리 왕조 31
델포이(그리스) 12
도광제(중국 황제) 81
도교 11
도버 조약 60
도요토미 히데요시 51
도쿠가와 가문 **55**, 85
도쿠가와 이에미쓰 57
도쿠가와 이에야스 55
도쿠가와 히데타다 55
도쿄 49, 55, 93
독립 국가 연합(CIS) 106
독립 선언서 73
독일 20, 22, 24, 30, 32, 40, 44, 46, 47, 54, 56, 63, 66, 67, 70, 72, 78, 84, 86, 87, 90, 92, 93, 94, 96, 98, 102, 104, 106
독일 기사단 28, 30, 34, 36, 38
독일령 남서아프리카 90, 나미비아 참고
독일령 아프리카 식민지 92
돈 카를로스(스페인 왕위 요구자) 80

돈 후안(오스트리아) 49
동고트인 14, 16, 20
동굴 벽화 6
동남아시아 조약 기구(SEATO) 99
동독 96
동독인 100
동로마 제국 20, 비잔틴 제국 참고
동맹국 90
동방 정교회 20, 26, 정교회 참고
동베를린 98, 100
동썬 문화 15
동인도 제도 41, 45, 51, 55, 57, 59, 63, 79
동인도 회사
  네덜란드 54, 71
  영국 54, 55, 57, 61, 63, 67, 71, 73, 75, 79, 81, 83
  프랑스 60, 63, 69
동인도 회사의 규제법 75
동티모르 109
동파키스탄 103, 방글라데시 참고
동프로이센(독일) 58
두카스 왕조 26
둠즈데이 북 26
뒤켄 후작 71
드골 장군 96, 98, 100, 102
드네프르강 20
드니 디드로 70
드미트리(모스크바 공) 36
드미트리(이반 4세의 아들) 54
드라비다인 9
드레드노트 호 90
드루즈파 이슬람교 102
드비어스 84
드세조 혜성 70
디 데이 94, 96
디아도코이 12
디어필드 학살(매사추세츠) 67
디엔비엔푸 전투 99
디오클레티아누스(로마 황제) 16
디트로이트(미국) 67

ㄹ

라고스(나이지리아) 86
라듐 86
라드진 조약 60
라로셸(프랑스) 56
라마 1세(시암 왕) 75
라마 2세(시암 왕) 79
라만차의 돈키호테 54
라벤나(이탈리아) 16, 20, 22
라벤타(멕시코) 9, 11, 13
라부안(보르네오) 83
라빈(이즈하크) 106, 107
라사(티베트) 61

라슈트라쿠타(인도) 23
라스나바스 데 톨로사 전투 30
라스코(프랑스) 6
라스 타파리 94
라오스 99, 103
라요시(헝가리 왕) 34, 앙주의 루이 참고
라요시 2세(헝가리 왕) 46
라이덴 병 70
라이베리아(서아프리카) 80, 82, 90, 98
라이브 에이드 104
라이스바이크 조약 62
라이카 98
라이트 형제 91
라인란트(독일) 94
라자라 1세(촐라 왕조 왕) 25
라즈푸타나(인도) 23
라지브 간디 105, 107
라텐 문화 12
라트비아 92, 106
라틴어 8, 20, 24
라틴인 10
라틴 제국 32
라플라타강 47
라플스 경(스탬퍼드) 79
라호르(파키스탄) 71, 91
란드슈툼 전투 60
란트슈툴 전투 44
랄리벨라(에티오피아 왕) 29, 31
람라 조약 29
람세스 2세(이집트 왕) 9
람세스 3세(이집트 왕) 9
래브라도(캐나다) 27, 47
램버트 심널 40
랭커스터 하우스 회담 102
러다이트 78
러시아 22, 24, 25, 26, 30, 32, 37, 40, 46, 48, 49, 50, 51, 54, 56, 58, 60, 62, 66, 68, 69, 70, 71, 72, 74, 78, 80, 82, 84, 85, 86, 87, 91, 92, 95, 106, 108
러시아 공화국 106
러시아 내전 92
러시아인 71, 74
러시아 · 오스만 제국 전쟁 72, 84
러시아 정교회 34, 38
러시아 혁명 **92**
러크나우 83
런던(잉글랜드) 36, 60, 66, 80, 82, 84, 90, 95, 100, 102, 106, 108
레닌 92
레바논 8, 10, 80, 92, 94, 96, 102, 104
래생트 59
레소토 98, 바수톨란드 참고
레오나르도 다 빈치 38, 40
레오니트 브레즈네프 100
레오폴(벨기에 왕) 90
레오폴트 1세(오스트리아 황제) 34, 66

레오폴트 2세(오스트리아 황제) 74
레이캬비크 정상 회담 104
레이프 에이리크손 27
레인보우 워리어 105
레자 칸(페르시아의 샤) 92
레콘키스타 26
레판토 전투 48
레펜스키(중부 유럽) 6
레호 바엔사 104, 106
로그표 54
로널드 레이건(미국 대통령) 104, 105
로드리 마우르(웨일스 영주) 22
로드아일랜드(미국) 59
로디지아 86, 90, 102, 104 북로디지아(잠비아), 남로디지아(짐바브웨) 참고
로디지아 전선당 100
로랑 카빌라 108
로렌(프랑스) 68
로렌초 데 메디치 38, 40
로마 **10**, 12, 14
로마 제국 14
  동로마 제국 20
  서로마 제국 16
로마(이탈리아) 28, 46, 92, 96
로마 공화국 10
로마냐(이탈리아) 84
로마노프 왕조 54
로마인 10, 12, 14, 16
로마 조약 98
로메로 대주교 105
로버트 무가베 104
로버트 버크 85
로버트 보일 60
로버트 브루스(스코틀랜드의 왕) 34
로버트 스티븐슨 80
로버트 월폴 68
로버트 케네디(미국 상원 의원) 101
로버트 클라이브(인도) 71
로버트 필 경 80
로버트 훅 58
로베르 기스카르 26
로베르 드 라 살 61, 63
로스앤젤레스(미국) 75, 107
로스킬데 평화 조약 58
로스바흐 70
로스토크(독일) 60
로알드 아문센 91
로이텐(폴란드) 70
로저 배니스터 98
로저 베이컨 30
로제 기스카르 26, 28
로제타 석(이집트) 75
로제 2세(시칠리아 왕) 28, 로제 기스카르 참고
로즈 8
로키비(스코틀랜드) 104
로켓 호 80

로코코 양식 68
로크루아 전투 58
론놀 103
론 손(부르군트 왕국) 16
롤라드파 36
롤로(노르망디 공작) 24
롤리(월터) 51
롬멜 장군(에르빈) 96
롬바르드(이탈리아) 84
롬바르드인 14, 20, 22
루단 전투 36
루돌프 합스부르크 32
루마니아 84, 90, 98, 104, 106
루바이야트 27
루시 부족 22
루엘린(웨일스 공) 32
루이 다게르 80
루이스버그(캐나다) 71
루이 졸리에 61
루이즈 브라운 102
루이지애나(미국) 63, 75
루이지애나 매입 79
루이 파스퇴르 84
루이 필리프(프랑스 왕) 80
루이 5세(프랑스 왕) 24
루이 9세(프랑스 왕) 31, 33
루이 12세(프랑스 왕) 40
루이 13세(프랑스 왕) 54, 56
루이 14세(프랑스 왕) 58, **60**, 66
루이 16세(프랑스 왕) 74
루이 18세(프랑스 왕) 78
루체른(스위스) 32
루카(이탈리아) 84
루터교 44, 46
루트비히 3세(독일 왕) 24
루퍼트랜드(캐나다) 61
루프트바페(독일 공군) 94
룩셈부르크의 얀 34
룬드 전투 60
룬다 왕국(중앙아프리카) 70
룹알할리 사막 94
류리크 왕좌 50
류리크(루시 부족) 22
뤄양(중국) 9
뤼베크(독일) 30, 56
뤼첸(독일) 56
뤼틀리 조약 32
르네 데카르트 56, 58
르네상스 36, **38**
르네 카이에 80
르완다 98, 104, 106, 108
리가(라트비아) 34
리다자오 93
리보니아 34, 48, 56, 68
리비아 17, 80, 90, 94, 96, 98, 100, 104
리슐리외 추기경 56, 57
리스본(포르투갈) 70
리스본 조약 60
리오데라플라타 47, 79
리오데오로 86, 90

리오무니 90
리우데자네이루(브라질) 73
리처드 닉슨(미국 대통령) 103
리처드 버턴 82
리처드 아크라이트 72
리처드(요크 공작) 40
리처드 챈슬러 48
리처드 1세(잉글랜드 왕) 28, 29
리처드 3세(잉글랜드 왕) 40
리치먼드(버지니아) 69
리투아니아 36, 74, 92, 106
리틀빅혼 전투(미국) 85
린디스판(잉글랜드) 22
린디스판 복음서 20
린든 B. 존슨(미국 대통령) 101

ㅁ

마가다(인도) 13
마거릿(스코틀랜드 여왕) 32
마거릿 대처 102, 106
마그나 카르타 30
마그누스(노르웨이 왕) 26
마그데부르크(독일) 58
마누엘 콤네누스(비잔틴 황제) 28
마닐라(필리핀) 49
마다가스카르 59, 63, 86, 90, 98
마데이라 39
마드라스(인도) 55, 59, 63, 67, 71, 107
마라타인 61, 63, 67, 69, 71, 73
마라톤 전투(그리스) 12
마르그레테(덴마크, 노르웨이 여왕) 36
마르코 폴로 33
마르쿠스 안토니우스 14
마르크스주의자 86, 99
마르크스주의 정당(러시아) 86
마르틴 루터 44
마르히펠트 전투 32
마리(부르고뉴) 40
마리 갈랑트 59
마리냐노 전투 44
마리엔부르크(프로이센) 34
마리우스(로마 장군) 14, 15
마리 퀴리 86
마리아 테레지아(오스트리아) 68, **70**
마사다(이스라엘) 16
마사와(에티오피아) 47
마사이인 73
마셜 플랜 97
마야 문명 9, 11, 13, **17**, 21, 23, 25, 29, 41
마야판(멕시코) 31, 41
마오쩌둥 93, 95, 97, 99, 101, 103
마오리인 23, 27, 83
마우레타니아 17, 98

마우리아 왕조 13, 15
마우마우 98
마운드 빌더 21, 33
마운트배튼 경 102
마이소르(인도) 75, 81
마이클 패러데이 80
마자랭 추기경 58
마자르인 22, 24
마자파히트 왕국(자와) 37
마젤란 해협 45
마주바 고원 전투 86
마즈루이 왕조 71
마카리오스 대주교(키프로스 대통령) 98
마카오 49
마케도니아 12, 14, 106
마케도니아 왕조(비잔틴 제국) 22
마쿠리아 21
마타람(자와) 25, 55, 71
마틸다(잉글랜드 여왕) 28
마테오 비스콘티 32
마틴 루터 킹 99, 101
마흐디(수단 종교 지도자) 86
마흐무드(가즈니의 술탄) 25, 27
막시밀리안(바이에른) 54
막시밀리안(멕시코 황제) 85
막시밀리안 합스부르크 40
막시밀리안 2세(신성 로마 제국 황제) 48
막시밀리앙 로베스피에르 74
만국 박람회 82
만달레이(버마) 83
만리장성 15, 17
만사 무사(말리의 왕) 35
만주 57, 59, 91, 95
만주 왕조 55, 59, 63, 83, 91
만지케르트 전투 26
말라위 98, 니아살란드 참고
말라카(말레이) 45, 59, 79
말라카 해협 79
말레이 45, 67, 71, 79, 81, 87, 91, 97, 99, 101
말레이 연합주 87
말루쿠 제도 45
말리 31, 35, 37, 41, 45, 47, 98
말리아(크레타) 8
말보로 공작 66
말의 사용 8
맘루크(이집트) 33, 37, 78
망코 잉카 47
매사추세츠만 식민지 57, 59, 63
매사추세츠(미국) 51, 57, 59, 63
매슈 플린더스 75, 79
매카시 상원 의원 99
매킨지 킹(캐나다 총리) 95
맥베스(머리 백작) 26
맥도널드 가문 62
맨섬 32
맨해튼(미국) 55
맬컴 캔모어 26
맬컴 4세(스코틀랜드 왕) 28

맬컴 X(민권 운동가) 101
머시아(잉글랜드) 22
먼로(미국 대통령) 81
먼로주의 81
멍고 파크 75, 78
메넬리크(이집트 통치자) 86
메네스(이집트 왕) 7
메디나(아라비아) 21
메디아 10, 12
메디아인 8, 10
메디치 가문 38, 46, 68
메로빙거 왕조 16, 22
메로에 17, 45
메리(스코틀랜드 여왕) 46, 48, 50
메리 로빈슨 106
메리 스튜어트(스코틀랜드 여왕) 46
메리 1세(잉글랜드 여왕) 48
메리 2세(잉글랜드 여왕) 62
메릴랜드(미국) 57
메소포타미아 **6**, 8, 10, 12, 14, 16
메이지 유신(일본) 85
메이플라워 호 57
메인(미국) 59
메카(아라비아) 21, 35, 82
메콩강 61
메헤메트 알리(이집트 통치자) 78
메흐메트 2세(터키 술탄) 41
멕시코 7, 9, 11, 13, 15, 17 21, 23, 31, 37, 39, **45**, 47, 81, 83, 85, 91, 95, 97
멘(프랑스) 30
멜번(오스트레일리아) 81
멩기스투 마리암 104
명나라 37, 39, 59
명예 혁명 62
모가디슈(소말리아) 106
모니카 르윈스키 109
모데나(이탈리아) 84
모라비아 22, 32, 38
모르가르텐(스위스) 32
모르가르텐 전투 34
모로코 23, 41, 51, 69, 82, 90, 92, 98
모리셔스 51, 59, 67, 69, 79
모범 의회 32
모부투 100, 108
모스 부호 83
모스크바(러시아) 28, 32, 34, 36, 40, 48, 50, 68
모스크바 회사 32
모잠비크 45, 84, 90, 98, 100, 102
모차르트 70, 72
모체(페루) 15, 29
모하치(헝가리) 46, 62
모한다스(마하트마) 간디 93, 95, 97
모함메드 바레 104, 106

모함메드 코프륄뤼 59
모함메드 투레(송가이의 통치자) 45
모헨조다로(인도) 7
몬머스 공작 62
몬인 47, 71
몬테알반(멕시코) 11, 13
몬테카시노(이탈리아) 20
몬테네그로 84, 90
몬테비데오(우루과이) 69
몬테수마(아즈텍 통치자) 39
몬트리올(캐나다) 47, 59, 71, 73
몰다비아 34, 74
몰든 전투 24
몰디브 39
몰타 46
몸바사(동아프리카) 51, 69, 71
몽고메리 장군 96
몽골 17, 23, 25, 29, 30, **31**, 32, 33, 36, 37, 40, 49, 63, 67
몽골인 31, 35, 47, 48
몽세귀르(프랑스) 30
무굴 제국 **47**, 49, 51, 55, 57, 59, 61, 63, 67, 69, 71, 79, 83
무라사키 시키부 27
무라트 1세(터키 술탄) 38
무라드 3세(터키 술탄) 49
무루로아 환초 107
무사데크 99
무스타파 케말 90, 아타튀르크 참고
무스카트 59
무제(중국의 황제) 15
무크덴(만주) 57, 59
무타파 왕국 57
무함마드(예언자) **21**
무함마드 다우드 103
무함마드 알리(페르시아 통치자) 90
무함마드 이븐 투글루크 (델리 술탄) 35
무함메드 알리(페르시아 통치자) 90
문자의 도입 6, 7, 9, 17
문화 대혁명 **101**
물라이 이스마일 69
뮌스터(독일) 46
뮌헨(독일) 94, 102
뮌헨 올림픽 102
뮌헨 회의 94
뮐베르크(독일) 46
미구엘 세르반테스 54
미국(미합중국) 72, 75, 78, 79, 82, 83, 85, 87, 90, 91, 93, 96, 97, 99, 100, 101, 103, 105, 107, 108, 109
미국 남북 전쟁 **85**
미국 독립 전쟁 **73**
미국 중앙 정보국(CIA) 99
미나모토 요리토모 29
미나모토 요시쓰네 29

미노스 문명 **8**
미노스인 8
미드웨이 전투 97
미러트(인도) 83
미리오케팔론(터키) 28
미시건 호수 61
미시시피강 29, 57, 61, 63
미시시피 문화 **23**
미시시피 회사 68
미에슈코 1세(폴란드) 24
미주리강 29
미카일 팔라이올로구스(비잔틴 황제) 32
미케네 문명(그리스) **8**
미켈란젤로 부오나로티 38
미탄니 8
미트리다테스 1세(폰토스의 왕) 12, 14
미하일(러시아 차르) 54
미하일 고르바초프 104, 106
믹스텍 문화 25
민주 광장 106
밀라노(이탈리아) 32, 38, 40, 44, 82
밀라노 칙령 16

ㅂ

바간(버마) 27
바그다드(이라크) 23, 27, 33, 39, 55, 100
바다의 거지 48
바더 · 바인호프 102
바로크 46, 66
바르바로사 작전 94, 96
바르바리 해안 32
바르 코크바 16
바르톨로메우 디아스 41
바르톨로메오 크리스토포리 66
바리(이탈리아) 26
바베이도스 55
바부르 41, 45, 47
바빌론 6, **8**, 10, 12
바사 왕조(스웨덴) 50
바사 호 56
바수톨란드 90, 레소토 참고
바스켓 메이커 문화 17
바스코 다 가마 41
바스크 분리주의자 102
바스티유 감옥 74
바실리우스 2세(비잔틴 황제) 24
바알베크(레바논) 102
바이바르스(이집트 술탄) 33
바이에른 54, 58, 62, 70
바이외 태피스트리 27, 62
바이킹 **22**, 24, 25, 26, 27, 35, 101
바젤 평화 조약 40
바츨라프 하벨 102, 104

바타비아(자카르타) 59
바타비아 공화국 74
바탐방(캄보디아) 79
바티스타 장군 99
바하마 41
바흐 66
박트리아 7, 15, 17
반다라나이케 101
반달인 14, 16, 17, 20
반란 36
반물질 106
반전 운동 101
반종교 개혁 **46**
반투인 82
발라나 문화 17
발라클라바 전투 82
발라키아 34
발렌스(로마 황제) 16
발레리아누스(로마 황제) 16
발루아 왕조 34, 48
발룰 로디(델리 왕) 41
발칸 반도, 6, 20, 26, 28, 36, 40, 45, 90
발칸 전쟁 90
발트해 30, 34, 48, 50, 56, 58, 62, 66, 106
밤바라 61, 67
방글라데시 103, 105, 107
방사능의 발견 86
방콕(타이) 75
반도 전쟁 78
밥 겔도프 104
배넉번 전투 34
배서스트(오스트레일리아) 83
배터리 78
배핀섬 27
백과전서(최초의 백과사전) 70
백 년 전쟁 **34**
백러시아인 74, 92
백일천하 78
밴드 에이드 104
밸파스트(아일랜드) 92
밸푸어 선언 92
버마 27, 47, 49, 55, 67, 71, 73, 75, 81, 83, 87, 91, 95, 97, 105, 107
버마인 79
버뮤다 55, 63
버스 보이콧 운동(미국) 99
범죄자 유배 75
버지니아(미국) 51, 55, 69
베나지르 부토 105, 107, 109
베냉 27, 35, 37, 67, 71
베냐민 네타냐후 108
베네딕투스 사원 24
베네수엘라 45, 47, 71, 79, 95
베네치아(이탈리아) 28, 33, 36, 40, 48, 58, 60, 62, 84
베니그노 아키노 105
베니토 무솔리니 92, 94
베다 9
베다 시대(인도) 9

베들레헴(유대아) 14
베르너 폰 브라운 96
베르니니 46
베르베르인 33, 92
베르사유(프랑스) 60
베르사유 조약 92
베른(스위스) 32
베를린(독일) 58, 82, 92, 94, 95, 96, 100, 104
  동베를린 96, 98, 100
  서베를린 96
베를린 봉쇄 96
베를린 올림픽 95
베를린 장벽 100, 104
베를린 회의 84
베링 해협 59, 69
베수비오 화산 16
베어링스 은행 106
베오그라드(세르비아) 44, 62, 66
베이징(중국) 35, 39, 59, 61, 81, 83, 85, 93, 105
베이루트(레바논) 8, 102, 104
베추아날란드 78, 보츠와나 참고
베토벤 72
베트남 15, 39, 61, 85, 97, 99, 100, 101, 103
  북베트남 15, 47, 51, 99, 101, 103
  남베트남 99, 101, 103
베트남 전쟁 **99**, 100, 101, 103
베트콩 99
벤저민 디즈레일리 84
벤저민 프랭클린 71
벨기에 80, 86, 90, 96, 98, 100, 오스트리아 남부 또는 스페인령 네덜란드 참고
벨기에 공화국 74
벨리즈 95, 105
벵골 23, 47, 49, 51, 67, 71, 73
별의 전령 54
병역 면제 세 28
병원 기사단 46
보니파키우스 8세(교황) 36
보르네오 39, 67, 71, 79, 83
보르누(서아프리카) 69
보른회페트 전투, 30
보름스 협약(독일) 26, 28, 44
보리스 고두노프 54
보리스 옐친 106, 109
보스니아 90, 106
보스니아 헤르체고비나 106
보스워스 전투 40
보스턴(미국) 71, 73
  대학살 73
  차 사건 73
보스토크 1호 100
보어인 86, 90
보어인의 대이주 80
보이저 2호 105
보인 전투 62
보자도르곶(칠레) 39

보츠와나 98, 100, 베추아날란드 참고
보터니만(오스트레일리아) 73
보트 피플(베트남) 103
보팔(인도) 105
보헤미안 24, 26, 32, 34, 36 38, 54, 56, 70, 82
복제양 돌리 108
볼레슬라프 1세(보헤미아) 24
볼로냐(이탈리아) 30, 104
볼리비아 17, 79, 81, 85, 95, 100
볼셰비키 92
볼테르 62
봄베이(인도) 61, 63, 67
부간다 왕국 67, 75
부기인 67, 71
부디카(이세니의 왕비) 16
부룬디 98, 104
부르고뉴 14, 16, 24, 40, 46
부르봉 왕조 50, 66, 68, 84
부르키나 파소 98
부빈 전투 30
부처 11, 고타마 싯다르타 참고
부토로스 부토로스 갈리 107
부하라 25, 85
부활절 봉기(더블린) 92
북군 9, 27, 57, 91
북독일 연방 84
북대서양 조약 기구(NATO) 97, 108
북로디지아 8, 잠비아 참고
북방 전쟁 66
북베트남 15, 101
북부 연방(미국 남북 전쟁) 85
북송 왕조 25
북아메리카 원주민 61, 73, 81, 85, 87
북아메리카 인디언 보호 구역 87
북아일랜드 92, 100, 102, 106, 108
북한 97, 99, 107
불가리아 22, 28, 90, 96, 98
불가르인 20, 22
불교 11, 13, 17, 21, 51, 91
붉은 머리 에이리크 25
브라간사 가문 58
브라이텐펠트 전투 56
브라질 47, 49, 69, 73, 79, 81, 87, 95, 97, 101, 105, 107
브라질리아(브라질 수도) 101
브라티슬라바(보헤미아) 26
브란덴부르크(독일) 38, 58, 60
브레다 평화 조약 60
브레스트 · 리토프스크 평화 조약 92
브레티니 조약 34
브루넨브루 전투 24
브리안 보루(아일랜드 황제) 26
브리튼 6, 16, 22
브리튼인 24

브르타뉴 6
블라디미르 1세(키예프 루시) 24
블라디슬라프 로키에케크 34
블레셋인 8
블렌하임 전투 66
블러드강 전투 80
블리디미르 일리치 울리아노프 92, 레닌 참고
블리츠 크리크 94
비라코차 잉카(잉카 통치자) 39
비발디 66
비슈누(힌두교의 신) 17
비스마르크 재상 84
비아프라 100
비자야나가르 왕국(인도) 35
비잔티움 16, 20, 콘스탄티노플 참고
비잔틴 제국 **20**, 21, 22, 24, 26, 28, 30, 32, 36, 40
비커 문화 6
비키니 환초(태평양) 97
비텐베르크(독일) 44
비토리오 에마누엘레 2세(이탈리아의 왕) 84
비투스 베링 69, 71
비티니아 왕국 12, 14
빅뱅 이론 93
빅토리아(오스트레일리아) 82
빅토리아(영국 여왕) 80, 85, 90
빅토리아 호수 82
빈(오스트리아) 46, 62, 66, 82
빈 조약 68
빈 회의 78
빌럼 스하우턴 55
빌럼 얀스존 55
빌카밤바(페루) 47, 49
빌 클린턴(미국 대통령) 107, 109
빌헬름 뢴트겐 86
빌헬름 1세(독일의 카이저) 84
빌헬름 2세(독일의 카이저) 86

人

사다트 대통령 102, 104
사라예보(보스니아) 90
사르곤 2세(아시리아 왕) 10
사르데냐 82, 84
사마르칸트 25, 37
사막의 폭풍 작전 106
사만 왕조 25
사모아 69
사무라이 **27**, 49, 57
사바이아 12
사부아 62, 66, 68
사산 왕조(페르시아) 16, 21
사우디아라비아 92, 96, 102
사우스 캐롤라이나(미국) 63, 69, 75
사울(히브리인 왕) 8

사이공(베트남) 97, 99
사이스(이집트) 11
사일렌드라 왕국 23
사크라멘토(우루과이) 63
사파비 왕조(페르시아) 45, 49, 55, 69
사파 잉카 39
사포텍 문화 13, 17, 21
사하라 사막 7, 11, 17, 23, 31, 51, 80
산디니스타 103, 107
산 로렌소(멕시코) 9, 11
산불 109
산소의 발견 72
산아구스틴(남아메리카) 29
산업 혁명 **72**, 78
산업화 84
살균제 84
살라딘(이집트 술탄) 29, 31
살루트 1호 102
살리카 법 34
살만 루슈디 104
상고 시대(그리스) 10
상나라 9
상리스 평화 조약 40
상아 무역 106
상자형 카메라 87
상트페테르부르크(러시아) 62, 66, 68, 72, 90, 92
상파울루 브라질, 49
상하이(중국) 95
상형 문자 7, 9, 75
새김무늬 토기 문화 6
새뮤얼 모스 83
새뮤얼 존슨 70
새천년 109
샌타페이(미국) 55
샌프란시스코(미국) 73, 91, 97
생드니(파리) 28
생마르탱 59
생물 분류 70
생크루아 59
샤 레자 팔레비 1세(페르시아) 92
샤를(부르고뉴 공작) 40
샤를(앙주) 32
샤를 3세(프랑스 왕) 24
샤를 8세(프랑스 왕) 40
샤를 9세(프랑스 왕) 48
샤를마뉴 **22**
샤리프 왕조 51
샤브라와 샤틸라 난민 수용소 104
샤 셰르 47, 49
샤 아바스 대제(페르시아) 57
샤 알람(벵골 나와브) 71
샤이엔 85
샤 자한(무굴 황제) 57, 59
샤카 대왕(줄루의 군사 지도자) 78
샤푸르 1세(페르시아 왕) 16
샤프빌 학살 100

산인의 나라들(버마) 71
샴시 아다드(아시리아의 왕) 8
서고트인 14, 16, 20
서울 99, 109
서임권 논쟁 26
석기 시대 6
석유 산업 83, 98, 99, 102
석유 누출 102, 105, 106
석유 수출국 기구(OPEC) 100, 102
선거법 개정 80, 84, 86
선박세(잉글랜드의 세금) 56
선형문자 A 8
선형문자 B 8
설탕 무역 69
섭씨온도계 70
성 메토디오스 22
성 바르톨로메우 59
성 바르톨로메우의 날 학살 48
성 바실리 대성당 40
성 베네딕투스 20
성상 34
성상 파괴 22
성 소피아 성당(콘스탄티노폴) 20, 45
성 아우구스티누스 20
성전 기사단 34
성지 27, 28, 29, 33
성 콜롬바 20
성 키릴도스 22
세계무역센터 107
세구(서아프리카) 75
세균 이론 84
세나(동아프리카) 45
세네갈 55, 57, 59, 98
세르게이 비테 86
세르비아 28, 44, 62, 84, 90, 108
세르비아인 108
세바스티앙(포르투갈 왕) 51
세실 로즈 84, 86
세우타(북아프리카) 39
세이셸 제도 69
세인트로렌스강 27, 47, 57, 73
세인트루시아 59, 79, 81
세인트빈센트 73
세인트폴 성당(런던) 66
세인트헬레나 59, 78, 80, 82
세키가하라 전투 55
센나케리브(아시리아의 왕) 10
셀레우코스 14
셀레우코스 제국 12, 14
셀림 2세(터키) 45, 49
셀주크 투르크 26, 28, 31, 33
셉티무스 세베루스(로마 황제) 17
셰르파 텐싱 99
셰틀랜드(스코틀랜드) 40
소니 105
소련 국가 보안 위원회(KGB) 106
소말리아 98, 104, 106, 108
소말릴란드 78

소모사 가문(니카라과) 103
소비에트 의회 92
소아시아(터키) 10, 12, 26, 27, 28
소웨토(남아프리카) 102
소피아(러시아의 섭정) 62
손니 알리(송가이) 41
솔로몬(히브리의 왕) 10
솔로몬 제도 69, 75
솔론 10
송가이 왕국 37, 41, 44, 47, 51
송나라 33, 39
쇼군 29, 35, 49, 55
수나라 21
수니파 이슬람 교인 102
수단 9, 45, 80, 86, 90, 98, 104, 106, 108
수도원 제도 17, 20
수라트(인도) 55, 63
수리남 95, 네덜란드령 기아나 참고
수리야바르만 1세(캄보디아 왕) 27
수리야바르만 2세(캄보디아 왕) 29
수마트라(동인도 제도) 55, 71, 79
수메르(메소포타미아) 6, 8
수사(페르시아) 12
수소폭탄 99
수에비인 14
수에즈 운하 82, 84, 90, 94, 98
수에즈 전쟁 98
수인 85, 87
수중 핵폭발 실험 97
수코타이 왕국 31
수하르토(인도네시아 대통령) 109
순 디아타 케이타(말리 왕국) 31
술라(로마의 장군) 14
쉬제르(수도원장) 28
슈말칼덴 동맹 46
슈바벤 동맹 40
슈비츠 32
슈체친의 평화 48
슈트랄준트 평화 조약 36
슈트라스만 94
슈타이어마르크 40
슈파이어(독일) 46
슈페리어 호수 61
슐레이만 2세(터키의 술탄) 45
슐레지엔 70
스리랑카 25, 101, 103, 105, 105, 실론 참고
스리마일섬 103
스리비자야 왕국 23, 29
스몰렌스크(러시아) 58
스완강 정착지(오스트레일리아) 81
스와질란드 90, 98, 100
스웨덴 24, 26, 30, 32, 34, 44, 48, 54, 56, 58, 60, 62, 66, 68

70, 72, 74, 78, 106
스웨덴인 60
스위스 34, 40, 44, 46, 74, 82, 102
스위스 연방 32
스윗 트랙(잉글랜드) 6
스카라 브레이(오크니 제도) 6
스칸디나비아 22, 44
스코틀랜드 20, 22, 26, 28, 32, 34, 36, 40, 44, 46, 48, 50, 62, 66, 70, 72, 73, 78, 82, 104, 108
스키타이인 10, 14
스타니스와프 레슈친스키 66, 68
스털링 다리 전투 32
스테판 드 불로뉴 28
스텔스 폭격기 B-2 105
스톡홀름 조약 56, 68
스톤 헨지 6
스톨보포 조약 54
스튜어트 가문 36
스튜어트 왕조 54, 58, 66
스트롱보 28
스파르타(그리스) 12
스페인 6, 16, 20, 22, 24, 26, 27, 30, 36, 40, 41, 44, 45, 46, 47, 48, 49, 50, 51, 54, 55, 56, 58, 59, 60, 62, 66, 68, 69, 70, 71, 72, 73, 75, 78, 79, 80, 84, 85, 86, 87, 92, 94, 102, 104
스페인 내전 94
스페인 무적함대 50
스페인 ·미국 전쟁 87
스페인 왕위 계승 전쟁 **66**
스페인인 69, 79, 87
스펑크스(이집트) 7
스푸트니크 1호 98
슬라브인 20, 22
슬라위스 전투 34
슬랑카멘 전투 62
슬랑고르(말레이) 67, 71
슬로바키아 106
슬로베니아 106
시나이 96, 100, 102
시노드 20
시돈(레바논) 8, 102
시드니(오스트레일리아) 75, 95, 103
시드니 오페라 하우스 103
시리아 10, 16, 21, 23, 27, 29, 33, 45, 49, 67, 80, 82, 92, 94, 96, 98, 102, 104
시몽 드 몽포르 30, 32
시몬 볼리바르 79, 81
시민권법 101
시민권 99, 100, 101
시바(힌두교의 신) 25
시바지 본슬라 61, 63
시베리아 50, 51, 54, 56, 58
시스(아르메니아) 37
시아파 이슬람교 102
시아파 교인 21, 23, 27

시암 37, 39, 51, 55, 61, 63, 73, 75, 79, 81, 87, 91, 97, 타이 참고
시에라리온 41, 49, 75, 78, 90, 98
시칠리아 20, 26, 28, 30, 32, 82, 84
시칠리아 만종 반란 32
시크교 41
시크교인 61, 105
시코르스키(이고르) 95
시황제(중국의 황제) 15, 103
신곡(단테의 작품) 33
신나라 17
신드(인도) 11, 47, 51, 83
신모범군 58
신무천황(일본) 11
신성 동맹 44, 62
신성 로마 제국 24, 26, 28, 30, 32, 36, 38, 40, 44, 54, 56, 60, 62, 68, 70, 78
신세계 44, 45
신토 종교 17
신할라인 105
신해 혁명 91
실론 59, 63, 75, 79, 스리랑카 참고
심슨 부인 94
십자군 **27**, 28, 29, 30, 31, 33, 46
십진법 통화 102
싱가포르 35, **79**, 101, 106
쐐기 문자 6
쏜월 91, 93
쓰시마(일본) 91

ㅇ

아가디르(모로코) 90
아가디르 사건 90
아가 무함마드 75
아구스틴 1세(멕시코 황제) 81
아궁(마타람 술탄) 55
아그라(인도) 47, 61
아나사지인 23, 25
아누알 전투 92
아데나인 11, 13
아덴(아라비아) 47, 80
아돌프 히틀러 94, 96
아드리아노플 전투 16, 22
아드리아노플 조약 80
아디스아바바(에티오피아) 94, 100
아라곤(스페인) 26, 30
아라곤의 페르디난드 40
아라비아 10, 21, 82, 94
아라비아 숫자 30
아라스 평화 조약 50
아랍 10, 20, 21, 22, 23, 24, 25, 26, 29, 32, 33, 37, 39, 41, 54, 59, 69, 82, 92, 94, 96, 98,

100, 102, 108
아랍 연맹 96
아랍·이스라엘 전쟁 98
아르누보 양식 86
아르다시르 1세(페르시아 왕) 16
아르메니아 14, 24, 31, 37, 80, 86, 105
아르코트(인도) 71
아르파드 왕조 22, 34
아르헨티나 47, 79, 81, 95, 97, 99, 103, 105
아리스티드(아이티 대통령) 107
아리아인 8, 9
아마라푸라(버마) 75
아마존강 47, 49
아메리고 베스푸치 41, 45
아모르인 8
아바(버마) 49, 71, 87
아바르인 20
아바스 대제(페르시아 샤) 51, 57
아바스 왕조 23, 27
아벌 타스만 59
아부 바크르(이슬람 초대 칼리프) 21
아부키르만 전투 75
아브로스 선언 34
아비뇽(프랑스) 34, 36
아사신파 27
아삼 79, 81
아샨티 왕국 63, 67
아샨티인 63, 67, 80, 84
아서 왕 20
아소카 왕(마우리아 왕조) 7, 13
아순시온(파라과이) 47
아슈르(아시리아) 6, 8
아슈르나시르팔 2세 10
아슈르바니팔(아시리아 왕) 10
아스완 댐(이집트) 102
아스키아 다우드(송가이 왕) 47
아스트라한(러시아) 49
아스투리아스(스페인) 22
아시리아 **8, 10, 11**
아시아 태평양 경제 협력체 (APEC) 107
아야톨라 호메이니 102, 104
아우구스투스(로마 황제, 옥타비아누스) 14
아우구스트 2세(작센 선제후, 폴란드 왕) 66, 68
아우구스트 3세(폴란드 왕) 68
아우드(인도) 83
아우랑제브(무굴 황제) 59, 61, 63, 67
아우스털리츠 78
아우크스부르크 동맹 62
아우크스부르크 전쟁 62
아우크스부르크 평화 조약 48
아웅산 수치 107
아유타야(시암) 71, 73
아위소틀(아즈텍 황제) 45
아옌데(칠레 대통령) 103
아이슬란드 22, 27, 32, 84

아이유브 29, 31, 33
아이작 뉴턴 60, 62
아이작 싱어 85
아이티 49, 59, 75, 81, 91, 103, 107
아인 잘루트 전투 33
아일랜드 20, 22, 26, 28, 50, 58, 60, 62, 74, 78, 82, 84, 86, 92, 96, 에이레 참고
아일랜드 공화국군(IRA) 102, 104, 106
아일랜드 대기근 82
아일랜드인 20, 58
아일랜드 토지법 84
아쟁쿠르 전투 38
아조레스 제도 39
아조프(러시아) 62, 68
아즈텍 29, 31, 33, **35**, 37, 39, 45
아카드 6, 8
아카마피츠틀리(아즈텍 통치자) 37
아크나톤(이집트 왕) 9
아크레(십자군 원정) 28, 29, 33
아키텐의 엘레오노르 28
아타바스카인 33, 35
아타튀르크 92, 무스타파 케말 참고
아테네(그리스) 10, 12, 86
아파르트헤이트 96, 106
아편 79, 81
아편 전쟁 69, **81**, 83, 85
아폰수(콩고 왕) 45
아폰수 1세(포르투갈 왕) 28
아프가니스탄 13, 25, 45, 47, 51, 85, 92, 103, 105, 108, 109
아프간 47, 67, 69, 73, 80
아프리카 식민지 84
아프리카 쟁탈전 **84**
아프리카계 미국인 85, 99, 101
아프리카 민족 회의(ANC) 106
아프리카 연합 기구(OAU) 100
아프리카의 식민 지배 해방 98
아흐마드 1세(샤리프 왕조 왕) 51
아흐메드 베이 67
아흐메드 샤(페르시아 통치자) 90
아흐메드 조구 92
악바르 대제(무굴 제국 황제) 47, 49, 51, 55
악바르 왕자(인도 왕자) 63
악숨(에티오피아) 17, 21
악티움 해전 14
악마의 시 104
악셀 옥센스티에르나 56
안남(베트남) 47, 51, 81, 85, 87
안데르스 셀시우스 70
안드레아스 베살리우스 46
안드레아스 2세(헝가리 왕) 30
안슐루스 94
안토니우 살라자르 94

안티고노스 12
안티오크(오늘날 시리아) 21, 28, 33
안트베르펜(오늘날 벨기에) 50
알공킨인 59
알라모 성채 81
알라웅파야(버마 왕) 71
알란인 14
알레만니인 14
알레산드로 볼타 78
알레포(시리아) 28, 29
알렉산더 대왕 **12**, 13
알렉산더 플레밍 92
알렉산더 G. 벨 85
알렉산데르 둡체크 100
알렉산데르 6세(교황) 41
알렉산드르 넵스키 30, 32
알렉산드르(러시아 장군) 30, 32
알렉산드르 2세(러시아 황제) 84, 86
알렉산드리아(이집트) 13, 14, 17, 78
알렉세이 레오노프 100
알렉시우스 콤네노스(비잔틴 제국 황제) 26
알로디아 21
알류샨 열도 71
알리 베이 59
알리 부토 103
알모라비드 왕국 27
알모하드 왕국 29
알바니아 92, 94, 96, 98, 108
알베르 도르빌 61
알베르트(오스트리아 공작) 32
알베르트(호헨촐레른 왕가) 46
알베르트 아인슈타인 90, 96
알베르트 1세(합스부르크 왕가) 32
알베르트 2세(합스부르크 왕가) 38
알비파 30
알제리 80, 84, 90, 96, 98, 100, 106, 108
알탄 칸(몽골 지도자) 49
알테어(개인용 컴퓨터) 103
알트란슈테트 조약 66
알폰소(아라곤 왕) 38
알폰소 13세(스페인 왕) 94
알프레드 드레퓌스 86
암리차르(인도) 61, 63, 93, 105
암보이나 학살 57
암부일라 전투 61
압둘라(요르단 왕) 92, 96, 98
압두라흐만 와히드 109
압드 알 라흐만 3세(코르도바 칼리프) 24
앙겔리 왕조 28
앙골라 49, 84, 90, 102, 104
앙리 2세(프랑스 왕) 46, 48
앙리 3세(프랑스 왕) 48, 50
앙리 4세(프랑스 왕) 48, 50, 54

앙소 문화 7
앙주(프랑스) 30
앙주의 조프루아(플랜태저넷) 28
앙주의 루이 36, 헝가리의 라요시 참고
앙코르 와트 29
앙코르 제국 23, 27, 29
앙탕트 코르디알 90
앙투안 라부아지에 72
애덤 스미스 72
애리조나(미국) 23, 83
애버리진 81, 107
애설스탠 왕(잉글랜드) 24
앨라배마주(미국) 99
앨프레드 대왕 22
앵글인 14, 16
앤(잉글랜드 여왕) 62, 66
앤저스(ANZUS) 조약 99
앵글로·색슨인 16, 20, 24
야세르 아라파트 102, 104, 106, 107, 108
야코프 로헤베인 69
야노스 사폴리아(헝가리 왕) 46
야로슬라프(러시아 통치자) 26
야마토 정권 17, 21
야만 부족 14, 16
야요이 문화 13
얀 소비에스키 60
얀 후스 38
얄타(우크라이나) 96
양견 장군 21
양잠의 시작 7, 44
양쯔강 7, 21
어니스트 러더퍼드 90, 92
언필드 문화 8
에그몬트 백작 48
에니악(초기 컴퓨터) 97
에도(일본) 49, 55, 75, 85
에드먼드 카트라이트 74
에드먼드 핼리 62
에드먼드 힐러리 99
에드먼드(참회왕) 26
에드워드 제너 74
에드워드 1세(잉글랜드 왕) 32
에드워드 2세(잉글랜드 왕) 34
에드워드 3세(잉글랜드 왕) 34
에드워드 4세(잉글랜드 왕) 40
에드워드 5세(잉글랜드 왕) 40
에드워드 6세(잉글랜드 왕) 46
에드워드 7세(영국 왕) 90
에드워드 8세(영국 왕) 94
에드윈 허블 93
에르난도 코르테스 45
에리두(수메르) 6
에리트레아 86, 90, 96, 106
에밀 베를리너 87
에바 페론 99
에발트 폰 클라이스트 70
에베레스트산 99
에설레드(잉글랜드 왕) 24
에스토니아 34, 56, 68, 106

에오카(EOKA) 98
에우메네스 1세(페르가몬의 왕) 12
에이다 러블레이스 80
에이레 94, 96, 102, 106, 아일랜드 참고
에이미 존슨 95
에이브러햄 링컨(미국 대통령) 85
에이즈 104
에자나(악숨의 왕) 17
에콰도르 7, 79, 81
에트루리아인 10
에티엔 브륄레 55
에티오피아 7, 21, 29, 31, 47, 67, 73, 100, 102, 104, 106
에펠 탑(파리) 86
에후드 바라크 108
엑스 라 샤펠 평화 조약 70
엑스레이 86
엔리코 페르미 97
엔테베(우간다) 102
엔히크 왕자(포르투갈) 38
엘니뇨 109
엘리사(티레의 공주) 11
엘리자베스 1세(잉글랜드 여왕) 48, 50, 54
엘리자베스 2세(영국과 북아일랜드 여왕) 98
엘미나(가나) 41, 57
엘바(이탈리아) 78
엘살바도르 81, 95, 105
엘시드 26
엘알라메인 전투 96
엘타힌(중앙아메리카) 11, 13, 21
엠파이어 스테이트 빌딩(뉴욕) 95
엑손 발데스 호 105
여성 선거권 91, 92, 93, 94, 96, 102
연대 104, 106
영국 6, 30, 49, 66, 67, 68, 69, 70, 71, 72, 73, 74, 75, 78, 79, 80, 81, 82, 84, 85, 86, 87, 90, 91, 92, 93, 94, 95, 96, 98, 99, 100, 102, 104, 105, 106, 108, 109
영국 남아프리카 회사 86
영국령 기아나 57, 70, 79, 101, 가이아나 참고
영국령 소말릴란드 86, 90
영국령 온두라스 105
영국령 인도 **73**, 75, 83, 85, 95
영국·마라타 전쟁 79
영국·버마 전쟁 81, 83
영국·시암 조약 90
영국·시크 전쟁 83
영국 아프리카 회사 69
영국의 보호령이 된 이집트 90
영국의 형성 66, 영국 참고
영국·이란 석유 회사 99

영국인 71, 78, 79, 80, 81, 82, 83, 84, 85, 86, 87, 90, 91, 92, 96
영국 전투 96
영락제(중국의 황제) 39
영연방 94, 96, 100, 104
연합주 50, 58, 62, 네덜란드 공화국 참고
예나 전투 78
예루살렘 10, 14, 16, 27, 28, 29, 31, 35, 92, 96, 108
예루살렘 동부 108
예리코(요르단) 6
예멘(아라비아) 98, 100
예수회 46, 47, 55, 61, 72
예수 그리스도 14, 16
예일 대학 67
예카테리나 1세(러시아 황제) 68
예카테리나 2세(러시아 황제) 72, 74
옌안(중국) 95
엘리자베타(러시아 여제) 70
오고타이 칸 31
오닌의 난 41
오다 노부나가 41, 49
오대호 27, 61
오디세이 10
오라녜 공 빌럼(네덜란드 지도자) 50
오라녜 자유국(남아프리카) 82, 86, 90
오랑(북아프리카) 45
오를레앙 가문 38
오를레앙(프랑스) 38
오마르 카이얌 26
오만(아라비아) 67, 71
오스만 제국 33, 36, 38, 40, 41, 44, **45**, 46, 47, 49, 51, 55, 57, 59, 60, 62, 72, 80, 92
오스만 1세(터키 술탄) 33
오스트레일리아 55, 59, 73, 75, 79, 81, 83, 85, 91, 95, 99, 103, 105, 107, 109
오스트레일리아 연방 91
오스트리아 10, 34, 38, 40, 44, 46, 49, 62, 66, 68, 70, 72, 74, 78, 80, 82, 84, 94, 104, 106
오스트리아령 네덜란드(벨기에) 70, 74
오스트리아 왕위 계승 전쟁 70
오스트리아·헝가리 제국 84
오스트리아·헝가리 84, 90, 92
오악사나(멕시코) 11, 13, 21
오언 글렌도워 38
오염 107, 109
오요 왕국 55, 67
오존층의 구멍 105
오크니(스코틀랜드) 6, 40
오클라호마 시티(미국) 107
오키나와(일본) 97
오타고(뉴질랜드) 83

123

오타와강 55
오토 릴리엔탈 86
오토 왕자(그리스 왕) 80
오토카르 2세(보헤미아 왕) 32
오토 1세(신성 로마 제국 황제) 24
오트볼타 98
오파(머시아의 왕) 22
오하이오강 11
오호츠크(시베리아) 58
옥스퍼드(잉글랜드) 30, 68
옥타비아누스 14, 15, 아우구스투스 황제 참고
온타리오 호수 61
올라프 스쾨트코눙(스웨덴 왕) 24
올라프 트뤼그바손(노르웨이 왕) 24
올라프 2세(노르웨이 왕) 26
올레그(러시아 통치자) 22
올리바 조약 60
올리버 크롬웰 58
올림픽 대회 10, 86, 95, 102
올메크 문화 9, 11
옴미아드 칼리프국 21, 22
옴두르만 전투 86
와스텍 문화 21, 29
와이밀스 협정 108
와이탕이 조약 83
와코(미국) 107
와트 타일러 36
왕위 계승 배제 위기 60
왕정복고 60
외젠(사보이 공) 62, 66
요나라 25
요루바 왕국 67, 78
요르단 6, 14, 92, 96, 98, 102
요르단강 106
요제프 2세(오스트리아 황제) 74
요제프 피우수츠키 92
요시무네(일본의 쇼군) 67
요시프 브로즈(유고슬라비아 대통령) 98
요크(잉글랜드) 40
요크 가문 40
요크타운(미국) 75
요하네스버그(남아프리카) 86, 102
요한 구텐베르크 40
요한 그루에버 61
요하네스 케플러 54, 56
요한 볼프강 폰 괴테 70
욤키푸르 전쟁 102
용산 시대 7
우간다 86, 90, 102
우드스탁(미국) 101
우라르투 10
우루과이 63, 69, 79, 81, 95, 105
우루크(메소포타미아) 6
우르(수메르) 6
우르바누스 2세 교황 26
우르바누스 6세 교황 36

우리(스위스) 32
우아리 문화 21, 27, 29
우아이나 카팍 41
우주 왕복선 103, 105
우주 비행 100, 103, 105
우지지(동아프리카) 84
우크라이나 58, 60, 62
우크라이나인 74
우트르메르(기독교 왕국) 33
운디드니 전투 87
운터발덴(스위스) 32
울룬디(남아프리카) 84
울리히 츠빙글리 44
울프 장군 71
울프 톤 74
워런 헤이스팅스 73
워싱턴(미국) 105, 107
워터게이트 103
워털루 전투 78
원나라 33, 37
원자력 사고 103, 104, 109
원주민 재산권법 107
월드 와이드 웹(WWW) 104
원자 분열 92
원자 폭탄 98, 핵무기 참고
 폭발 97
 실험 109
웨일스인 22, 46
웨섹스(잉글랜드) 8, 22
웨섹스의 에드워드 24
웨스턴 오스트레일리아 81
웨스트민스터 헌장 94
웨스트모얼랜드(잉글랜드) 28
웨일스 22, 32, 34, 38
위그 카페 24
위그노 교인 48, 50, 56, 62
위구르 제국 23
위임령 94
위트레흐트 평화 조약 66
위트레흐트 동맹 50
윈난성(중국) 91
윈스턴 처칠 96, 100
윌리엄 글래드스톤(영국 총리) 86
윌리엄 댐피어 63, 67
윌리엄 셰익스피어 48
윌리엄 월리스 32
윌리엄 윌버포스 74, 78, 80
윌리엄 펜 63
윌리엄 피트(아들) 74
윌리엄 하비 54
윌리엄 1세(잉글랜드 왕) 26
윌리엄 3세(잉글랜드 왕) 60, 62
윌리엄 월리스 85
월스트리트 붕괴 93
윌크스 선장 83
유고슬라비아 92, 98, 104, 108
유다 10
유다스 마카베우스 14
유대교 94
유대아(팔레스타인) 14, 16
유대인 14, 16, 32, 86, 92, 94,

96, 106, 108, 히브리인 참고
유럽 경제 공동체(EEC) 98, 100, 102, 104
유럽 경제 협력 기구(OEEC) 96
유럽 석탄 철강 조약 98
유럽 연합(EU) 106
유로화 108
유리 가가린 100
영국령 소말릴란드 86, 90
유리 돌고루키(키예프 공) 28
유방(중국 황제) 15
유(U)보트 93
유스티니아누스(비잔틴 제국 황제) 20, 21
유엔 환경 정상 회의 107
유카탄(멕시코) 25, 33, 35
유타(미국) 83
유프라테스강 6
율리아누스(수도사) 21
율리우스 카이사르 14
은 47
은공 구룡지대(동아프리카) 73
은징가 은쿠우(콩고) 41
은크루마(가나의 총리) 98, 100
음페카네 78
의화단 운동 91
이그나티우스 로욜라 46
이그보 우크부 23
이누이트인 33
이단 30, 34, 38, 44, 46
이드리스 알로마(카넴보르누 왕) 51
이드리스 1세(리비아 왕) 100
이디 아민 102
이라크 6, 21, 45, 55, 57, 92, 94, 100, 104, 106
이란 8, 12, 45, 94, 99, 102, 104
이란·콘트라 스캔들 105
이로쿼이인 23, 27, 59
이르쿠츠크(시베리아) 56
이리 호수 61
이반 1세(모스크바 공) 34
이반 3세(러시아 차르) 40
이반 4세(러시아 차르) 40, 46
이반 6세(러시아 차르) 54, 70
이브리 전투(프랑스) 50
이브샴 전투 32
이븐 바투타 35, 37
이븐 사우드(헤자즈, 네지드 왕) 92, 94
이사벨라(카스티야) 40
이사벨 페론 103
이산들와나 전투 84
이세닌 16
이소스 전투 12
이슈반 1세(헝가리 왕) 24
이스라엘 8, 10, 94, 96, 100, 102, 103, 104, 108
이스라엘인 102, 106
이스마일 1세(페르시아) 45
이스파한(페르시아) 51, 55
이스탄불(터키) 92, 비잔티움 참

고
이스터섬 27, 69
이스턴 케이프 104
이스트 앵글리아 22
이슬람교 21, 23, 25, 33, 35, 109
이슬람 교인 21, 23, 26, 27, 30, 33, 34, 40, 47, 97, 102
이시메 다간 8
이안 스미스 100
이오나(스코틀랜드) 22
이오시프 스탈린 92, 94, 96, 98
이집트(고대 이후) 21, 23, 25, 31, 33, 35, 45, 75, 78, 80, 82, 84, 86, 90, 92, 94, 96, 98, 102, 103, 104, 108, 고대 이집트 참고
이츠코아틀(아즈텍 황제) 39
이탈리아 20, 22, 24, 26, 32, 34, 36, 38, 40, 44, 46, 48, 66, 74, 78, 82, **84**, 86, 90, 92, 94, 96, 98, 104
이탈리아령 소말릴란드 86, 90
이페 27, 29
인간의 권리 74
인권 100, 102
인노켄티우스 11세 교황 62
인도 7, 9, 11, 12, 13, 15, 21, 23, 25, 27, 29, 35, 37, 45, 46, 47, 49, 51, 59, 61, 63, 69, 70, 71, 73, 75, 79, 81, **83**, 91, 93, 95, 97, 101, 103, 105, 107, 109
인도 국회 87, 93
인도네시아 25, 39, 51, 101, 109
인도 세포이 항쟁 **83**
인도·유럽인 9, 10
인도차이나 87, 97, 99
인더스 문명 **7**, 9
인디라 간디 101, 105
인플루엔자 대유행 93
일리노이(미국) 67
일리아스 10
일방적 독립 선언(UDI) 100
일본 7, 11, 13, 17, 21, 23, 27, 29, 33, 35, 37, 41, 46, 47, 49, 51, **55**, 59, 67, 72, 75, 83, 85, 87, 90, 91, 93, 94, 95, 97, 99, 107, 109
일본의 만주 점령 95
일식 92
일한국 33
임레 너지 98
임칙서 81
잉글랜드 16, 20, 22, 24, 26, 28, 30, 32, 34, 36, 38, 40, 41, 44, 45, 46, 48, 49, 50, 51, 54, 55, 56, 57, 58, 59, 60, 61, 62, 63, 66, 70, 78
잉글랜드 공화국 58
잉글랜드 구빈법 48
잉글랜드 국교(성공회) 48
잉글랜드 내전 **58**

잉글랜드·네덜란드 무역 전쟁 58, 60
잉글랜드와 스코틀랜드의 통합 66
잉글랜드 의회의 탄생 30
잉글랜드인 51, 59
잉카 29, 31, 33, 35, **39**, 45, 47, 49, 75, 109

ㅈ

자동차 대량 생산 91
자마 전투(튀니지) 15
자메이카 55, 59, 63
자본론 84
자와(동인도 제도) 25, 37, 51, 55, 61, 63, 71, 79, 81
자와 전쟁 81
자와할랄 네루 101
자와해 71
자유의 여신상(뉴욕) 87
자이르 108
자치법령 동맹 84
자코뱅 파 74
자크리 36
자크 마르케트 61
자크 시라크 106
자크 카르티에 47
자항기르(무굴 황제) 55
작센 24, 62
작센 왕조 24
작센인 14, 16, 20
잔다르크 38
잔지바르 67, 100
잠베지강 45, 82
잠비아 98, 북로디지아
장 니코 48
장 니콜레 57
장 드 라마르크 78
장로교 50
장미 전쟁 **40**
장 베르나도트 78
장 보카사 100, 102
장 자크 루소 66
장제스 93, 95
장 칼뱅 **46**
장 2세(프랑스 왕) 36
재로(잉글랜드) 22
재세례파 46
재즈 가수 93
재커바이트 66, 70
잭 스트로 36
잭슨 장군 85
잭 킬비 99
적도 기니 98
적색 공포(소련) 92
적십자회 84
전기 다이나모 80
전략 무기 제한 협정(SALT) 103
전류 80

건축 발명 85
절대주의 60
정신 분석 86
정화 제독 39
정교회 20, 26, 34, 38
제국의회 화재 94
제네바(스위스) 46, 84, 99, 104, 106
제노바(이탈리아) 34, 36, 38, 70, 72
재노비아 왕비(팔미라) 16
제니 방적기 72
제시 오언스 95
제임스 브루스 73
제임스 에드워드 스튜어트 66
제임스 와트 72
제임스 왓슨 98
제임스 쿡 **73**
제임스 하그레이브스 72
제임스 1세(잉글랜드 왕) 48, 54, 55, 58, 제임스 6세 참고
제임스 2세(잉글랜드, 스코틀랜드 왕) 60, 62, 66
제임스 4세(스코틀랜드 왕) 44
제임스 6세(스코틀랜드의 왕) 48, 50, 54, 제임스 1세 참고
제임슨 습격 86
제임스타운(버지니아) 55
제툴리우 바르가스 95
제퍼슨 토머스(미국 대통령) 75
제프리 초서 36
제1 제국(프랑스) 78
제2 공화국(프랑스) 82
제2 제국(프랑스) 82, 84
제3 공화국(프랑스) 84
제4 공화국(프랑스) 96
젠킨스의 귀의 전쟁 68
젠타 전투 62
젤라 전투 14
젬파흐(스위스) 32
조르주 뷔퐁 70
조모 케냐타 100
조몬 시대(일본) 7
조선 왕조 37
조지 배스 75
조지 스티븐슨 80
조지아(미국) 69
조지아(캅카스) 55, 78
조지 왕 전쟁 71
조지 워싱턴(미국 대통령) 73, 75
조지 이스트먼 87
조지 커스터 대령 85
조지프 리스터 84
조지프 블랙 70
조지프 스완 84
조지프 프리스틀리 72
조지 1세(영국 왕) 66
조호르(말레이) 67, 71
존 네이피어 54
존 녹스 46, 50
존 데이비스 51
존 레논 105

존 로 68
존 모클리 97
존 스피크 82
존 에커트 97
존 웨슬리 68
존 위클리프 36
존 캐벗 41, 47
존 케이 68
존 호킨스 49
존 F. 케네디(미국 대통령) 101
존 1세(잉글랜드 왕) 30
종교 개혁 **44**, 46
종교 재판 28, 30, 46
종의 기원 82
종이의 발명 17
주나라(중국) 9
주데텐란트(독일) 94
주라우노 평화 조약 60
주룽(중국) 85
주세페 가리발디 82, 84
주식시장 붕괴 93, 105
주원장 37
주제(포르투갈 왕) 70
주트인 14, 16
줄루인 78, 80, 84
중가리아(중앙아시아) 71
중국 7, 9, 11, 13, 15, 17, 21, 23, 25, 29, 31, 33, 35 37, 39, 45, 49, 51, 55, 57, 59, 61, 63, 67, **69**, 71, 73, 75, 79, 81, 83, 85, 87, 91, 93, 95, 97, 99, 101, 103, 105, 109
중국 공산당 93
중국 국민당 93
중력의 발견 60
중앙아프리카 공화국 98, 100
중앙아프리카 제국 102
중화소비에트공화국 95
증기 기관 66
　와트의 증기 기관 72
　스티븐슨의 증기 기관 80
지구 온난화 109
지그문트 프로이트 86
지부티 98
지브롤터 66, 68, 72
지아 울 하크(파키스탄 장군) 103, 105
지구라트 6
진공 펌프 58
진나라 **15**
진주만(하와이) 94, 97
진화 82
질 아네슈 38
짐바브웨 86, 98, 102, 104

ㅊ

차드 98, 104
차르(러시아 초기) **40**
차빈 문화 9, 11, 15

차우셰스쿠(루마니아 대통령) 104
차코 지역 95
차크리(시암 최고 대신) 75
차크리 왕조 75
차탈 후유크(터키) 6
차티스트 80
찬드라굽타 마우리아(인도 황제) 7, 13
찬드라굽타 2세 17
찬찬(페루) 29
찰스(영국 왕세자) 104
찰스 린드버그 93
찰스 배비지 80
찰스 스튜어트(찰스 1세) 58
찰스 스튜어트(탐험가) 83
찰스 에드워드 스튜어트 70
찰스 웨슬리 68
찰스턴(미국) 75
참파 왕국 17
채널 제도 34
채널 터널 106
챌린저 호(우주 왕복선) 105
철기 제작 10, 11, 17
철의 장막 98
청교도 57, 58
청나라 57, **59**
청년 투르크당 90
체 게바라 99, 101
체로 산체스 95
체르노빌(우크라이나) 104
체첸 106, 108, 109
체코 공화국 106, 108
체코슬로바키아 92, 96, 98
초승달 지대 6
초음속 비행기 102
초콜릿 44
출라 왕국 23, 25
총재 정부(프랑스) 74, 78
총파업(영국) 92
최초의 대서양 단독 횡단 93
최초의 동력 제어 비행 91
최초의 동전 10
최초의 달 착륙 101
최초의 무선 통신 86
최초의 발레 50
최초의 사진 80
최초의 소아마비 예방 접종 99
최초의 시험관 아기 102
최초의 심장 이식 100
최초의 안경 렌즈 30
최초의 여성 단독 세계 일주 95
최초의 우주 정거장 102
최초의 우표 82
최초의 은행권 60
최초의 인쇄기 40
최초의 인쇄 서적 23
최초의 자동차 86
최초의 장거리 제트 로켓 96
최초의 재봉틀 83
최초의 전구 84, 85
최초의 전신 80

최초의 전자 컴퓨터 96
최초의 전화 85
최초의 점보 제트기 102
최초의 증기 기관차 78
최초의 축음기 87
최초의 커피 수입 44
최초의 통신 전송 91
최초의 피아노 66
최초의 필기 시험 21
최초의 핵반응기 97
최초의 화기 36
최초의 4분 안에 1.6킬로미터 달리기 98
추축 94, 96
취리히(스위스) 32, 44
측천무후(중국의 황제) 21
치무인 29, 31, 33, 41
치첸 이트사(멕시코) 25, 29, 31, 33
칠레 47, 79, 85, 95, 103
칭기즈 칸 29, 31, 41

ㅋ

카나리아 제도 37, 39
카넴보르누 23, 37, 51
카노(나이지리아) 69
카다피 대령 100
카데시 전투 9
카디스(스페인) 50
카라만리 왕조 67
카렐리야(핀란드) 32, 54, 56, 68
카롤링거 왕조 22, 24
카르나티크 해안 79
카르타고(북아프리카) 11, 12, 14, 15, 21
카를로만 22
카를로비츠 조약 62
카를로스 1세(스페인 왕) 44, 카를 5세 참고
카를로스 2세(스페인 왕) 62, 66
카를로스 전쟁 80
카를 마르크스 82, 84
카를 마르텔 22
카를 벤츠 86
카를 알베르트(바이에른) 70
카를 11세(스웨덴 왕) 60
카를 12세(스웨덴 왕) 66
카를 4세(룩셈부르크, 보헤미아 왕, 신성 로마 제국 황제) 34, 36
카를 5세(신성 로마 제국 황제) **44**, 45, 46, 47, 48
카를 6세(오스트리아 황제) 68, 70
카를 9세(스웨덴 왕) 54
카리브해 48, 59
카메룬 98
카메룬인 86, 90
카밀로 카보우르 84

카불(아프가니스탄) 45, 47, 59, 63, 109
카빈다 98
카슈미르(인도) 47, 51, 101
카스피해 25, 68
카스티야(스페인) 26, 30, 36, 44
카시 디 산 조르조 3
카옌(기아나) 57
카이로네아 전투 12
카이로우안(북아프리카) 21, 25
카이로(이집트) 25, 35, 96
카이펑(중국) 25
카자르 왕조(페르시아) 75
카자크인 59, 60, 72
카자흐스탄(중앙아시아) 85
카젬베 71
카지미에시 3세(폴란드의 왕) 34
카타리파 30
카탈라우눔 전투 16
카탕가(콩고) 100
카토 캉브레시 평화 조약 48
카트린 드 메디시스 48
카페 왕조 24
카호키아(미국) 23, 29
칸다하르(인도) 51, 59, 63
칼라브리아(이탈리아) 26, 28
칼레(프랑스) 34, 48
칼리지 왕조 33
칼마르 동맹 36, 44
칼뱅교 **46**, 48
칼 폰 린네 70
캄란 전투 20
캄보디아 23, 27, 37, 55, 61, 71, 79, 81, 85, 87, 97, 103
캄차카(러시아) 62
캉브레 평화 조약 46
캐나다 47, 55, 59, 61, 71, 75, 79, 83, 85, 95, 101, 107
캐나다 법 75
캔버라(오스트레일리아) 93
캔터베리 이야기 36
캘리포니아(미국) 51, 55, 75, 83
캠벨 가문 62
캠프 데이비드(미국) 103
컬로든 전투 70
컴브리아(잉글랜드) 28
컴팩트 디스크(CD) 105
케네스 매캘핀(스코틀랜드 왕) 22
케냐 86, 90, 98, 100, 108
케랄라(인도) 25
케말(무스타파) 90, 92, 아타튀르크 참고
케이프 식민국(남아프리카) 84
케이프타운(남아프리카) 59, 104
케찰코아틀 25
켄 사로 위와 106
켄트 주립 대학 103
켈트인 10, 12, 20
코네티컷(미국) 67
코라손 아키노 105
코르도바(스페인) 22, 24, 26

코르시카(프랑스) 70, 72
코르트레이크 전투 34
코소보(세르비아) 108
코소보 전투 36
코스로에스 1세(사산 제국 황제) 21
코스타리카 81, 95
코시모 데 메디치 38
코치스인 7
코친차이나 81, 83, 85
코트디부아르 86, 98, 100
코페르니쿠스 46
콘스탄스 기독교 회의, 38
콘스탄티노플(비잔틴 제국 수도) 14, 16, 20, 22, 28, 30, 32, 38, 40, 45
콘스탄티누스(로마 황제) 16
콘월리스 장군 75
콘키스타도르 45, 47, 49
콘트라 반군 105
콜로라도(미국) 83
콜로서스 I 96
콜로세움(로마) 16
콜롬비아 47, 79, 81, 91, 95, 105
콜베르 장관 60
콜카타(인도) 71, 73
콜카타의 블랙홀 사건 71
콤네노스 왕조 26
콩고 84, 90, 98, 100
콩고 민주 공화국 108
콩고 왕국 37, 41, 45, 61
콩솜퐁 장군(순오른) 107
콩스탕스(시칠리아) 28
콩코드 기 102
쿠르드인 108
쿠바 81, 85, 87, 93, 95, 99, 101, 104
쿠바 미사일 위기 **101**
쿠빌라이 칸 33
쿠샨 제국 17
쿠시 9, 11
쿠스코(페루) 29, 33, 35, 39, 41
쿠알라룸푸르(말레이) 79
쿠웨이트 106
쿠추크 카이나르지 조약 72
쿡 제도 91
쿨라크 94
쿨리코보 전투(러시아) 36
쿰비(가나) 31
퀘벡(캐나다) 55, 57, 61, 71, 107
퀘이커 교인 63, 69
퀴라소 57
퀸즐랜드(오스트레일리아) 83
크노소스(크레타) 8
크누트(덴마크 왕) 26
크다(말레이) 81
크라이슬러 빌딩(미국) 93
크라크 데 슈발리에(시리아) 29
크레스피 평화 조약 46
크레시 전투(프랑스) 34
크레타 8, 24, 60, 94
크레타인 86

크로아티아 34, 62
크로이소스(리디아 왕) 10
크룸 칸 22
크리스탈나흐트 94
크리스토퍼 코커럴 98
크리스토퍼 콜럼버스 41, 101
크리스티안 버나드 박사 100
크리스틴(스웨덴 여왕) 56, 58
크림(러시아) 34, 48, 74, 82
크림 전쟁 **82**
크메르 공화국 103
크메르 루주 103
크메르 왕조 23
크사르엘케비르 전투 51
크세르크세스 1세(페르시아 왕) 12
클레멘스 7세(교황) 46
클레멘스 14세(교황) 72
클레오파트라(이집트 여왕) 14, 15
클레이스테네스 10
클로비스(프랑크 왕) 16
클론타르프 전투 26
클뤼니(프랑스) 24
클리퍼 선 81
키레나이카(북아프리카) 16
키로스 2세(페르시아 왕) 10, 12
키릴 문자 22
키어 하디 86
키예프(러시아) 22, 24, 26, 60, 68
키예프 루시 24, 26
키토(에콰도르) 33, 41
키프로스 8, 16, 94, 98, 100, 102
킬링 필드 103
킬와(동아프리카) 31
킵차크 한국 30, 32
킹스턴(자메이카) 63
킹 제임스 성서 54

ㅌ

타닝간웨이 민(버마 왕) 67
타데우시 마조비에츠키 104, 106
타라 8
타르수스의 바울 16
타르타르인 48, 55
타르시엔(몰타) 6
타림 분지(중앙 아시아) 71
타밀인 105, 109
타밀 호랑이 109
타브리즈(페르시아) 55
타슈켄트(중앙아시아) 85
타이 30, 49, 97, 99, 107, 109 시암 참고
타이완 57, 63, 69
타이타닉 호 91
타지마할 57
타하르카(쿠슈의 왕) 11
탁신(시암의 왕) 73, 75

탄넨베르크(프로이센 전투) 38
탄자니아 98, 100, 102
탄자부르(인도) 79
탈라스강 전투 23
탈레반 109
탕가니카 86, 90
탕혜르(북아프리카) 41, 61
태양의 피라미드 17
태종(중국 황제) 21
태즈메이니아 59, 79, 81
태평양 23, 27, 45, 58, 63, 69, 73, 75, 94, 97, 105, 107
태평천국 운동 83
터키 6, 8, 10, 12, 16, 26, 33, 38, 46, 51, 56, 60, 66, 68, 74, 80, 82, 84, 86, 90, 92, 94, 100, 102, 108
텅빈 땅 94
테노치티틀란(멕시코) 33, 35, 39
테러리스트 102, 104, 107, 109
테레시코바 발렌티나 100
테베(이집트) 9
테베레강 10
테살로니카(그리스) 38
테오도라(비잔틴 황후) 20
테오도시우스(로마 황제) 16
테오티우아칸(멕시코) 11, 13, 15, 17, 21, 23, 25
테테(모잠비크) 45
텍사스(미국) 81, 83
텍사스 인스트루먼츠 99
텍스코코(멕시코) 35, 39
텔스타 101
텐안먼 광장 학살 105
텐진 조약(중국) 83
토고 86, 90, 98, 100
토니 블레어 108
토룬(폴란드) 74
토르데시야스 조약 41
토바고 79, 81, 101
토마스 아퀴나스 30
토마스 베킷 28
토마스 에디슨 85
토마스 페인 74
토스카나(이탈리아) 68, 84
토토낙 문화 21
톤디비 전투 51
톨레도(스페인) 26
톨퍼들의 희생자 81
톨텍 문화 25, 29
톰스크(시베리아) 54
통가 73, 91
통신 위성 101
통킹(인도차이나) 47, 81, 85
투르크계 33, 35
투르크메니스탄 87
투르크멘 왕조 35
투르키스탄 33, 67, 71
투생 루베르튀르 75
투트시인 106

투팍 아마루(잉카 통치자) 49
투팍 아마루 2세(잉카 통치자) 75
투팍 잉카(잉카 통치자) 41
툴라(멕시코) 25, 29
툴루즈(프랑스, 부르군트인 왕국) 16
툴룬 왕조 23
툴리 에스키모인 27
퉁구(버마) 47, 49
튀니스(튀니지) 15, 21, 47, 49, 59, 67
튀니지 49, 84, 86, 96, 98
튀렌(프랑스) 30
튜더 왕조 40, 54
트라야누스(로마 황제) 14, 16
트라팔가 전투 78
트란스요르단 92, 96
트란스발(남아프리카) 82, 84, 86, 90
트란실바니아 34, 62
트랭가누(말레이) 91
트로이(터키) 8
트로이 전쟁 8, 10
트루터 78
트리니다드 41, 75
트리어(독일) 44
트리엔트 종교 회의 46
트리폴리(리비아) 49, 67, 80, 101
트리폴리(시리아) 102
특수 상대성 이론 90
틀라코판(멕시코) 39
티그리스강 6
티레(레바논) 8, 102
티모르 109
티무르 **37**, 39, 41, 47
티베트 21, 23, 61, 69, 71, 75, 91, 99
티아우아나코(남아메리카) 15, 17, 21, 27, 29
티칼(멕시코) 11
티토(유고슬라비아 대통령) 98, 104
티투스 개선문 16
티투 쿠시(잉카) 49
티티카카 호수(볼리비아) 17, 41
티푸(마이소르) 75
팀 버너스 리 104
팀북투(서아프리카) 23, 37, 41, 51, 80

ㅍ

파나마 45, 91, 95, 105
파나마 운하 87, 91
파니파트 전투 47, 73
파라과이 47, 55, 79, 95
파라오 9
파라카스 문화 13

파라카스 네크로폴리스 15
파루크(이집트의 왕) 98
파르마(이탈리아) 84
파르테논(아테네) 12
파르티아 12, 14
파르티아인 15, 17
파리(프랑스) 28, 30, 36, 50, 58, 78, 82, 84, 86, 96, 100, 108
파리 박람회 86
파리 조약 72, 73, 75, 82
파리 코뮌 84
파비아 전투 46
파사로비츠 평화 조약 66
파쇼다 사건 86
파슈툰인 41
파스칼(블레즈) 58
파시즘 운동 92, 94
파이살(사우디 아라비아 왕) 102
파이살(이라크 왕) 92
파이스토스(크레타) 8
파차쿠티 잉카 39
파키스탄 13, 97, 99, 101, 103, 105, 107, 109
파트 알리(페르시아 통치자) 75
파티마 왕조 25, 29, 35
파파도풀로스 102
파푸아 91
판문점 조약 99
팔레스타인 8, 10, 14, 45, 92, 94, 96, 102, 104, 106, 108
팔레스타인 해방 기구(PLO) 102, 104, 107
팔미라(시리아) 16
팔츠(독일) 62
퍼킨 워백(잉글랜드의 왕위 요구자) 40
펀자브(인도) 15, 37, 47, 71, 83
페구(버마) 47, 71
페낭(말레이) 71, 75, 79
페니 블랙 82
페니실린의 발견 92
페니키아 10, 12
페니키아인 8
페드로 데 발디비아 47
페드루 1세(브라질 왕) 81
페레스트로이카 104
페루 7, 9, 11, 13, 15, 29, 31, 35, 39, 41, **45**, 47, 49, 75, 85, 95, 109
페루 리마 47
페르가몬(터키) 12, 14
페르두 2세(브라질 왕) 87
페르디난드 마젤란 45
페르디난드 마르코스 101, 105
페르디난드 2세(카스티야) 44
페르디난트 2세(신성 로마 제국 황제) 44, 46, 48
페르세폴리스(페르시아) 12
페르시아 10, 11, **12**, 13, 14, 16, 20, 21, 25, 27, 35, 37, 45, 49, 51, 55, 57, 66, 67, 69, 75, 78, 80, 90, 92, 94

페르시아만 8, 39, 106
페르시아인 8, 21, 35, 55, 67
페를리스(말레이) 91
페리클레스 12
페어벨린 전투 60
페이살(이라크 왕) 98
페이프시 호수 전투 30
페즈(모로코) 25, 51
페체네크인 28
페트라(요르단) 12, 14
펜실베이니아(미국) 63, 83
펠로폰네소스(그리스) 62
펠로폰네소스 전쟁 12
펠리페 2세(스페인 왕) 44, 48, 50
펠리페 4세(스페인 왕) 56
펠리페 5세(스페인 왕) 66, 68
평양(북한) 21, 99
포돌리아 60, 62
포로도팽(마다가스카르) 59
포르투갈 26, 28, 36, 38, 39, 41, 45, 46, 47, 54, 55, 58, 59, 60, 66, 70, 72, 80, 84, 90, 94, 100, 102, 104
포르투갈령 기니 90
포르투갈인 39, 41, 59
포르피리오 디아스 85, 91
포메른 72
포에니 전쟁 12, 14
포즈난(폴란드) 74
포츠담(독일) 58
포츠머스 조약 91
포클랜드 전쟁 105
포클랜드 제도 73, 79, 81, 105
포탈라 궁전(라사) 61
포트로열(자메이카) 55
포트필립만(오스트레일리아) 81
폰세 드 레온 45
폰 실러 70
폰토스 12, 14
폰티우스 필라테 16
폴란드 24, 26, 30, 34, 36, 38, 46, 48, 50, 56, 58, 60, 62, 66, 68, 72, 74, 82, 92, 94, 96, 98, 104, 106, 108
폴란드 왕위 계승 전쟁 68
폴란드인 60, 68
폴로프치 26
폴리네시아 제도 23
폴 리비어 73
폴 키팅 107
폴타바 전투 66, 68
폴 포트 103
폼바우 후작 70
폼페이 14
퐁디셰리(인도) 61, 63, 73
표도르(러시아 차르) 50
표트르 1세(러시아 차르) **62**, 66, 68
표트르 3세(러시아 차르) 72
푸가초프 72
푸아티에(프랑스) 22, 34
푸아티에 전투 22

푸에블로 23, 25, **31**, 33
푸에블로 보니토 31
푸이(중국 황제) 95
풀리아(이탈리아) 26, 28
프라 나라이(시암 통치자) 51
프라하(체코 공화국) 34, 56, 58, 70, 82, 100
프라하의 봄 100
프란시스코 데 오레야나 47
프란시스 사비에르 47
프란시스코 피사로 45
프란체스코 스포르차 40
프란츠 페르디난트 대공 90
프랑수아 뒤발리에 103
프랑수아 드 라 페루즈 75
프랑수아 미테랑 104
프랑수아 1세(프랑스 왕) 44, 46
프랑스 6, 12, 14, 16, 20, 22, 24, 28, 29, 30, 31, 32, 33, 34, 36, 38, 40, 44, 46, 47, 48, 49, 50, 54, 55, 56, 57, 58, 59, 60, 61, 62, 63, 66, 67, 68, 69, 70, 71, 72, 73, 74, 78, 80, 82, 84, 86, 87, 90, 92, 94, 96, 97, 98, 99, 100, 102, 104, 106, 107
프랑스령 기아나 57, 95
프랑스령 서아프리카 90
프랑스령 소말릴란드 90
프랑스령 적도 아프리카 90
프랑스령 콩고 90
프랑스인 32, 55, 59, 67, 71,
프랑스 종교 전쟁 **48**
프랑스 자유군 96
프랑스 · 프로이센 전쟁 84
프랑스 혁명 **74**
프랑코 장군 94, 102
프랑크인 14, 16
프랜시스 크릭 98
프랭클린 D. 루스벨트(미국 대통령) 95, 96
프레미슬 왕조 34
프로이센 30, 34, 46, 58, 60, 66, 68, 70, 72, 74, 78, 84
프로테스탄트교 44, 46, 48, 54, 56, 58
프로테스탄트 교인 58, 62, 74
프롱드 58
프리기아 10
프리드리히 바르바로사(신성 로마 제국 황제) 28
프리드리히 엥겔스 82
프리드리히 1세(브란덴부르크 선제후) 38
프리드리히 1세(프로이센 왕) 66
프리드리히 2세(신성 로마 제국 황제) **30**, 31
프리드리히 2세(프로이센 왕) **70**
프리드리히 3세(브란덴부르크 선제후) 66
프리드리히 6세(호헨촐레른) 38
프리드리히 빌헬름 1세(브란덴

부르크) 58
프리드리히 빌헬름 1세(프로이센 왕) 66, 68
프리토리아(남아프리카) 82
프리틀란트 전투 78
프리파티 지역 20
프린키피아 62
프톨레마이오스 왕조 13
프톨레마이오스 12, 13
플라시 전투 71, 73
플라이어 1호 91
플라타이아 전투(그리스) 12
플랑드르(벨기에) 32
플랑드르인 34
플로든 전투 44
플로리다(미국) 45, 49, 57, 75, 79, 83
플리머스(잉글랜드) 57
피그스만 침공 101
피노체트 장군 103, 108
피델 카스트로 99, 101
피라미드 7, 11, 13
피레네 평화 조약 58
피렌체(이탈리아) 36, 38, 40, 46, 68
피루즈(델리 통치자) 33
피에르 퀴리 86
피에몬테 · 사르데냐 82, 84
피의 일요일 사건 102
피지 59
피쿼트 전쟁 57
피핀 3세 22
핀란드 78, 92, 106
필기 도구 35
필라델피아(미국) 63
필라델피아 의회 73
필리스타인 8
필리포 브루넬레스키 38
필리포스 2세(마케도니아 왕) 12
필리프(부르고뉴 선량왕) 36
필리프 2세(프랑스 왕) 29, 30, 36
필리핀 45, 49, 79, 81, 87, 99, 101, 105
핑키 전투 46

ㅎ

하나라 7
하노버(독일) 68
하노버 가문 66
하노버 평화 조약 68
하노이(베트남) 51, 97, 99
하드리아누스(로마 황제) 14
하드리아누스 성벽 16
하라파(인도) 7
하랄(미발왕) 22
하랄 1세 24
하룬 알 라시드(칼리프) 23

하르툼(수단) 86
하산 2세(모로코 왕) 108
하심 왕조 92
하와이(미국) 73, 87, 94, 97, 99
하우살란드 25
하이데라바드(인도) 69
하이든 72
하인리히 1세(작센) 24
하인리히 11세(신성 로마 제국 황제) 28
하인리히 12세(신성 로마 제국 황제) 34
하일레 셀라시에(에티오피아 황제) 94, 102
하자르 22, 24
하트셉수트(이집트 통치자) 9, 108
하틴 전투 29
한국 97, 99, 105, 109
한나라 **15**, 17
한니발(카르타고) 14
한반도 15, 17, 25, 37, 91
한스 리퍼세이 54
한스 외르스테드 80
한자 동맹 30, 36
한커우(중국) 95
할슈타트 문화 10
함무라비(바빌론 왕) 8
합스부르크(가문) 32, 38, 40, 44, 45, 46, 47, 48, 54, 62, 66, 74, 82
합스부르크의 루돌프 1세 32
항생제 92
해양 민족 8
핵무기 97, 100, 105, 원자 폭탄 참고
핵미사일 105
핵 실험 105
핵 실험 금지 조약 100
핼리 혜성 62
행성 운동 46
허드슨만 55, 61
허드슨만 회사 61
허리케인 104, 109
허리케인 미치 109
허블 우주 망원경 107
헌장 77, 102
험프리 길버트 51
헝가리 22, 24, 26, 30, 34, 36, 38, 46, 49, 60, 62, 66, 70, 72, 82, 84, 90, 92, 96, 98, 104, 106, 108
헝가리 봉기 98
헤라르뒤스 메르카토르 50
헤라클리우스(비잔틴 황제) 25
헤라트(페르시아) 37
헤로데 대왕(유대아) 14
헤르체고비나 90
헤브론(요르단강 유역) 108
헤브리디스제도(스코틀랜드) 32
헤이그 평화 조약 48, 58
헤이스팅스 전투 26, 62

헤이안 시대(일본) 23
헤자즈(사우디아라비아) 92
헨델 66
헨리 스탠리 경 84
헨리 튜더 40, 헨리 7세 참고
헨리 포드 91
헨리 허드슨 55
헨리 1세(잉글랜드 왕) 28
헨리 2세(잉글랜드 왕) 28
헨리 3세(잉글랜드 왕) 32
헨리 5세(잉글랜드 왕) 38
헨리 6세(잉글랜드 왕) 38, 40
헨리 7세(잉글랜드 왕) 40, 41
헨리 8세(잉글랜드 왕) 44, 46
헨트(벨기에) 50
헨트 평화 조약 50
헬레니즘 시대 12
헬싱키 인권 협약 102
현장 21
혈액 순환 54
호른 백작 48
호메로스 10
호바트(태즈메이니아) 79
호세 데 산마르틴 79
호스니 무바라크 104
호치민 97, 99, 사이공 참고
호틴 전투 60
호프웰인 13, 21, 27
호헨슈타우펜 왕조 28, 30
호호캄인 15, 23
혼곶(칠레) 55
혼슈(일본) 105
홀로코스트 96
홋카이도(일본) 105
홍무제(명나라 황제) 37
홍위병(중국) 101
홍콩 81, 105, 109
화레즘 제국 31
화석 연구 78
화성 109
화씨온도계 66
화약 27, 54
환경 107
환상 열석 6
활동사진 86
황금사원(암리차르) 61, 105
황금천 들판의 회담 44
황금 해안 21, 41, 55, 57, 84, 90, 가나 참고
황허강 7, 21
후마윤(무굴 통치자) 47, 49
후사인 왕조 67
후사인 이븐 알리 67
후세인(요르단 왕) 98, 102, 108
후스 전쟁 38
후안 카를로스(스페인 왕) 102
후안 페론 97, 99
후지산 67
후지와라 가문 23, 29
후투인 106, 108
훈족 15, 16, 17
훌라구 칸 33

127

휴런인 59
휴런 호수 55, 61
휴 오닐(티론 백작) 50
흉노족 15
흑사병 **34**
흑해 62, 68, 72, 96
흑해 스텝 지대 74
희망봉 39, 41, 59, 75, 78, 80
히로시마(일본) 97
히로히토(일본 천황) 93, 105
히바(중앙아시아) 85
히브리인 8
히스파니올라 49, 아이티 참고
히타이트 6, 8, 9
힉소스인 9
힌두교 9, 11, 67
힌두교인 61, 97
힌두쿠시 25

C. 휘트스톤 80
DNA 구조 98
F. W. 데 클레르크 104

IBM 105
J. N. 니에프스 80
O. J. 심슨 107
T.E. 로런스 대령 92
V-2 로켓 96
VE 데이 94, 96
VJ 데이 94
W. 쿡 80

1차 세계 대전 **90**
10월 혁명 92
13개 식민지 71, 75
14차 수정 헌법 85
1763년 선언 73
2국 동맹 84
2차 세계 대전 **94**
30년 전쟁 **54**, 56, 58
4국 동맹 66
4인방(중국) 103
5개년 계획 92
5월 혁명 **100**
6일 전쟁 100

6·25 전쟁 99
7년 전쟁 70, 72
7월 혁명 80

일러두기

b, bottom; m, middle;
l, left; r, right; t, top.

Alamy
/qaphotos.com
p106 bl In a Channel Tunnel rail tunnel

Corbis
/Roger Ressmeyer
2-3 Pyramid

/Wolfgang Kaehler
4-5 Minoan dolphins

/Angelo Hornak
18-19 Tree of Jesse stained glass window

/Bettmann
42-43 Spanish map

/Angelo Hornak
52-53 Gosain Narain takes poison

/Hulton-Deutsch Collection
64-65 Storming of the Bastille

/Burstein Collection
76-77 Toulouse Lautrec poster

/Peter Turnley
105 bl Student Protesters Tiananmen Square

/AFP
106 br Nelson Mandela

/Yann Arthus-Bertrand
107 cl Aerial view of flooded Bangladeshi village

/Howard Davies
107 bl Aung Sang Suu Kyi

/Sean Aidan; Eye Ubiquitous
108 cl Tony Blair

/Dave Bartruff

108 cr Queen Hatshepsut's mausoleum

/Mike Zens
108-109 b New York fireworks

/Philip Gould
109 tr Palm trees

Hong Kong Tourist Association
109 cl Hong Kong street scene

Illustrated London News
82 cl Karl Marx

84 br Cecil Rhodes

85 tr Abraham Lincoln

86 rc General Gordon

87 lc Indian troops in Burma

92 tl Tsar Nicholas II & family

92 cb Benito Mussolini

92 tr Lawrence of Arabia

93 tl Mao Zedong

93 cl Tokyo after earthquake

94 cl Spanish civil war republican soldiers

95 tl Gandhi

96 cl Churchill, Roosevelt and Stalin

96 cr Rommel's troops after capture

Mary Evans Picture Library
/Sueddeutsche Zeitung Photo 90 lc Albert Einstein

PETER NEWARK'S MILITARY PICTURES
91 cl Battle of Tsushima

Struan Reid

16 cr Palmyra Roman ruins

29 bl Krak des Chevaliers

Stockbyte/Cadmium
88-89 Spaceman

Turkish Information Office
92 br Mustafa Kemäl 'Ataturk'

표지 그림 : 이언 맥니　표지 디자인 : 에이미 매닝　추가 디자인 : 톰 랄롱드

Timelines of world history

This edition first published in 2016 by Usborne Publishing Ltd, Usborne House, 83-85 Saffron Hill, London EC1N 8RT, England. www.usborne.com
Copyright © 2016, 2002, 2000, 1998 Usborne Publishing Ltd. The name Usborne and the devices ⚓🌐 are Trade Marks of Usborne Publishing Ltd.
All rights reserved. No part of this publication may be reproduced, stored in a retrieval system, or transmitted in any form or by any means, electronic, mechanical, photocopying, recording or otherwise, without the prior permission of the publisher.
Korean translation copyright © 2018 Usborne Publishing Ltd.

이 책의 한국어판 저작권은 Usborne Publishing Ltd.에 있습니다. 저작권법에 의하여 한국 내에서 보호를 받는 저작물이므로 무단전재와 복제를 금합니다.
어스본 이름과 ⚓🌐 는 Usborne Publishing Ltd.의 트레이드 마크입니다.
구입 문의 영업(통신판매) 02)6207-5007 팩스 02)515-2007